BASTEI
LÜBBE
TASCHENBUCH

Über den Autor:

Humfrey Hunter arbeitet als Schriftsteller und Literaturagent in London. Als eine Beziehung in die Brüche geht, verabredet er sich zwei Jahre lang mit wechselnden Frauen und schreibt in einer Dating-Kolumne über seine Erfahrungen. Als Journalist arbeitete er unter anderem für THE SUNDAY TIMES, die SUN und LONDON EVENING STANDARD.

Humfrey Hunter

BRUNFT ZEIT

Warum wir nicht anrufen und
andere Männergeheimnisse

Aus dem Englischen von
Ulrike Werner-Richter

BASTEI
LÜBBE
TASCHENBUCH

BASTEI LÜBBE TASCHENBUCH
Band 60681

1. Auflage: Juni 2012

Dieser Titel ist auch als E-Book erschienen

Vollständige Taschenbuchausgabe

Bastei Lübbe Taschenbuch in der Bastei Lübbe GmbH & Co. KG

Deutsche Erstausgabe

Für die Originalausgabe:
Copyright © Humfrey Hunter 2011
Titel der englischen Originalausgabe: The Men Files
Originalverlag: Headline Publishing Group

Für die deutschsprachige Ausgabe:
Copyright © 2012 by Bastei Lübbe GmbH & Co. KG, Köln
Textredaktion: Marion Labonte
Illustrationen: © shutterstock/liskus
Umschlaggestaltung: © Christin Wilhelm, www.grafic4u.de
Satz: hanseatenSatz-bremen, Bremen
Gesetzt aus der Minion Pro
Druck und Verarbeitung: GGP Media GmbH, Pößneck
Printed in Germany
ISBN 978-3-404-60681-8

Sie finden uns im Internet unter
www.luebbe.de
Bitte beachten Sie auch: www.lesejury.de

Der Preis dieses Bandes versteht sich einschließlich
der gesetzlichen Mehrwertsteuer.

Für Rachel und Sarah

Inhalt

Prolog

Brunftzeit beschreibt vollkommen wertfrei und gnadenlos ehrlich, wie Single-Männer ticken, warum sie tun, was sie tun, wie sie denken und was sie wollen. Das Buch gründet auf den Erfahrungen eines einzelnen Mannes – meiner Wenigkeit – nach dem Ende einer langjährigen Beziehung und ist, kurz gesagt, nicht weniger als genau das Werk, nach dem sich alle Single-Frauen gesehnt haben: Es beinhaltet den Schlüssel für die Myriaden verwirrender Signale, die wir Männer, in unserer Eigenschaft als einfach gestrickte Kreaturen, bewusst oder unbewusst aussenden.

Brunftzeit enthüllt die Wahrheit über uns Männer. Wir sind zwar kompliziert und widersprüchlich, aber längst nicht so geheimnisvoll, wie gemeinhin angenommen. Die Lektüre dieses Insiderwissens über das Denken und Handeln von Single-Männern könnte zum Beispiel dazu beitragen, bindungsunwillige Männer zu enttarnen, oder eher zögerliche Männer eine Einladung aussprechen zu lassen oder auch zu verstehen, warum Männer manchmal nicht den ersten Schritt machen, selbst wenn sie es eigentlich wollen.

Schon bald nach dem Ende meiner zweiten längerfristigen Beziehung begann ich bei einer Zeitung als Autor einer Kolumne zum Thema »Dates«. Und hatte damit zugleich die Chance, das Verhalten von Männern, wie ich es bin, zu analysieren, was in der Tat den wenigsten Single-Männern vergönnt ist. Dieses Buch geht erheblich über das hinaus, was mir in der Kolumne möglich war, es enthält so gut wie alles, was Sie über Männer wissen müssen, obendrein noch aus der Perspektive eines einzelnen, ganz normalen Mannes – nämlich mir. Mithilfe dieses Wissens können Sie das gute, alte Single-Spielchen voller Zuversicht und Kontrolle angehen und – was noch wichtiger ist – dabei eine Menge Spaß haben.

Eines allerdings muss ich klarstellen: Dieses Buch beinhaltet keine Anleitung, wie man sich Schritt für Schritt den perfekten Mann angelt; eine hundertprozentig narrensichere Methode zur Eroberung des Traummannes gibt es nämlich nicht, dafür sind Menschen einfach zu verschieden. Es bietet stattdessen eine Fülle von Informationen über Männer, die Sie mit Ihren eigenen Erfahrungen kombinieren können. Auf dieser Grundlage können Sie anschließend ihre persönlichen Dating-Regeln und -Ansprüche aufstellen, anhand derer Sie jeweils selbst entscheiden, ob Sie in das entsprechende Spiel einsteigen oder nicht. Meine Aufgabe dabei ist es, Sie hier bestmöglich zu informieren und vorzubereiten, um Ihnen zum einen die Risiken zu verdeutlichen, die der Umgang mit einem Single-Mann birgt, und zum anderen die Bedeutung der konsequenten Anwendung Ihres Wissens und Ihrer Erfahrung.

Der ultimative Sinn des Buches aber ist folgender: Ich wollte meine Zeit als Single-Mann – immerhin zweieinhalb Jahre – und die vielen, von Männern und Frauen erzählten Anekdoten dazu nutzen, zu verstehen, wie und warum Männer schließlich zum richtigen Zeitpunkt doch noch die richtige Frau finden.

Dazu müssen wir zunächst zum Anfang der besagten zweieinhalb Jahre zurückkehren.

Die Akte »Single« wird geöffnet

Die Trennung war in meinem Fall nicht einmal sonderlich dramatisch. Nach drei leidlich glücklichen Jahren mit meiner Ex wurde mir klar, dass sie nicht diejenige ist, mit der ich den Rest meines Lebens verbringen will, und wir beendeten die Beziehung.

So weit, so gut.

Am nächsten Tag jedoch empfahl mir mein Freund Giles, mindestens ein Jahr ohne feste Freundin zu leben. Ich war dreißig Jahre alt und während der letzten acht Jahre insgesamt höchstens sechs Monate Single gewesen, und das auch nur in der Zeit zwischen zwei längeren Beziehungen. Giles war der Meinung, ich müsse mich zunächst einmal mit vielen verschiedenen Frauen treffen, ehe ich mich wieder intensiver auf eine einzige einließe.

Die Ein-Jahres-Regel war laut Giles insofern wichtig, als ich prinzipiell eher weichherzig sei und mich viel zu leicht verliebe. Ich solle also unbedingt Vorsicht walten lassen und mich nicht gleich wieder in eine neue Beziehung stürzen, für die ich im Grunde noch gar nicht bereit sei. Dies, so warnte mein Freund, schaffe nicht mehr als die Voraussetzung für eine neuerliche, schmerzhafte Trennung nach ein paar Jahren.

Während der besagten zwölf Monate dürfe ich mich mit beliebig vielen Frauen verabreden, jedoch keinerlei Verpflichtungen eingehen.

Die Situation war neu für mich. Bisher hatte ich nie bewusst *entschieden*, Single zu sein. Je länger ich über Giles' Vorschlag nachdachte, desto vernünftiger erschien er mir.

Immerhin hatte ich zwei lange Beziehungen gehabt, die beide letztendlich allerdings nicht wirklich funktioniert hatten. Mein zwanzigster Geburtstag lag weiter hinter mir, und alle meine Freunde waren in festen Händen. Um mich herum wurde geheiratet, was das Zeug hielt, Babys erblickten das Licht der Welt, während ich noch immer versuchte, erwachsen zu werden.

Mein Instinkt riet mir, mich mit der Frauensuche zu beeilen und so schnell wie möglich Nachwuchs zu zeugen. Ich aber beschloss, Giles' Rat zu folgen: Ich würde mir die Zeit nehmen, mich selbst und den Typ Frau kennenzulernen, der zu mir passte. Den endgültigen Schritt würde ich hingegen erst wagen, wenn ich wirklich bereit war.

Mit dieser Entscheidung änderte sich auch meine Einstellung zu meinen Dates. Ich beurteilte die Frauen und meine jeweiligen Reaktionen vollkommen anders, viel detaillierter als jemals zuvor. Mein Liebesleben wurde zu einer Art Forschungsprojekt. Es war faszinierend.

Als echter Glücksfall erwies sich schließlich die Möglichkeit, Beruf und Privatleben miteinander zu verbinden: Eine Zeitung bot mir an, die Kolumne zum Thema »Dates« zu übernehmen. Mein Vorgänger hatte seine Tätigkeit aufgrund seiner Verlobung beendet (eine je nach Perspektive sehr ärgerliche oder hervorragende Nachricht), und nun bat man mich, seine Nachfolge anzutreten.

Damit wurde mein »Forschungsprojekt« plötzlich auf eine andere Ebene gehoben. Ich verabredete mich quasi professionell, so oft ich wollte, und hatte zugleich die beste Ausrede der Welt, schließlich trieb ich mich nicht aus Eigennutz herum, sondern für meine Leser. Die Leser wollten wissen, was im Kopf eines Single-Mannes vorgeht, und es war meine Aufgabe, es ihnen zu erklären.

Mein Job bot mir zudem die Möglichkeit, meine Nase in die Privatangelegenheiten anderer Leute zu stecken und so fragte ich männliche und weibliche Freunde hemmungslos über ihr Liebesleben aus. Ich hörte die verrücktesten Geschichten über Dates, einige brachten mich zum Lachen, andere trieben mir die Schamesröte ins Gesicht und wieder andere machten mich sprachlos.

Nach fast zwei Jahren voller schonungsloser Berichte über meine persönlichen Liebesabenteuer und unermüdlichen Sammelns und Analysierens der Erfahrungen unzähliger anderer Menschen, näherte sich mein Forschungsprojekt schließlich dem Ende. Das Resultat war die Idee zu diesem Buch.

Mein erklärtes Ziel ist es, Frauen die Denkweise von Single-Männern näherzubringen; sie sollen verstehen, welche Fehler wir machen und warum wir sie machen, warum wir manche Frauen so und nicht anders behandeln, wie wir uns in den verschiedenen Phasen unseres Singledaseins verhalten und auf welche Signale wir positiv reagieren, während wir bei anderen panisch die Flucht ergreifen. In diesem Buch geht es also – schonungslos und offen – um Dinge, die um mich herum und mir selbst passiert sind, es geht um Geschichten, die ich gehört oder erlebt habe, um Ratschläge, die ich gegeben, erhalten oder in den Wind geschlagen habe. Es geht aber auch um die Weisheit, die ich im Lauf dieser Zeit erwarb, und um die Narben, die ich mir zuzog.

Meine Geschichten sollen Ihnen das Wissen vermitteln, das Sie bei Dates für Entscheidungen brauchen, die Ihre Chancen auf das bestmögliche Resultat (oder den Mann) erhöhen – ähnlich einem Pokerspieler, der seine Chancen und Risiken einschätzen können muss.

Mindestens ebenso wichtig wie die Enthüllungen über die Denkweise von Single-Männern finde ich die Feststellung, dass es – unabhängig davon, wie dumm man sich in Liebesdingen angestellt und wie gründlich man sich bei seinen Dates oder vielleicht sogar gegenüber einem Mann, der einem sehr am Herzen lag, blamiert hat – andere Menschen gibt, denen es noch sehr, sehr viel schlimmer ergangen ist. Jede Anekdote, die ich hier erzähle, ist wahr. Nicht alle habe ich selbst erlebt (mein Leben wäre dann ziemlich seltsam verlaufen), aber jede einzelne ist tatsächlich so passiert. Das Buch beinhaltet also glücklicherweise nicht ausschließlich meine persönlichen amourösen Höhenflüge und Tiefschläge, an einigen Stellen jedoch komme ich um die Beichte gewisser Erfahrungen nicht herum.

Das Beste aber kommt zum Schluss: Jede Single-Frau, die dieses Buch gelesen hat, kann gar nicht anders, als festzustellen, dass sie erstens nicht die schrecklichste und unvollkommenste Partnerin der Welt ist und dass zweitens Männer längst nicht so geheimnisvoll sind, wie sie manchmal scheinen, wodurch drittens ihr Selbstbewusstsein abgehen wird wie eine Rakete. Und wir alle wissen, wie attraktiv eine selbstbewusste Frau ist …

Ehe Sie sich jetzt an das erste Kapitel machen, möchte ich noch etwas loswerden: Als ich meine letzte Kolumne über Dates schrieb, waren meine Recherchen zu diesem Buch noch nicht endgültig abgeschlossen. Ich war immer noch Single. Das bin ich jetzt nicht mehr. Nur wenig später tauchte in meinem Leben nämlich vollkommen unerwartet eine Frau auf. Sie kam in einem Moment, in dem ich nicht einmal an eine feste Freundin dachte. Ehrlich gesagt hatte ich den Gedanken an eine Beziehung schon fast aufgegeben. Aber diese Frau kam – und blieb. Ihr Name ist Charlotte. Sie wird auf den folgenden Seiten hin und wieder auftauchen. Gegen Ende des Buches werde ich sie sogar auch einmal selbst zu Wort kommen lassen.

Inzwischen weiß ich, dass meine Begegnung mit Charlotte gleichbedeutend mit dem Schlussstrich unter meine Forschungen war. Sie war meine letzte Lektion: Die, in der ich lernte zu begreifen, wie und warum ein Mann plötzlich die Eine, die Richtige kennenlernt.

Ein Treffen mit Männern

- Was Männer tun, um Frauen kennenzulernen
- Was Männer denken, wenn sie sich einer Frau nähern
- Warum ein aalglatter Mann nicht zwangsläufig auch der richtige ist
- Woran man einen Weiberhelden erkennt

Wenn ein Mann sich für eine Frau interessiert, gehen ihm fast immer zwei Fragen durch den Kopf. Die erste lautet: »Wird sie mit mir ins Bett gehen?«, dicht gefolgt von der zweiten: »Wie bald?«

Ich werde das weder erklären noch entschuldigen oder rechtfertigen. Wir sind einfach so.

Na gut, meinetwegen können wir uns darauf einigen, dass es sich hier um eine Art Worst-Case-Szenario handelt, mit dem ich eigentlich nur Ihre Erwartungen herunterschrauben will. Ganz so peinlich sind wir natürlich nicht. Ehrlich. Einige wenige vielleicht, aber längst nicht alle. Allerdings ist es kein schlechter Ansatz, sich schon zu Beginn mit den Schlimmsten unserer Spezies auseinanderzusetzen.

Tatsache ist, dass es Männer gibt, die Frauen das Blaue vom Himmel versprechen, um sie ins Bett zu locken. Ich gehe jede Wette ein, dass fast jede Frau, die schon einmal eine Zeit lang Single war, zumindest einmal einem dieser Süßholzraspler auf den Leim gegangen ist.

Was nicht heißt, dass sie sich dessen schämen müsste. Absolut nicht. Schließlich ist sie nur ein Risiko eingegangen, ohne anschließend den gewünschten Erfolg verbuchen zu können. Es ist sinnlos über verschüttete Milch zu lamentieren, also kümmern Sie sich nicht weiter darum. Was weg ist, ist weg. Hören Sie auf, sich Gedanken über Dinge zu machen, die Sie nicht kontrollieren können, wie beispielsweise die Vergangenheit. Stecken Sie lieber alles in eine Kiste mit der Aufschrift »Erfahrung«, und sorgen Sie dafür, dass so etwas nicht wieder vorkommt. Und zwar nicht, weil Sie glauben, einen Fehler gemacht zu haben, sondern weil es Ihnen danach nicht gut ging. Sie müssen vermeiden, sich schlecht zu fühlen.

Und das geht so:

Die Regel

Es gibt eine ganz einfache Richtlinie, die statistisch gesehen Ihre Chancen verbessert, sich vor Fehlschlägen zu schützen. Eine Garantie für einen grundsätzlichen Erfolg in jeder Situation gibt es natürlich nicht, aber langfristig gesehen ist sie von großem Nutzen.

Man kann diese Regel auf hunderttausend verschiedene Arten aufmotzen (es gibt sogar Leute, die ganze Bücher darüber geschrieben haben), ich möchte sie Ihnen hier aber in Reinform präsentieren.

Die da lautet: Wenn Sie einen Mann nett finden, gehen Sie nicht allzu bald mit ihm ins Bett.

Klingt ziemlich einfach, oder? Und doch ignorieren erstaunlich viele Frauen diese Tatsache – und um nichts anderes handelt es sich: Je eher Sie mit einem Mann schlafen, desto unwahrscheinlicher ist es, dass danach noch irgendetwas Bemerkenswertes passiert.

Ganz anders liegt der Fall natürlich, wenn Sie nichts außer Sex von ihm wollen. Dann tun Sie, was Sie nicht lassen können, und zwar sobald wie möglich. Ich finde es, nebenbei bemerkt, völlig in Ordnung, wenn Frauen Spaß an unverbindlichem Sex haben. Allerdings glaube ich auch, dass Sex ohne tiefere Gefühle Männern leichter fällt, weshalb das Risiko (zum Beispiel, sich in die Person zu verlieben, mit der man eigentlich nur unverbindlichen Sex genießen wollte) für den weiblichen Teil eines solchen Arrangements stets größer ist. Ich sage das nicht aus einer sexistischen oder anti-feministischen Einstellung heraus – ich bin keines von beidem –, sondern weil es den Ergebnissen jahrelanger Beobachtungen entspricht. Sie müssen mir in diesem Punkt nicht zustimmen. Aber ich werde von meiner Meinung auch nicht abrücken.

Wie in all meinen Anekdoten und Schlussfolgerungen wird auch diese Regel durch Ausnahmen bestätigt. Aber ebenso wie ein Techtelmechtel direkt im Anschluss an eine beendete Beziehung führen auch diese nur in den seltensten Fällen zur Ehe.

Warum?

Wir Männer des einundzwanzigsten Jahrhunderts sind auch nur Männer

Stellen Sie sich einen Mann vor, der zur Jagd gehen will. Er verbringt Wochen, vielleicht sogar Monate mit der Planung. Er stellt mit seinen Freunden die Ausrüstung zusammen, sie besorgen Kleidung, Gewehre, Proviant und so weiter. Sie suchen eine Unterkunft, entscheiden, wer fahren soll und berechnen die Kosten der Expedition. Sie investieren viele Stunden in die Vorbereitung und sind schon vor der eigentlichen Abreise ordentlich aufgeregt.

Irgendwann geht die Jagd los. Die Freunde stoßen auf einen Elch, ein wirklich wundervolles Geschöpf. Das Tier ist groß und stark, hat einen edlen Kopf und ein herrliches Geweih. Ja, das ist die Beute, nach der sie gesucht haben – der Elch ihres Lebens. Sie verfolgen ihn durch den Wald und bewegen sich dabei so leise wie möglich, um das famose Tier nicht zu verscheuchen. Viele Stunden lang. Schließlich sieht einer der Jäger seine Chance gekommen. Vorsichtig nimmt er sein Gewehr zur Hand, lädt es geräuschlos, atmet tief ein und nimmt langsam sein Ziel ins Visier. Ihm ist bewusst, dass er den größten und ansehnlichsten Elch vor dem Lauf hat, der ihm je begegnet ist, die schönste Trophäe seines Jägerlebens. Auf diesen Augenblick hat er lange gewartet, er hat hart dafür gearbeitet. Er ist nervös, sehr aufgeregt und fühlt sich großartig.

Und dann erlegt er den Elch – nach allen Regeln der Kunst, versteht sich. Die Männer schleppen das schwere, leblose Tier mühsam heim, später hängt der Schütze den präparierten Elchkopf bei sich zu Hause auf. So kann er den edlen Schädel und das herrliche Geweih immer wieder bewundern und seinen Besuchern stolz von seinem Jagdausflug erzählen. Der Elchkopf bedeutet ihm ungeheuer viel. Er *wertschätzt* ihn.

Und jetzt stellen Sie sich vor, wie der gleiche Mann eines Tages mit dem Auto durch den Wald fährt, wo ein ebenso majestätischer Elch seinen Weg kreuzt. Bei dem unvermeidlichen Zusammenprall stirbt der Elch auf der Stelle. Der Mann steigt aus und betrachtet das tote Tier. Er ist Jäger und kennt sich mit Elchen aus, daher weiß er, dass hier ein außergewöhnliches Exemplar vor ihm liegt. Was aber macht er? Nimmt er das Tier etwa mit nach Hause und lässt den Schädel präparieren, um ihn bis ans Ende seiner Tage zu bewundern?

Nein. Er schüttelt den Kopf, denkt: »Schade um den armen Kerl«, räumt den Elch beiseite und fährt nach Hause. Er misst diesem ähnlich schönen Elch, der ihm unter vollkommen anderen Bedingungen begegnet ist, keinerlei Wert bei.

Genau so denken Männer, insbesondere über Sex.

Ich frage Sie: Welcher Elch wären Sie lieber?

Darauf gibt es nur eine Antwort: Hüten Sie sich davor, als verunfallter Elch zu enden!

Single-Geheimnis

Männer möchten in Ihnen eine Belohnung von unschätzbarem Wert sehen. Wir möchten uns fühlen, als wären wir etwas ganz Besonderes, weil wir Sie haben. Wenn Sie das verinnerlichen, wird es Ihnen zu Ihrem Vorteil gereichen.

Signale und Wegweiser

Wie also begeben Sie sich auf die richtige Flirtebene? Wie können Sie einem Date zum Beispiel klarmachen, dass Sie zwar ein lebenslustiger Mensch sind, die Spendier-mir-einen-Drink-und-ich-bin-dein-für-den-Rest-der-Nacht-Masche bei Ihnen aber nicht zieht?

Ganz einfach: Behalten Sie die Kontrolle. Entscheiden Sie, was Sie tun wollen, und bleiben Sie dabei. Stellen Sie Regeln für Ihr Verhalten auf – nicht etwa wie in dem Buch *Die Kunst, den Mann fürs Leben zu finden* (mehr dazu später), sondern von Ihnen persönlich für Sie persönlich aufgestellte Regeln, die dafür sorgen, dass nichts schiefgeht.

Ein Gegenbeispiel

Die folgende Geschichte habe ich von einer guten Bekannten gehört. Passiert ist sie einer ihrer Freundinnen, sie entspricht der Wahrheit. Es handelt sich also weder um einen jener Berichte, die mit »Kaum zu fassen, was meine Freundin sich geleistet hat …« beginnen, in Wirklichkeit aber der Erzählerin selbst passiert sind, noch um eine Art »Stille Post«, bei der eine Anekdote von einem Erzähler zum nächsten weitergereicht und dabei beständig um pikante Details bereichert wird.

Nein, das hier ist wirklich geschehen, und ich kenne auch den Namen der betroffenen Frau. Den ich an dieser Stelle natürlich nicht nenne – ich bin schließlich kein Fiesling.

Also:.

Eine junge Frau trifft sich zum ersten Mal mit einem jungen Mann, den sie sehr nett findet. Unglücklicherweise hat sie die Angewohnheit, gleich beim ersten Mal sehr weit zu gehen, insbesondere, wenn Alkohol fließt. Sie beschließt also schon im Vorfeld, nicht zu viel zu trinken, um die Selbstkontrolle nicht zu verlieren. Als weitere Vorsichtsmaßnahme rasiert sie sich weder die Beine noch die Bikinizone, was sie ihrer Meinung nach mit Sicherheit davon abhalten wird, sich in Anwesenheit des netten jungen Mannes auszuziehen.

Leider trinkt die Frau dann doch zu viel, verliert alle Hemmungen und nimmt den Mann mit nach Hause. Sie ändert ihren Plan, den sie wie folgt in die Tat umsetzt: Sie platziert den Mann auf ihrem Sofa, schlüpft schnell ins Bad und rasiert sich die Beine. Dann zieht sie einen kurzen Rock an, geht zurück ins Wohnzimmer und baut sich in aufreizender Pose im Türrahmen auf.

Der Mann wendet ihr den Blick zu. Seine Augen weiten sich vor Entsetzen, als sein Blick die Beine der Frau streift. Die Frau schaut verwirrt an sich hinunter.

Sie hat, für jeden ersichtlich, bei der möglicherweise von der Anzahl der Cocktails stark beeinträchtigten Rasur kein besonders sicheres Händchen bewiesen und sich den einen und anderen Schnitt zugefügt. Jetzt läuft Blut an ihren Beinen hinunter.

Die Frau kreischt, rennt zurück ins Bad, verriegelt die Tür hinter sich und beginnt zu weinen. Der Mann klopft und beteuert, das alles sei doch nicht schlimm, aber die Frau hört ihm nicht zu. Sie fordert ihn auf, die Wohnung zu verlassen. Die beiden sehen sich nie wieder.

Eine Lovestory ist das ganz sicher nicht.

Was aber kann die Frau jetzt aus der Situation machen?

Entweder schämt sie sich die nächsten zwanzig Jahre in Grund und Boden, oder sie lacht darüber und lässt es dabei bewenden – weil es sinnlos ist, sich um Dinge zu sorgen, die man ohnehin nicht mehr ändern kann. Außerdem gehe ich jede Wette ein, dass sie diesen Fehler nie wieder macht.

Ich würde ihr zur zweiten Möglichkeit raten, gepaart mit der Empfehlung, den jungen Mann noch einmal anzurufen. Wenn er nämlich wirklich nett ist und sie mag, stört ihn der blutige Zwischenfall nicht, und die beiden könnten – vorausgesetzt, aus der Sache wird etwas – noch jahrelang darüber lachen.

Wenn er sich aber ohnehin nicht für sie interessiert, kann die Blamage dadurch auch nicht größer werden, als sie es sowieso schon ist.

Quintessenz

Wie hätte sich die Frau verhalten können? Die einfachste Möglichkeit zur Vermeidung der Aufregung und Demütigung liegt auf der Hand: Sie hätte den jungen Mann nicht mit nach Hause nehmen sollen.

Natürlich ist es nicht grundsätzlich falsch, gleich beim ersten Date mit einem Mann zu schlafen, aber wenn eine Frau zu einem solch frühen Zeitpunkt mit einem Mann ins Bett geht, kann das ihre Chancen auf eine gemeinsame Zukunft erheblich reduzieren.

Die junge Frau traf die falsche Entscheidung. Sie verlor die Kontrolle über die Situation und damit auch den jungen Mann.

So weit hätte es aber überhaupt nicht kommen müssen, denn selbst mit seinem Rausschmiss war noch längst nicht alles verloren. Hätte sie ihn am nächsten Tag angerufen, sich entschuldigt und ihn für einen anderen Tag auf einen Drink eingeladen, hätte er vielleicht zugesagt und sich auf ein neuerliches Treffen eingelassen. Die Übernahme der Kontrolle hätte ihr möglicherweise eine zweite Chance beschert.

Wieder allein

Für jeden Single-Mann und insbesondere für den, der gerade erst wieder am Start ist, ist die Kontaktaufnahme mit Frauen, noch dazu in nüchternem Zustand, eine der großen Herausforderungen des Lebens. Was soll er sagen? Und wie kann er einen einigermaßen würdevollen Abgang hinlegen, falls sie ihn absurviert? Ich selbst stand beide Male, in denen ich nach längerer Abstinenz in die Single-Arena zurückkehrte, da wie der Ochs vorm Berg.

Allerdings war ich im Besitz einer Geheimwaffe: Meinem Freund B.

B wird in diesem Buch immer wieder mal auftauchen. Er ist einer meiner besten Freunde, hat allerdings einen hundsmiserablen Einfluss auf mich. Er ist der Typ Mann, der dauernd ausgeht, immer einen flotten Spruch auf den Lippen, und Frauen zu jeder Tages- und Nachtzeit anbaggert. B trifft sich also jede Woche mit mehreren Frauen. Sobald er mit ihnen im Bett war, verliert er allerdings das Interesse und zieht weiter. Er ist ein Spieler. Ein Mistkerl durch und durch, der nicht das geringste Interesse an einer festen Bindung hat.

Dabei ist er durchaus kein schlechter Mensch – er ist mein Freund und hat sich dankenswerterweise bereit erklärt, seine Erfahrungen und Gedanken in dieses Buch einfließen zu lassen in der steten Hoffnung, sie könnten sich als nützlich erweisen – meine Schwestern allerdings würde ich um jeden Preis von ihm fernhalten. Er ist damit also genau der Typ Mann, den Sie von Anfang an herausfiltern und weiträumig umgehen sollten.

Und noch etwas: Wenn ich hier etwas von mir gebe, das

Ihnen nicht gefällt, ist es garantiert auf B's Mist gewachsen, nicht auf meinem. Bitte behalten Sie das im Hinterkopf. Egal, worum es geht – B hat mich dazu angestiftet.

B's Flirtmethode ist idiotensicher. Er hat sie unzählige Male angewendet und schwört, dass sie funktioniert. Und sie ist auch noch so einfach: Sobald ihm eine Frau gefällt, geht er entspannt auf sie zu, lächelt, schaut ihr in die Augen und sagt langsam: »Entschuldigen Sie meine Direktheit, aber ich finde Sie einfach hinreißend.« Die anschließende Pause kann sie nutzen, um zu lächeln und zu erröten, bevor er hinzufügt: »Wenn Sie nicht schon in festen Händen sind, würde ich Sie liebend gern einmal auf einen Drink einladen.«

Im Idealfall lautet ihre Antwort: »Ja, das wäre nett«, er bekommt ihre Telefonnummer und geht seines Weges. Doch selbst wenn die Frau einen Freund hat, fühlt sie sich nach dieser Anmache wie auf Wolke Sieben, weil ein ihr fremder Mensch sie hinreißend findet, und B ist geschmeichelt, diesen Höhenflug ausgelöst zu haben. Am Ende stehen also nur Gewinner.

Deshalb beschloss ich, es auszuprobieren.

Der Sprung ins kalte Wasser

Eines Donnerstags sah ich abends in der U-Bahn eine hinreißende dunkelhaarige Frau. Wir standen nicht weit von einander entfernt, und als unsere Blicke sich trafen und sie zudem lächelte, rief ich mir wieder und wieder B's Flirtspruch ins Gedächtnis.

Einige Minuten und zahlreiche Blickkontakte später stieg die junge Dame aus, zwei Haltestellen vor meiner. Hastig entschloss ich mich, ihr zu folgen – und diese günstige Gelegenheit beim Schopfe zu packen.

Glücklicherweise war der Bahnsteig fast leer; im Falle einer Abfuhr würde es also kaum Zeugen geben.

Ich tippte ihr auf die Schulter. Sie wandte sich um und lächelte. Ich atmete tief durch und sprach klar und deutlich die magischen Worte. Sie kamen mir gut und flüssig über die Lippen. Ich war stolz auf mich.

Und dann schaltete sie ihren iPod aus, nahm die Stöpsel aus den Ohren, und ich musste noch einmal ganz von vorn anfangen.

Es war eine Qual. Der Satz klang nicht annähernd so glatt wie beim ersten Mal, hatte sich in mir doch inzwischen eine gewisse Nervosität breitgemacht. Als ich es schließlich hinter mich gebracht hatte, schenkte sie mir ein strahlendes Lächeln (sie war wirklich hinreißend) und sagte: »Tut mir leid, aber ich bin in festen Händen. Trotzdem danke!«

Ich erklärte, ihr Freund müsse ein glücklicher Mann sein (etwas anderes fiel mir nicht ein – auf diese Antwort hatte B mich nicht vorbereitet), dann war sie weg und ich am Boden zerstört.

Ob es das war? Nicht ganz.

Als sie das Ende des Bahnsteigs erreichte (ich wartete derweil auf die nächste Bahn, was die Qualen nicht gerade minderte), drehte sie sich um und lächelte mir freundlich und voller Wärme zu. In diesem Augenblick wurde mir klar, dass man anderen durch einen vollkommen unerwarteten Schachzug eine große Freude machen kann, selbst wenn man sich dabei so verhaspelt wie ich.

Ob ich es noch einmal versucht habe?

Natürlich nicht. Ich habe schließlich auch meinen Stolz.

Flirtsprüche und Warnsignale

Der Flirtversuch in der U-Bahn war für mich ziemlich ungewöhnlich, weil so etwas eigentlich nicht meine Art ist. Männer auf der Suche nach einer Frau können in der Regel zwei Kategorien zugeordnet werden: Solche mit Angst vor einer

Zurückweisung – und solche ohne. Ich habe schon immer zur ersten Kategorie gehört.

Männer ohne Angst vor einer Zurückweisung warten einen längeren Blickkontakt oder ein verschämtes Lächeln gar nicht erst ab. Sobald sie ein potenzielles Ziel sehen, gehen sie zum Frontalangriff über. Bleibt dieser erfolglos, stört sie das nicht weiter, sie verschwenden keinen einzigen Gedanken daran, sondern wenden sich der nächsten Dame zu, die ihnen ins Auge sticht.

B gehört zu dieser Sorte. Wenn er in einem Club eine hübsche Frau sieht, geht er auf sie zu und sagt: »Hey, tolle Schuhe – gibst du mir deine Nummer?« Und selbst wenn die Frau ihm daraufhin einen geringschätzigen »Im Leben nicht«-Blick zuwirft und ihn zum Teufel schickt, schreitet er lächelnd davon und versucht sein Glück woanders. Es ist mir ein Rätsel, wie er das Abend für Abend schafft. Aber genau das tut er. Er hat sogar eine Art Motto: »Besser ein gescheiterter Versuch als gar keiner«, das er sich immer dann in Erinnerung ruft, wenn sein Mut schwindet. Das allerdings passiert eher selten, denn er ist in der Tat sehr erfolgreich.

Männer, die sich vor einer Zurückweisung fürchten – die weitaus größere Gruppe, zu der auch ich gehöre –, gehen anders vor. Wir brauchen eine gewisse Ermutigung von Seiten der Frau, kleine Zeichen, die uns zumindest eine geringfügige Chance bekunden, ehe wir sie ansprechen. Das kann ein Lächeln oder eine längerer Blickkontakt sein – irgendetwas, das uns auffällt und uns nach einigem Nachdenken zu dem Schluss kommen lässt: »Möglicherweise könnte ich es vielleicht einmal versuchen.«

Ich halte mich nicht für übermäßig schüchtern, aber verglichen mit B wirke ich wie ein Feigling. Was ich nicht bin. Dafür gebe ich Ihnen mein Wort.

Single-Geheimnis

Wenn ein Single-Mann eine Frau sieht, die seiner Meinung nach gut aussieht, er sich aber trotzdem nicht an sie heranwagt, hat er Angst vor Zurückweisung. Das ist die einzig mögliche Erklärung.

Wir sind nicht schüchtern. Bestimmt nicht.

Ich will Ihnen zum Beweis zwei Geschichten erzählen. Die erste habe ich, ebenso wie die U-Bahn-Geschichte, in der Zeit zwischen Freundin X und Freundin Y selbst erlebt. In der Schlange vor einem Geldautomaten in der Nähe eines Clubs, den ich anschließend besuchen wollte, fiel mir plötzlich eine Pennymünze auf dem Boden ins Auge. Ich hob das Geldstück auf und drehte mich um: Hinter mir stand eine hübsche Brünette. Ich drückte ihr die Münze in die Hand mit den Worten, ich brauche Glück und sei mir sicher, es mir mit diesem Schritt zu sichern. Im Anschluss an das darauf folgende Gespräch gingen wir einige Wochen lang miteinander aus. Ich fand meine Idee gut. Zwar war ich zum besagten Zeitpunkt ein bisschen angetrunken, was die Sache deutlich vereinfachte, aber die Idee war trotzdem gut.

Die zweite Geschichte erlebte B im Fitnessstudio. Nachdem er sich eine Weile mit den Gewichten abgemüht hatte, beschloss er, eine Runde zu schwimmen. Gelangweilt paddelte er im Pool herum, als plötzlich eine Bikinischönheit aus der Umkleidekabine in sein Blickfeld trat. Sie stieg in den Pool, schwamm ein paar Runden und stieg schließlich unmittelbar vor B aus dem Wasser. Dabei lächelte sie ihn an, und er konnte nicht umhin festzustellen, dass sie nicht nur außerordentlich schön war, sondern zudem eine Figur besaß, die glatt aus *Baywatch* entsprungen sein könnte (seine Worte, nicht

26

meine!). Auf ihrem Weg ins Dampfbad präsentierte sie B eine ansehnliche Rückansicht.

B wartete ein paar Minuten, bevor er ihr folgte. Als er zunächst absolut nichts erkennen konnte (es handelte sich um ein besonders dampfendes Dampfbad), sagte er laut: »Ich weiß, dass jemand hier drin ist. Ich kann Sie aber leider nicht sehen, daher möchte ich mich bereits im Vorfeld entschuldigen, falls ich versehentlich auf Ihrem Schoß lande.« Ihr Lachen war der Beginn eines minutenlangen Gesprächs, das vorübergehend beendet werden musste, als B fast seinen Siedepunkt erreichte.

Beim anschließenden After-Fitness-Kaffee gab die Frau B ihre Nummer.

Drei Tage später trafen sie sich. B stellte schnell fest, dass seine Saunabekanntschaft sehr nett war und gern lachte. Er fühlte sich wohl in ihrer Gegenwart. Alles in allem eine Menge vielversprechender Zeichen.

Doch dann zogen dunkle Wolken auf.

Als sie erwähnte, dass sie in der Nähe des Fitnessstudios wohne, fragte er, ob sie auch in dieser Gegend arbeite.

»Nein«, antwortete sie, »ich bin nur für eine Woche hier.«

»Oh! Und was machst du sonst?«

»Ich studiere.«

B hätte sich beinahe an seinem Bier verschluckt.

Aber es führte kein Weg an der Frage vorbei. »Wie alt bist du?«

»Einundzwanzig. Und du?«

»Dreißig.«

»Aha!«, gab sie zurück, als spielte das keine Rolle.

Für B allerdings schon, denn neun Jahre sind eine ziemlich große Zeitspanne. Als er die Schule abschloss, war sie gerade einmal sieben. Als er von der Universität abging, hatte sie noch nicht einmal den Schulabschluss in der Tasche.

Plötzlich erschien ihm das ganze Date irgendwie falsch. B hatte nicht im Entferntesten geahnt, dass die Frau so jung sein könnte, er hatte sie für mindestens Mitte zwanzig gehalten, so sagte er mir. Nicht etwa, weil sie älter aussah, sondern weil sie so selbstsicher wirkte und in sich zu ruhen schien. Im Verlauf des Abends verstärkte sich B's Eindruck, dass er sich in ihrer Gegenwart wohlfühlte, auch wenn ihm der Altersunterschied nicht aus dem Kopf ging. Schließlich entschied er, die entsprechenden Gedanken auf später zu verschieben. Das Date dauerte bis zum folgenden Morgen.

Während der nächsten Tage befand sich B in einer Zwickmühle. Er mochte die junge Frau, und sie hatten viel Spaß miteinander, aber sie war und blieb nun einmal eine einundzwanzigjährige Studentin. Konnte das gut gehen?

Warum Männer und Frauen unterschiedlich sind

Am folgenden Abend ging ich mit B und einigen Freunden essen, allesamt Männer und Frauen unseres Alters. B erzählte von der Studentin und dem Altersunterschied, weil er nicht den Hauch einer Ahnung hatte, was er tun sollte. Die Männer schenkten ihm durch die Bank nur ein schmutziges Lachen und einen Hab-dich-nicht-so-Blick, die liierten Frauen lächelten still. Im Gegensatz zu den Single-Frauen. Eine von ihnen machte ihm regelrecht die Hölle heiß.

»Das ist erbärmlich«, spie sie hervor. »Wieso gehst du nicht mit gleichaltrigen Frauen aus? Kerle wie du, die sich viel jüngere Frauen suchen, sind Versager, die nicht mit reifen Frauen umgehen können.«

Ich bin sicher nicht die Reife in Person, aber das war dann doch eine Nummer zu heftig. B empfand es ebenso. Er empfahl der Dame, sie möge sich ihre Verbitterung in ihren Single-Allerwertesten stecken – er für seinen Teil würde mit dieser Einundzwanzigjährigen ausgehen, solange es ihm Spaß mache.

Warum aber reagierte die alleinstehende Frau derart verärgert? Warum führte bei ihr die Vorstellung eines älteren Mannes mit einer wesentlich jüngeren Frau zu einer solch heftigen Reaktion?

Rache ist süß

Jeder junge Mann, der sich für eine gleichaltrige Frau interessiert, kennt das unangenehme Gefühl, in Konkurrenz mit einem *älteren* Mitbewerber treten zu müssen.

Sobald dem Mann klar wird, dass er um das hinreißende Wesen mit einem Menschen wetteifert, dem er beim besten Willen nicht das Wasser reichen kann, bildet sich in seiner Magengegend ein dicker Klumpen aus hilfloser Furcht und Selbstmitleid. Er ist ohne Frage ein toller Typ, er trägt sie auf Händen und versteht sich mit ihren Freunden. Vielleicht hat er sogar ein Auto und einen vernünftigen Job.

Aber der Nebenbuhler ist *älter*. Was gleichbedeutend ist mit: cooler.

Dieses Gefühl ist quälend und frustrierend. Es schmerzt sogar und vermittelt dem Mann das Gefühl, ein armseliger kleiner Junge zu sein. Selbst wenn er den älteren Mann eines Tages kennenlernt und feststellt, dass er selbst einen Kopf größer ist und tausendmal besser aussieht, spielt das keine Rolle. Der andere ist älter und darum gewinnt er – und dagegen kann der Jüngere absolut nichts tun.

Genau diese Situation ist verantwortlich für den größten Herzschmerz meines Lebens. Ich war Anfang zwanzig, mein Rivale war acht Jahre älter als ich, wesentlich reicher und weitaus weltgewandter. Natürlich stand er nicht so hinter ihr wie ich, natürlich war ihre innere Verbindung nicht so stark wie unsere. Ich wusste es, und sie wusste es auch. Doch all das spielte keine Rolle. Er war älter und ich war raus.

Ich konnte die Wut unserer Freundin, die an jenem Abend auf B herumhackte, weil er als Dreißigjähriger mit einer Einundzwanzigjährigen ausging, in gewisser Weise also nachempfinden. Sie beruht auf dem gleichen hilflosen Gefühl, das wir als junge Männer empfanden, wenn Mädchen unseres Alters mit älteren Männern abrauschten – mit dem Unterschied, dass unsere Freundin mit der »unschuldigen« jüngeren Frau sympathisierte, die hilflos von einem durchtriebenen alten Mann um den Finger gewickelt wurde.

Andererseits konnte ich mich nicht gegen den Gedanken wehren, dass diese wütende Frau im Alter von zweiundzwanzig, vielleicht dreiundzwanzig Jahren vermutlich ebenfalls einem einige Jahre älteren Mann den Vorzug gegeben hätte. Auch sie hatte einen reifen Mann mit großer Wahrscheinlichkeit cool gefunden. Uns gleichaltrige Jungen hätte auch sie mit einem gönnerhaften Blick und einem entsprechenden Spruch abgekanzelt: »Ältere Männer sind viel besser. Sie sind richtige Männer, wisst ihr, keine kleinen Jungen, so wie ihr.«

Pech gehabt, Schätzchen! Das Blatt hat sich gewendet.

Natürlich habe ich das nicht laut gesagt – so mutig bin ich dann auch wieder nicht. Außerdem wollte ich vermeiden, dass ihr Drink in meinem Gesicht landet. B war weniger zurückhaltend und verbrachte den Rest des Abends mit dem Inhalt eines Glases Pinot Grigio im Haar.

B trifft eine Entscheidung

Der Abend hatte im Hinblick auf B's Dilemma also nicht den erhofften Durchbruch gebracht und so fragte er mich einige Tage später um Rat. Er mochte die Frau, das war offensichtlich, also riet ich ihm, was auch er mir wahrscheinlich geraten hätte, wäre ich mit derselben Frage zu ihm gekommen.

»Ich kann dir fünf Gründe nennen, weshalb du dumm wärst, wenn du die Frau laufen lässt«, sagte ich. »Erstens: Sie ist einundzwanzig – und du liebst schöne Frauenkörper. Zweitens: Alle deine Kumpel werden neidisch sein. Drittens:

Sie ist jung und wird dich nicht vom Fleck weg heiraten wollen. Viertens: Wenn du Schluss machst, dann allein aus Gründen des Gruppenzwangs – und das tun nur Versager. Fünftens: Sie ist Studentin und erwartet also vermutlich nicht, dass du Unsummen für sie ausgibst. Du kannst also nur gewinnen.«

So weit die Argumente pro weiterer Dates. Auf der Suche nach Kontra behelligten wir zwei Freundinnen.

Als erstes Argument führten sie die Höhe der Studiengebühren der Saunabekanntschaft ins Feld. Da B im Gegensatz zu ihr längst einen vernünftigen Job ausübe, gebe es schon aus diesem Grund kaum Gemeinsamkeiten. Oder? Zweitens betonten sie, die Freundinnen der jungen Frau seien zwar durchaus hübsch, aber eben auch erst einundzwanzig und damit vorrangig ebenfalls mit der Höhe der Studiengebühren sowie mit Vorlesungsinhalten beschäftigt, während B's Freunde längst in Lohn und Brot und vor Fragen wie Ehe und Familie stünden. Wie sollten sich diese Gruppen, anders als Öl und Wasser, überhaupt mischen? Als eine der Ratgeberinnen die Frau gar scherzhaft als »das Kind« bezeichnete, schauderte B sichtbar.

Einen Entschluss traf er trotzdem erst am nächsten Tag.

Da nämlich rief ihn eine Freundin an und fragte, als er ans Telefon ging: »Hallo? Ist da B, unser pädophiler Freund?«

In diesem Augenblick wurde jegliche Chance auf weitere Dates mit der Einundzwanzigjährigen im Keim erstickt. Man könnte behaupten, der Gruppenzwang habe ihn in die Knie gezwungen, zumindest aber war er von da an nicht mehr Zielscheibe öffentlichen Hohns.

Ich persönlich bin der Meinung, dass B einen Fehler gemacht hat. Wenn er über die Frau sprach, dann meist nicht mit der überheblichen Großmäuligkeit, die man bei einem Typen wie ihm erwartet, sobald er mit einer wesentlich jüngeren Frau ausgeht. Ganz ohne kam er natürlich nicht aus, auch B kann nun einmal nicht aus seiner Haut, aber er erzählte eben auch häufig, dass sie viel miteinander lachten und er sich in ihrer Gegenwart wohlfühle – ich hatte ihn lange nicht so über eine Frau reden hören. Weshalb es meines Erachtens keine gute Idee war, den Kontakt zu ihr abzubrechen, irgendwie lief die Sache doch grundsätzlich gut. Aber ich hatte diese Entscheidung eben auch nicht zu treffen.

Single-Geheimnis

Männer messen dem, was ihre Freunde beiderlei Geschlechts über sie und ihre Verabredungen denken, große Bedeutung bei. Es gibt nur wenige Dinge, die uns wichtiger sind als die Zustimmung der Menschen, die uns nahestehen.

Das hier liegt mir auf der Seele

Die bisher aufgeführten Geschichten zeigen, dass Männer beim Anbaggern einer Frau auf viele verschiedene Weisen vorgehen. Das muss auch so sein, denn Menschen sind nun einmal verschieden. Außerdem reagiert jede Frau anders auf ein und dieselbe Anmache.

Und genau deshalb nerven mich Bücher wie *Die Kunst, den Mann fürs Leben zu finden: The Rules* und *Der Aufreißer: So kriegt Mann jede Frau rum* so enorm.

Die Kernaussage in *Der Aufreißer* lautet: Männer, zeigt euch humorvoll und interessiert und folgt einfach den Ratschlägen des Buches, wie man Schritt für Schritt eine Frau für sich gewinnt. Ich persönlich habe allerdings eher den Eindruck, das Buch hilft Männern, Frauen auszunutzen, die entweder unter mangelndem Selbstwertgefühl leiden und/oder zu jung sind, um die Masche durchschaut zu haben. *Die Kunst, den Mann fürs Leben zu finden* hingegen rät Frauen, es den

Männern nicht zu leicht zu machen. Meiner Meinung nach ist es allerdings eher ein Leitfaden dafür, einen verunsicherten Kerl um den Finger zu wickeln.

Mehr kommt da nicht.

Nicht gerade der Weisheit letzter Schluss, oder?

Um Missverständnissen vorzubeugen: Ich hätte nichts dagegen, auch nur ein Viertel der Auflagen von Neil Strauss, Ellen Fein und Sherrie Schneider zu erreichen. Ihre Herangehensweise aber lässt mich kalt.

Für mich liegt das Problem beider Bücher darin, dass Romantik bewusst eingefädelt und damit völlig unromantisch wird. Ich stoße mich speziell an *Der Aufreißer*, gerade weil ich Schwestern und viele liebe Freundinnen habe – die Vorstellung, sie durch eine solch leichte Manipulation in fremde Betten gelockt zu wissen, bereitet mir ein gewisses Unbehagen.

Und natürlich habe ich *Der Aufreißer* trotzdem gelesen. Es ist ein hervorragendes Buch, wunderbar witzig und ausgezeichnet geschrieben. Allerdings ist es das einzige Buch, dessen Lektüre in der Öffentlichkeit ich mich je geschämt habe. Normalerweise bin ich in dieser Hinsicht vollkommen schmerzfrei. Ich habe Jilly Cooper in der Londoner U-Bahn gelesen, was für einen 1,95 m großen Mann vielleicht ungewöhnlich erscheinen mag, aber das war mir egal.

Aber angesichts der Blicke, die mich bei der Lektüre von *Der Aufreißer* in der U-Bahn trafen, konnte ich mich eines gewissen Unbehagens nicht erwehren. »Guck dir den Kerl da an«, schienen die Leute zu denken. »Er ist entweder ein Totalversager, der selbst die Kontaktaufnahme zu Frauen nur per Anleitung geregelt bekommt, oder er ist einer von den Typen, die zur Befriedigung ihres Egos jede Frau ins Bett zerren.«

Woher ich das weiß?

Weil mir jedes Mal, wenn ich einen Mann sehe, der in die Lektüre von *Der Aufreißer* vertieft ist, genau diese Gedanken durch den Kopf gehen.

Wenn Sie also einen Mann sehen, der dieses Buch liest – erwägen Sie zumindest die Möglichkeit, dass er es vielleicht nur aus Unterhaltungszwecken tut.

So wie ich.

Ehrlich.

Meine persönliche *The Rules*-Geschichte

Eines Abends, als ich mit meinem Freund Charlie und einigen seiner Arbeitskollegen unterwegs war, wies er auf eine hinreißende Frau. Er bemerkte, sie sei Single und bot mir im selben Atemzug an, mich ihr vorzustellen.

»Gute Idee«, sagte ich, »muss ich sonst noch was wissen?«

»Sie ist blond, witzig, intelligent und hat einen tollen Körper. Was willst du mehr?«

»Super. Auf geht's!«

Aber Charlie rührte sich nicht vom Fleck. »Doch, da ist tatsächlich noch was. Sie hat *Die Kunst, den Mann fürs Leben zu finden: The Rules* gelesen. Und befolgt diese Regeln.«

Ich musste nicht einmal den Bruchteil einer Sekunde überlegen.

»Ach, lass mal lieber«, sagte ich. »Da treffe ich mich dann doch lieber mit einer aufblasbaren Gummipuppe.«

Eine letzte Buchkritik

Als krönenden Abschluss möchte ich Ihnen ein paar Bemerkungen zu meinem vermutlich bis in alle Ewigkeit absoluten Lieblingsbuch in Sachen Beziehungen nicht vorenthalten, das da heißt: *Warum die nettesten Männer die schrecklichsten Frauen haben und die netten Frauen leer ausgehen.* Demnach lieben Männer also schreckliche Frauen. Ist das so? Ich kenne weiß Gott viele Männer, aber mir fällt kein einziger ein, der schreckliche Frauen liebt.

Ich kenne noch nicht einmal einen, der sie auch nur ansatzweise *mag*.

Mir ist natürlich klar, dass dieses Buch Frauen nicht anleiten will, schrecklich zu sein. Es ermutigt sie lediglich, sich selbst auch in Gegenwart eines Mannes treu zu bleiben und sich außerdem von keinem Mann einreden zu lassen, sie seien nicht gut genug. Dieser Botschaft kann ich voll und ganz zustimmen.

Man muss sich dabei ja nicht gleich wie ein Miststück benehmen.

Warum Männer schnell durcheinandergeraten, wenn sie jemanden mögen

Einer der nervigsten Wesenszüge der Spezies Mann ist die Tatsache, dass ihre Mitglieder ohne Probleme mit Frauen ausgehen, die sie zwar ganz nett finden, bei denen sie aber keinesfalls das Potenzial für eine längerfristige Beziehung sehen. In diesen Fällen werden Männer weder nervös, noch reden sie dummes Zeug, das ihr weibliches Gegenüber an ihrem Geisteszustand zweifeln lässt, noch gehen sie so forsch vor, dass sie die Dame verschrecken. Sie wirken zuversichtlich und selbstsicher.

Trifft derselbe Mann jedoch eine Frau, die ihm wirklich gut gefällt – bei der er weiche Knie bekommt und die ihm nicht mehr aus dem Kopf geht –, ist es nicht nur möglich, sondern sogar höchstwahrscheinlich, dass er durcheinandergerät. Ein und derselbe Mann reagiert also komplett entgegengesetzt als im vorhergehenden Absatz geschildert.

Wenn ein Mann nämlich eine Frau trifft, mit der ihm mehr als ein flüchtiges Abenteuer winkt, steht plötzlich sehr viel mehr auf dem Spiel als ein paar Dates und neckische Schlafzimmerspielchen. Und wenn Männern Gefühle zu Kopf steigen, sind sie verwirrt und unsicher. Einen verunsicherten

Mann zu erkennen, ist, wie Sie sicherlich wissen, nicht sonderlich schwer. Ihn attraktiv zu finden, leider umso mehr.

Ich will damit Folgendes sagen: Wenn Sie einen Mann nett finden, dieser zu Beginn allerdings recht nervös wirkt und vielleicht auch zu forsch vorgeht, laufen Sie nicht gleich davon. Warten Sie, bis er sich ein wenig beruhigt hat und sein Selbstvertrauen in Bezug auf Sie gewachsen ist.

Denn: Das männliche Selbstvertrauen ist von Natur aus fragil.

Ist der Name Schall und Rauch?

Als ich jung war, litt mein Selbstvertrauen vor allem unter meinem Namen. Ich mochte ihn überhaupt nicht. Kein anderes Kind hieß Humfrey, jeder schrieb den Namen falsch (obwohl das »f« anstelle eines »ph« irgendwie besser aussieht), und ich fiel damit immer überall auf. Der Name war mir peinlich, er hemmte mich, und so dachte ich ernsthaft darüber nach, meinen Namen zu ändern, sobald ich nur alt genug dafür wäre. Ich erinnere mich, im Alter von neun Jahren die Alternative Steve in Erwägung gezogen zu haben.

Ich war nicht nur in dieser Hinsicht offenbar ein komisches Kind.

Als ich alt genug war, um mit Mädchen auszugehen, wurde es noch schlimmer. Nun musste ich auch noch mit ihnen reden und ihnen dabei auch meinen Namen nennen. Die Gefahr für potenzielle Peinlichkeiten stieg damit um mehrere tausend Millionen Billionen Prozent.

Das schlimmste Erlebnis ereilte mich im Alter von ungefähr 19 Jahren auf einer Party. Ich stand mit zwei jungen Frauen zusammen und unterhielt mich mit ihnen. Ja, Sie haben richtig gelesen – mit zwei Frauen zur selben Zeit. Ich hielt mich für den Allergrößten.

Bis ich ihnen meinen Namen verriet.

»Jetzt aber mal im Ernst – wie heißt du?«, hakte eine der Frauen lachend nach.

Das war's. Game over. Ich lief knallrot an und brachte kein Wort mehr hervor und verbrachte den Rest des Abends stattdessen allein unter einem Baum in Gesellschaft einer Zweiliterflasche Cidre.

Je älter und selbstsicherer ich jedoch wurde, desto mehr lernte ich meinen Namen zu schätzen. Und nach den ersten Streifzügen auf dem Gebiet des Journalismus und meinen ersten Veröffentlichungen war mir klar, dass er auch nützlich war. Humfrey Hunters gibt es nicht gerade wie Sand am Meer; mit diesem Namen ist es leicht, aus der Menge hervorzustechen. Trotzdem werde ich nie vergessen, wie befangen ich mich als Jugendlicher damit fühlte.

Schlussgedanken

Wenn ein Mann sich bei einem Date *zu* gut verhält und es ihm zu leicht fällt, Frauen anzusprechen – er zum Beispiel keine Unsicherheit zeigt, während er auf Sie zugeht; er Sie zwar in supercoole Locations ausführt, aber den Eindruck erweckt, so gut wie jeden Abend an solchen Orten zu verbringen; er schon ganz genau weiß, wo er einen Absacker zu trinken gedenkt, ohne dass der Vorschlag überhaupt zur Sprache gekommen ist (vermutlich wird er so etwas Abgedroschenes wie »die kleine Kneipe um die Ecke« sagen); er Sie gegen Ende des Abends küsst und Sie in seinen Augen nicht den geringsten Zweifel entdecken, dass Sie seinen Kuss überhaupt erwidern – dann hat dieser Mann vermutlich schon preisverdächtig viele Dates gehabt. Er ist für einen oder zwei Abende vielleicht ganz in Ordnung, aber die Wahrscheinlichkeit, dass Sie nur eine von vielen sind und er Ihrer ziemlich schnell überdrüssig werden wird, ist relativ hoch.

Ich will Ihnen hier kein prinzipielles Misstrauen gegenüber

Männern einimpfen, aber sollte Ihr Date ein wenig nervös erscheinen, schießen Sie den armen Kerl nicht gleich ab. Seine Unsicherheit bedeutet entweder, dass er Sie sehr mag, oder, dass er keine sonderlich große Übung im Bereich Dating hat. Beides sind für Sie doch eigentlich gute Zeichen, zumal sie sich nicht selten in ein und demselben Mann vereinen. Für einen, der total cool reagiert und sich jede Sekunde unter Kontrolle hat, sind Sie nichts Besonderes.

Noch einmal zur Erinnerung: Das männliche Selbstvertrauen ist von Natur aus fragil.

Rat eines Singles

1. Die aalglatten Männer sind nicht zwangsläufig die besten.
2. Ist ein Mann gar zu bemüht, werten Sie dies als Zeichen seiner besonderen Zuneigung. Lassen Sie also Nachsicht walten. Lesen Sie *Der Aufreißer: So kriegt Mann jede Frau rum*, weil
   a) das Buch wahnsinnig witzig ist und es Ihnen
   b) aufzeigt, ob Sie sich just in dieser Situation befinden.
3. Stellen Sie persönliche Regeln auf.
4. Halten Sie sich an diese Regeln, um die Kontrolle zu behalten – auch wenn Alkohol im Spiel ist.

Wie tickt ein Single-Mann?

- Wie verhält sich ein frischgebackener männlicher Single?
- Warum sollte eine Frau ihm aus dem Weg gehen?
- Wenn sie ihm nicht aus dem Weg gehen kann: Wie kann sie damit umgehen, eine Notlösung zu sein?
- Welche Fehler machen Männer häufig nach Beziehungskrisen?

Wie es sich anfühlt, wieder Single zu sein

Im Alter von zweiundzwanzig bis sechsundzwanzig Jahren hatte ich viereinhalb Jahre lang eine Freundin, die ich im Folgenden als Freundin X bezeichnen will. Ziemlich genau ein halbes Jahr später, im Alter von siebenundzwanzig Jahren, trat Freundin Y ihre Nachfolge an, mit der ich drei Jahre lang zusammen war. Was bedeutet, dass ich innerhalb von acht Jahren nur sechs Monate als Single verlebte.

Als ich im Alter von dreißig schließlich wieder zum Single wurde, fühlte ich mich, als lenkte ich mein Auto zurück in eine Stadt, die ich zwar wie meine Westentasche kannte, in der die Stadtverwaltung allerdings in der Zwischenzeit in einem Anfall von Wahnsinn ein völlig neues Einbahnstraßensystem etabliert sowie sämtliche Kreuzungsbereiche verändert hatte, weshalb ich mich zwangsläufig in Nullkommanix total verfranzte.

Wenn ein Mann nach einer längeren Beziehung wieder Single ist, gerät er ziemlich durcheinander. Äußerlich wirkt er wahrscheinlich ganz okay – er trägt saubere Klamotten, geht zum Training und isst Unmengen an Obst und Gemüse und so weiter, und vermutlich klingt er sogar okay.

Aber der Schein trügt.

In seinem Innern tobt ein Chaos aus widersprüchlichen und verwirrenden Gedanken und Nöten – je nachdem, ob er der Verlassende oder der Verlassene ist.

Ursprung dieses inneren Durcheinanders ist die riesige Lücke, die diese ihm so lange nahestehende Person – seine Ex – hinterlassen hat, schließlich drehte sich sein ganzes Leben um sie, er hat viel Zeit mit ihr verbracht und eine Menge Gefühle in die Beziehung investiert. Wenn die Frau dann weg ist, entsteht ein Hohlraum von beachtlicher Größe.

Ein willkürlicher, warmer weiblicher Körper kann diese Lücke nur eine oder zwei Nächte füllen. Sex kann vielleicht die Symptome lindern, nicht aber die Ursache des Leidens bekämpfen. Der Mann braucht Zeit, um sich an die neuen Lebensumstände zu gewöhnen. Doch selbst wenn er ab und zu von Angst und Unsicherheit heimgesucht wird, stehen die Chancen nicht schlecht, dass er seine neu gewonnene Freiheit durchaus genießt.

Es gefällt ihm, endlich einmal er selbst sein zu dürfen. Für eine gewisse Zeit möchte er an niemand anderen als an sich selbst denken. Endlich hat er Zeit, das zu tun, was *er* will, und so zu leben, wie es *ihm* gefällt. Und wenn er auch nur einen Funken Verstand besitzt, kostet er diese Situation so intensiv wie möglich aus.

Natürlich ist diese Freiheit nicht für alle das Gelbe vom Ei. Manche Männer fühlen sich in der Rolle des einsamen Wolfs richtig gut, andere wiederum fühlen sich in einer solchen Situation desorientiert und verloren. Jeder Mann reagiert anders. Und weil wir mindestens genauso kompliziert sind wie Frauen (manchmal sogar noch viel komplizierter), ist es unmöglich vorherzusagen, wer sich wie verhalten wird.

Für eine Frau, die sich mit einem Mann verabredet, der

gerade das Ende einer Beziehung verkraften muss, gilt eine ziemlich einfache Regel: Lassen Sie die Finger davon. Und damit wir uns auf jeden Fall richtig verstehen, wiederhole ich es noch einmal: Finger weg von Männern, die gerade eine Beziehung hinter sich haben.

Ich will Ihnen auch verraten, warum: Für diese Männer ist jeder Tag ein potenziell aufregender Schritt ins Ungewisse. Und diese gespannte Erwartungshaltung macht sie gefährlich, denn in diesen Phasen ist es gerade die Unvorhersehbarkeit ihres Lebens, die sie genießen. Wenn ein Mann aber noch nicht einmal sagen kann, worauf er heute in einer Woche vielleicht Lust hat, ist er nicht gerade eine sichere Bank, was Ihre Suche nach einem beständigen Partner betrifft.

Frauen, die sich nichtsdestotrotz jetzt immer noch für eine dieser tickenden Zeitbomben interessieren, stehen vor einer enormen Herausforderung. Den besagten Kandidaten steht ihre Situation nämlich nicht gerade ins Gesicht geschrieben, es gibt also so gut wie keine äußeren Anzeichen für ihren flatterhaften Geisteszustand.

Nach dem Ende einer Beziehung ändern manche Männer zwar ihre Frisur, kaufen sich neue Klamotten oder entwickeln ein gewisses Interesse für Stripperinnen, andere wiederum verändern klammheimlich ihre Fernsehgewohnheiten (statt *Gossip Girl* läuft jetzt *The Shield – Gesetz der Gewalt*), das war's dann aber auch schon. Einige wollen so schnell wie möglich eine neue Freundin, mit der sie gemütliche Samstagabende zu Hause verbringen können, andere sind wild entschlossen, sich in der nächsten Zukunft durch so viele Betten wie eben möglich zu vögeln.

Aber vielleicht sucht sich derjenige, der eigentlich herumvögeln wollte, doch schon kurz darauf lieber eine neue Freundin, während der zunächst an geruhsamen Wochenenden mit einer Freundin interessierte Mann eine Dauerkarte für das örtliche Bordell erwirbt. Das ist jetzt vielleicht ein bisschen extrem, aber die wesentliche Info kommt hoffentlich rüber.

Der Haken an der Sache ist, dass man erst weiß, in welche dieser Schubladen der frische Single fallen wird, wenn er drin liegt – und dann ist es für die betroffene Frau meist zu spät, sich noch aus der Affäre zu ziehen. Deswegen: Finger weg!

Ausnahmen bestätigen natürlich auch hier die Regel. Eine davon kenne ich sogar: einen Mann, der eine vier Jahre andauernde Beziehung beendete und schon eine Woche später wieder in festen Händen war. Er stürzte sich einfach Hals über Kopf in die Sache und schlug dabei sämtliche meiner wohlgemeinten Ratschläge in den Wind. Und das war gut so, denn die beiden sind heute glücklich verheiratet. Die entsprechende Anekdote ist also nicht nur nett, sondern auch romantisch.

Aber lassen Sie sich davon bloß nicht täuschen. Ich habe mir vor dem Schreiben dieses Buches eine ganze Menge romantischer Liebesgeschichten zu Gemüte geführt, und keine weitere war so wie diese.

Einmal trennte sich eine mir bekannte Frau zu genau demselben Zeitpunkt wie der Typ, der ihr schon seit einer ganzen Weile gefiel. Die beiden begannen ein Techtelmechtel, sie verliebte sich in ihn, und fortan redeten sie nächtelang über gefühlvollen Sex und das Wohlwollen des Schicksals. Die Zukunftsträume der Frau erstrahlten rosarot.

Und zerplatzten jäh, als der Mann schon bald das Interesse verlor. Für ihn war die neue Beinahe-Beziehung viel zu früh gekommen, er brauchte Zeit für sich und wollte erst einmal wieder zu sich selbst finden. Und deswegen ging es ihm auch wirklich gut, als das Techtelmechtel (für ihn war es nie mehr gewesen) endete. Die Frau allerdings litt sehr. Sie hatte die Kontrolle über diese »Beziehung« verloren und bezahlte dafür mit heftigem Liebeskummer.

Darin liegt die Quintessenz dessen, was ich Ihnen mit diesem Buch zu ersparen versuche: Situationen, die in Herzschmerz enden und Ihnen zum Verhängnis werden.

Das folgende Beispiel schildert die Situation einer Frau, der vielleicht der Tipp geholfen hätte, sich nicht ausgerechnet in einen Mann zu verlieben, der in einer festen Beziehung lebt.

Einblick in den Kopf des Betrügers

Die folgende Geschichte war für mich in mehr als einer Hinsicht überraschend, zumal sie sich zu einem Zeitpunkt ereignete, als ich gerade wieder Single und mit neuem Blick auf die Welt unterwegs war.

Eines Morgens nahm mir gegenüber im Zug nach London eine junge Frau Platz. Ich werde sie hier die Eisenbahnlady nennen. Sie war nicht unattraktiv, aber eben auch keine überwältigende Schönheit. Sie wirkte nett und ordentlich, im Stile einer Buchhalterin oder Anwältin – und das meine ich durchaus nicht negativ.

Ehe ich jetzt weitererzähle, möchte ich noch einmal betonen, dass ich damals gerade erst wieder Single war. Und auch wenn mir durchaus bewusst war, dass Frauen Männer manchmal sehr schlecht behandeln, hatte ich keine Ahnung, wie bösartig sie *untereinander* sein können. Oh ja, ich war ganz schön naiv! Vielleicht nicht zuletzt deshalb, weil sich bisher keines dieser weiblichen Exemplare für mich interessiert hatte.

Zurück zu meiner Geschichte.

Das Handy der Eisenbahnlady klingelte und sie vertiefte sich in eine Unterhaltung über die Geschehnisse des Vorabends. Ich hatte zwar ein Buch dabei, aber wie jeder Pendler im Abteil fand ich ihre Geschichte weitaus interessanter als die des Buches. Ich gab also vor zu lesen, belauschte stattdessen aber ihr Gespräch.

Sie hatte sich offensichtlich köstlich amüsiert. Der Typ, mit dem sie sich getroffen hatte, war für jeden hörbar einmalig: humorvoll, intelligent und reich. Und sie wollte ihn unbedingt wiedersehen. So weit, so gut. Keine schlechte Unterhaltung so früh am Tag.

Dann verstummte sie und lauschte den Worten ihres Gesprächspartners.

Ihre nächsten Worte lauteten wie folgt: »Klar, weiß ich, dass er eine Freundin hat. Aber ich bin jetzt neunundzwanzig und Single. Alle anderen sind längst vergeben. Wenn ich also einen Typ kennenlerne, der mir gefällt, versuche ich, ihn mir wenn irgend möglich zu schnappen. Und dieser Typ gefällt mir.«

Kein Zögern, nicht einmal der Hauch eines schlechten Gewissens begleitete ihre Worte. Im Gegenteil: Ihre Stimme klang stahlhart. Um uns herum gewannen eine Menge Augenbrauen an Höhe.

Ich war ehrlich verblüfft. Ich weiß natürlich, wie naiv das klingt, aber ich hatte wirklich keine Ahnung, dass unter den weiblichen Protagonisten in der Welt des Datings eine derartige Auge-um-Auge-Mentalität herrscht.

Ich bin sicher kein Engel, aber ich glaube nicht, dass ich mich je einfach so in die Beziehung eines anderen Mannes gedrängt hätte. Andererseits war ich dreißig und seit Kurzem allein; ich glaubte felsenfest daran, dass irgendwo dort draußen die passende Frau für mich war und dass es nur eine Frage der Zeit sei, bis sie meinen Weg kreuzte.

Und genau aus diesem Grund sah ich für eine attraktive neunundzwanzigjährige Frau wie die im Zug keinen Grund zur Panik, ihre Uhr würde noch lange ticken. Die junge Dame jedoch schien das ganz anders wahrzunehmen.

Was geht in seinem Kopf vor?

Es besteht nicht der geringste Zweifel daran, dass der Mann, von dem die Eisenbahnlady sprach, sie zu diesem Flirt ermutigt hat. Sonst wäre es sicher nie so weit gekommen.

Was hatte er vor? Worauf wollte er hinaus?

Meiner Meinung nach gibt es vier mögliche Antworten. Die erste und harmloseste lautet, dass er einfach nur ein wenig flirten und sich seine Attraktivität beweisen wollte. Manche Männer brauchen das. Weshalb es nicht zwangsläufig richtig ist, aber es kommt vor. Für ihn ist es weitgehend ungefährlich, für sie allerdings birgt es ein gewisses Risiko, schließlich ist sie diejenige, die verletzt wird, sobald sie feststellt, dass der Flirt ihm nichts bedeutet (will heißen, dass er seine Freundin ihretwegen sicher nicht verlässt).

Zweitens könnte er die Eisenbahnlady angemacht haben, um mit ihr fremdzugehen. Auch diese Variante würde für die junge Dame ziemlich sicher mit Herzschmerz enden.

Drittens sah er in ihr vielleicht den Ersatz für seine derzeitige Freundin, die er sowieso schon lange verlassen wollte. Was ihn zum Beziehungs-Affen macht (das sind Leute, die ihren Partner erst verlassen, wenn der nächste schon bereitsteht – wie Affen, die auf dem Weg von einem Baum zum anderen einen Ast erst dann loslassen, wenn sie wissen, um welchen sich ihre Finger als nächstes schließen werden). Das ist nicht sonderlich romantisch und keine besonders gute Basis für eine Beziehung, denn vermutlich wird er die Eisenbahnlady verlassen, sobald er Aussicht auf eine neue, verführerische Freundin (respektive einen Ast) hat.

Und schließlich könnte es auch sein, dass er tatsächlich Gefühle für die Eisenbahnlady hegte. Gefühle, die ihn überraschten, weil er zum Zeitpunkt ihres Kennenlernens eigentlich sehr glücklich mit seiner Freundin war. In diesem Fall ist es sogar möglich – nicht sonderlich wahrscheinlich, aber immerhin möglich –, dass er und die Eisenbahnlady miteinander glücklich werden.

Natürlich habe ich keine Ahnung, was der Mann tatsächlich im Schilde führte. Aber ich wusste, dass die letzte der vier Möglichkeiten nicht nur der Eisenbahnlady am liebsten, sondern vor allem am unwahrscheinlichsten war. Und dass ausgerechnet sie zu ewigem Glück führen würde, war noch viel unwahrscheinlicher.

Und woher wusste die Eisenbahnlady, was in seinem Kopf vorging? Sie konnte es gar nicht wissen. Was also hätte sie tun sollen? Ganz einfach: die Finger von einem Mann lassen, der bereits eine Freundin hat.

Was geht in ihrem Kopf vor?

Ich gehe in solchen Situationen meist davon aus, dass der Mann der Jäger und die Frau die Beute ist. Ich weiß, dass das nicht immer so ist und dass die Frauen nicht selten gar nicht so unschuldig sind, aber meiner Erfahrung nach ist es eher der Mann, der sich ohne Rücksicht auf Verluste sein Stück vom Kuchen nimmt – in unserem Fall ist der Kuchen die Freundin plus ein Sahnehäubchen aus Romantik, Flirt und/oder Sex mit einer anderen Frau. In der Zug-Geschichte allerdings war es anders herum, zum ersten Mal erfuhr ich von einer Frau als Jägerin. Was nicht heißt, dass es nie vorkommt, sondern nur, dass ich so etwas zum ersten Mal erlebte.

Auf der Suche nach der weiblichen Sicht dieser Dinge erzählte ich einer Freundin davon. Sie fand das Verhalten der Eisenbahnlady vollkommen normal. Ich war schockiert. Eine so wenig ladylike Männerjagd war mir noch nie zu Ohren gekommen, geschweige denn, dass ich sie persönlich erlebt hätte, ich konnte sie nicht einmal verstehen.

»Das liegt daran, dass du uns Frauen nicht verstehst«, erklärte meine Freundin, ehe sie lockend hinzufügte: »Eigentlich reicht es, wenn du in Bezug auf uns Frauen eine einzige Sache verstehst.«

Grandios, dachte ich, jetzt serviert sie mir die goldene Information, auf die ich seit meinem ersten peinlichen Treffen mit einem Mädchen warte – damals, mit vierzehn, als ich voll von überschüssigen Hormonen und blanker Angst kaum die

Zähne auseinanderkriegte. Jetzt endlich würde Klarheit herrschen. Ich war so aufgeregt, dass ich beinahe meinen Kaffee verschüttete.

»Die Sache ist die«, sagte meine Bekannte. »Das Einzige, was du jemals wirklich in Bezug auf Frauen verstehen musst, ist, dass du sie niemals verstehen wirst.«

Manchmal weiß ich wirklich nicht, warum ich mir überhaupt noch die Mühe mache.

Die Eisenbahnlady – eine Zusammenfassung

Die Eisenbahnlady hielt sich vermutlich für clever. Tatsächlich jedoch befand sie sich auf direktem Weg in emotionale Schwierigkeiten, denn unabhängig von jeglicher Vorsicht wird sie niemals Einfluss auf die Entscheidung für eine der vier Möglichkeiten haben. Von denen ja lediglich eine die Aussicht auf ein Happy End beinhaltete. Die Chance, dass ausgerechnet diese die auserwählte sein würde, war verschwindend gering. Nicht inexistent, nur verschwindend gering.

Ich bin unbedingt dafür, dass Frauen selbst auf intelligente Weise aktiv einen Freund suchen, aber ich bin absolut dagegen, diese Taktiken bei Männern anzuwenden, die schon liiert sind. Nicht nur, weil es mir gegen den Strich geht, jemandem den Freund oder die Freundin auszuspannen, sondern weil die Sache nur in den seltensten Fällen gut ausgeht. Für keinen der Beteiligten: Weder für den Mann, noch für dessen aktuelle Freundin und schon gar nicht für diejenige, die ihm Letztere ausspannt.

Das ist eine ziemlich heftige Aussage, ich weiß. Ich will sie Ihnen erklären:

Ich wäre ziemlich unglücklich, wenn ein Mann versuchen würde, mir Charlotte auszuspannen. Wahrscheinlich würde ich ihm am liebsten eine reinhauen, vielleicht sogar noch Schlimmeres. Würde er es allerdings versuchen, weil er bis über beide Ohren in sie verliebt ist, könnte ich es zumindest verstehen. Aber wenn er es nur täte, um sich seine Attraktivität zu beweisen, könnte er sich gleich von der nächsten Klippe stürzen – ich würde ihm nicht nur den entsprechenden Weg zeigen, sondern auch mit einem kleinen Schubs nachhelfen. Sobald aber Liebe im Spiel ist, ändern sich die Verhältnisse. Ich finde, man darf keinem Menschen einen Vorwurf machen, der einem anderen seine Liebe gesteht.

Ich bin der festen Überzeugung, dass Charlotte gar nicht mit ihm gehen würde (es sei denn, bei dem Mann handelte es sich um Johnny Depp oder – ist es zu fassen? – um Bill Murray). Aber, nur einmal angenommen, rein hypothetisch und lediglich zu Argumentationszwecken, sie will mich doch verlassen, dann wäre es sicher besser für mich und mein langfristiges Wohlergehen, wenn sie den Schritt eher früher als später täte.

Lange Rede, kurzer Sinn: In der Liebe und im Krieg ist alles erlaubt.

Aber lassen wir die Moral einmal beiseite. Wenn Sie sich an einen bereits liierten Mann heranmachen, sollten Sie immer im Hinterkopf behalten, dass aller Wahrscheinlichkeit nach Sie selbst den Kürzeren ziehen werden. Vor vielen Jahren habe ich selbst sehr schmerzhaft eine Lektion gelernt, als ich mit einer Frau anbandelte, die mit einem anderen Mann liiert war. Es endete im größten Liebeskummer meines Lebens.

Vor etwa fünfzehn Jahren, also lange vor sowohl Freundin X als auch Freundin Y und zu einer Zeit, als ich gerade mal solo war, hatten diese Frau und ich eine kleine Liebelei. Das Ganze lief ziemlich unschuldig ab, wir hielten Händchen und schmusten herum – von Stürmen der Leidenschaft war keine Rede. Nach einigen Wochen bat ich sie, ihren Freund zu verlassen, weil ich mich bis über beide Ohren in sie verliebt hätte.

Aber sie gab mir einen Korb und ich fiel in ein tiefes Loch. Ich verlor auf einen Streich einen meiner engsten Freunde und eine Frau, die ich glaubte zu lieben. Ein ziemlich heftiger Schlag für einen jungen Mann – so viel ist sicher.

Und doch agierte ich viele Jahre später noch einmal ähnlich, als ich Den Fatalen Fehler beging.

Der Fatale Fehler – Teil eins

Ich hatte eine wirklich gute Freundin, mit der ich von Zeit zu Zeit durch die Kneipen zog. Wir konnten gut miteinander reden und tauschten uns zudem regelmäßig per E-Mail aus. Sie hörte mir aufmerksam zu, war immer freundlich und auch sonst wirklich nett. Ich kann aus meiner Warte nichts Negatives über sie berichten. Außerdem sah sie auch noch richtig gut aus.

Trotzdem war sie nur eine Freundin. Sie lebte mit ihrem Partner zusammen, und zwischen uns lief absolut nichts. Unsere Freundschaft war lange Zeit rein platonischer Natur.

Noch einmal: Sie hatte einen Freund, mit dem sie zusammenlebte.

Für mich ist das einer der besten Gründe, nichts mit einer Frau anzufangen. Ehrlich gesagt fällt mir auch kein besserer ein, außer vielleicht der, dass die Dame verheiratet ist und Kinder hat oder eine Karriere als Serienmörderin anstrebt und sich durch das Abschlachten lediger Männer einen Namen zu machen gedenkt.

Ich war zu diesem Zeitpunkt Single und haderte mit dem Mangel an Zuneigung in meinem Leben. Und sie war einfach immer nett zu mir, sodass wir immer mehr Zeit miteinander verbrachten. Dass sie verdammt gut aussah, erwähnte ich ja bereits.

Also küsste ich sie.

Was, wie ich später feststellen musste, ein fataler Fehler war.

Es dauerte eine Weile, ehe mir klar wurde, wie dumm das gewesen war, und eine mindestens ebenso lange Weile, bis die Frau zum »Fatalen Fehler« wurde.

Ich ging etwa einen Monat lang mit Dem Fatalen Fehler aus.

Normalerweise gestalteten sich unsere Treffen sehr romantisch, im Grunde verboten, ziemlich erregend und ausgesprochen leidenschaftlich. In den ersten Wochen dachte ich nicht einmal an ihren Freund. Zu meiner Verteidigung sei hervorgebracht, dass ich den Kerl nicht kannte. Hätte ich ihm ein Gesicht und eine Stimme zuordnen können, wäre vielleicht einiges anders gelaufen. Aber dem war nun einmal nicht so.

Ich weiß, dass es idiotisch war, mich mit ihr einzulassen, aber versetzen Sie sich doch einmal in meine Lage! Was hätte ich denn machen sollen? Auf den Versuch verzichten, bei dieser erotischen, süßen und offenbar durchaus willigen Frau zu landen, mit der ich schon jahrelang eng befreundet war? Stimmt, genau das wäre die richtige Antwort gewesen. Aber das Leben verläuft nun einmal nicht nach Plan, und gewisse Entscheidungen können nicht nüchtern am grünen Tisch getroffen werden. Vor allem, wenn man männlich, solo und heißblütig ist und sich nach Küssen und Streicheleinheiten sehnt.

Einen Monat lang hatten wir eine wunderbare Zeit, und ich scheue mich nicht, zuzugeben, dass ich mit dem Gedanken spielte, aus unserer Liebelei etwas Ernstes werden zu lassen.

Doch schon kurz darauf dämmerte mir, dass wir auf dem besten Weg in ein riesiges, gefährliches Kuddelmuddel waren. Eine Stimme in meinem Kopf flüsterte warnend die Worte: »Humfrey, aus einer solchen Sache kann nie und nimmer etwas Gutes und Beständiges wachsen. Sie betrügt jemanden, den sie zu lieben behauptet. Möchtest du mit einer solchen Frau zusammen sein? Und du ermutigst sie auch noch, fremdzugehen. Ist das wirklich deine Art?«

Die Antwort auf beide Fragen lautete Nein. Trotzdem ignorierte ich die Stimme.

Als ich eines Abends ausging, lernte ich eine andere Frau kennen. Ich hatte es nicht darauf angelegt, aber ich verbrachte die Nacht mit ihr. Was eine schleichende Veränderung meiner Einstellung zum Fatalen Fehler ins Rollen brachte.

Warum Männer flachgelegt werden

Jeder Mann kennt diese Nächte, in denen es allein sein Verdienst ist, dass er mit einer Frau im Bett landet. Vielleicht ist es ein gut erzählter Witz oder die Art, wie er tanzt, die ihn unwiderstehlich macht. Möglicherweise auch das Hemd, das er trägt. Es gibt Hunderte von Gründen.

Aber der besagte Abend war anders.

Es gibt nämlich auch Nächte, an denen ein Mann mit einer Frau im Bett landet, weil sie beschließt, es just in dieser Nacht so richtig krachen zu lassen – und er dabei zufällig ihren Weg kreuzt.

Ich wusste vom ersten Augenblick an, dass es ein solcher Abend war. Und es war mir egal, es würde mir guttun. So wie einem meiner Bekannten, nennen wir ihn Jon.

Der Zuneigungs-Effekt

Wenige Monate nach der Trennung von seiner langjährigen Partnerin verbrachte Jon eine Nacht mit einer Arbeitskollegin – einer großen, blonden, hübschen Frau. Er ging gerade erst wieder zögerlich auf Frauen zu, die Trennung hatte ihn doch ordentlich heruntergezogen. Er war schon eine ganze Weile nicht mehr wirklich glücklich gewesen, und weil seine Ex ihn ständig spüren ließ, dass sein Leben und seine Gefühle im Vergleich zu ihren nur unbedeutende Nebenschauplätze waren, war sein Selbstvertrauen auf ein Level irgendwo zwischen null und nicht vorhanden gesunken.

Als er nun die große, schöne Blondine küsste, die Augen öffnete und sah, dass sie lächelte, war er deshalb mehr als nur leicht verwirrt.

Er hielt inne und fragte: »Warum lächelst du?« (was nicht gerade die coolsten Worte sind, die im Verlauf eines Kusses je von einem Mann gesprochen wurden).

»Lächeln nicht alle Frauen, wenn du sie küsst?«, erwiderte sie immer noch lächelnd.

Und dann küsste sie ihn noch einmal.

Wow!, dachte Jon. Einfach nur: Wow!

Nach diesem Abend lief nie wieder etwas zwischen ihnen. Auf die Frage, welcher Augenblick in den Monaten seit der Trennung entscheidend für seine gefühlsmäßige Genesung war, hätte er vermutlich diesen genannt. In dieser Nacht fand er mehr körperliche Wärme als in den gesamten letzten Jahren, und nach und nach kehrte seine Begeisterung für das Leben im Allgemeinen und Frauen im Besonderen zurück.

Die Veränderung beruhte nicht zuletzt darauf, dass eine schöne Frau Interesse an Jon zeigte, diesen Auftrieb konnte sein Ego nur allzu gut brauchen. Noch viel wichtiger aber war, dass Jon sich daran erinnerte, wie vollkommen wunderbar Zuneigung und Intimität sind. Und dabei geht es in erster Linie nicht um Sex, für Jon sind Lächeln, Küssen und Kuscheln mindestens ebenso wichtig, wenn nicht sogar wichtiger.

Der Fatale Fehler – Teil zwei

Ich hatte also durchaus kein schlechtes Gewissen, als ich Den Fatalen Fehler mit dieser anderen Frau betrog. Immerhin ging sie jeden Abend nach Hause und legte sich zu ihrem Freund ins Bett. Sie hatte mir zwar erzählt, dass sie schon lange nicht mehr miteinander schliefen, und anfangs glaubte ich ihr auch. Irgendwann jedoch ging mir auf, dass sie genau das wahrscheinlich auch sagen würde, wenn sie noch miteinander schliefen. Angesichts des Netzes aus Lug und Betrug, in dem wir uns verstrickten, war mir klar, dass ich mir sowieso nicht sicher sein konnte, und machte mir daher keinen Kopf. Ich hielt es mit dem Vogel Strauß, wie mein Freund Charlie zu sagen pflegt: Ich steckte den Kopf in den Sand.

Irgendwann bekam sie Wind von der anderen Frau und rastete aus. Sie brüllte, schrie und heulte – die ganze Palette. Anschließend weigerte sie sich stundenlang, mit mir zu reden. Im Ernst, kein einziges Wort kam über ihre Lippen. Das war der Moment, in dem mir klar wurde, dass Der Fatale Fehler genau das war: ein fataler Fehler. Da stand eine Frau, die mit einem Partner zusammenlebte, und schrie mich, einen Single-Mann, an, weil ich die Nacht mit einer Single-Frau verbracht hatte. Es war einfach nur lächerlich. Und obendrein auch noch furchtbar kompliziert. Mit einem Mal wurde mir klar, dass es nur schlimmer werden konnte. Wir mussten die Sache schnellstens beenden.

Noch heute bedaure ich, mit ihr angebandelt zu haben, denn ich habe dadurch eine wirklich gute Freundin verloren, es wurde nie wieder so wie vorher. Außerdem litt sie lange unter heftigem Liebeskummer (sicher mehr als ich, denn sie musste ja auch noch mit dem schlechten Gewissen klarkommen). Deshalb habe ich die Sache Den Fatalen Fehler getauft.

Wie vermeidet eine Frau, als Trostpflaster missbraucht zu werden?

Auch wenn es nach der Lektüre der letzten Seiten nicht danach aussieht: Sie können etwas tun, um sich zu schützen:

1. Wenn ein Mann von einer gerade erst erfolgten Trennung erzählt, verletzlich wirkt und Ihnen das Gefühl vermittelt, sich um ihn kümmern zu müssen, machen Sie sich vom Acker. Sie würden ihn nur gefühlsmäßig aufpäppeln und sein angekratztes Selbstvertrauen stärken, bis er Sie eines Tages ansieht und denkt: »Ich bin dir wirklich dankbar, aber jetzt geht es mir schon viel besser. Ich werde mein Glück mal bei einem Topmodel versuchen. Und tschüs!« So läuft es in 99,9% aller Fälle. Ich kenne nur ein einziges

Beispiel, in dem aus einer Trostpflaster-Liebelei mehr geworden ist. Nur eines!

2. Wenn ein Mann von einer gerade erst erfolgten Trennung erzählt, dabei aber völlig gefasst wirkt, machen Sie sich vom Acker. Er macht sich selbst und damit auch Ihnen etwas vor. Die entsprechenden statistischen Belege finden Sie unter Punkt 1.

Ich weiß, dass einige von Ihnen diese weisen Ratschläge missachten werden. Wenn Sie sich also beim besten Willen nicht von dem Kerl losreißen können, gibt es noch eine weitere Möglichkeit, auf Nummer sicher zu gehen. Sie nennt sich *reden*. Fragen Sie ihn einfach ehrlich, ob er sich schon für eine neue Beziehung bereit fühlt. Wenn er Sie überzeugt – d. h. wirklich *überzeugt*, nicht nur sagt, was er muss, um Sie in sein Bett zu locken – dann können Sie es auf einen Versuch ankommen lassen. Manchmal muss man eben auch pokern.

Aber sagen Sie nicht, ich hätte Sie nicht gewarnt, wenn es nicht funktioniert.

Und ich habe noch einen Tipp: Ganz gleich, welchen der beiden obigen Punkte Sie ignorieren oder befolgen, ganz gleich, in welcher Situation Sie sich gerade befinden – schlafen Sie nicht mit dem Kerl, wenn Sie auch nur den geringsten Zweifel an seinem Gemütszustand oder seinem Interesse an Ihnen hegen. Trostpflaster-Sex beinhaltet für den Mann eine Art Läuterung: Die Vergangenheit wird ausgelöscht und das Selbstvertrauen für die Zukunft gestärkt. Für die betroffene Frau ist dieser Trostpflaster-Sex deutlich weniger lustig, sie ist nämlich nicht mehr als die Frau, mit der er schläft. Es geht ihm bei diesem Sex nur um sich selbst, um seine Vergangenheit und seine Zukunft – nicht um Sie. Soll er diesen Sex doch anderswo suchen. Sie haben etwas Besseres verdient.

Und wenn Sie nach dem Gespräch feststellen, dass Sie nicht seine Partnerin werden, dann seien Sie zufrieden damit, seine gute Freundin zu sein.

Die Lektion

Nachdem meine Beziehung mit Freundin X zerbrochen war, wollte ich monatelang nichts mit anderen Frauen zu tun haben. Als dann aber die Beziehung mit Freundin Y endete, konnte ich es kaum erwarten, wieder auf die Pirsch zu gehen. Beide Male war ich der gleiche Mann; trotzdem verhielt ich mich vollkommen anders. Und genau deshalb sollten Sie Männer meiden, die gerade eine Trennung hinter sich haben. Sie sind absolut unberechenbar und daher vollkommen unzuverlässig. Ich schließe mich dabei nicht aus. Ich bin auch nicht anders als die anderen.

Außerdem möchte ich dringend davon abraten, sich jemals mit jemandem einzulassen, der in einer festen Partnerschaft lebt, oder gar den eigenen Partner zu betrügen. Je älter ich werde und je mehr ich gesehen und zu diesem Thema gehört habe, desto überzeugter bin ich, dass Untreue niemals etwas Positives nach sich zieht.

Ob ich aus Dem Fatalen Fehler etwas gelernt habe?

Ja. Und ich habe diesen Fehler nie wieder gemacht. (Andere allerdings schon.)

Single-Geheimnis

Das männliche Ego ist zerbrechlich, und wir genießen es, wenn Frauen uns attraktiv finden.
So, jetzt habe ich es ausgesprochen. Meine Freunde werden mich lynchen.

Single-Geheimnis

Manchmal sind Männer der Macht ihrer Gefühle hilflos ausgeliefert und tun dann merkwürdige Dinge. Wir sind eben Männer, und Männer sind beim Auftauchen von Gefühlen schnell verwirrt, weshalb unser Verhalten auch mal unberechenbar sein kann. Manchmal sogar bizarr. Schieben Sie es einfach auf unsere Gefühle. Wir sind ja auch nicht immer so.

Rat eines Singles

1. Halten Sie sich fern von Männern, die gerade eine Beziehung hinter sich haben.
2. Wenn Ihr sechster Sinn Ihnen flüstert, dass Sie nur als Trostpflaster herhalten, stimmt das wahrscheinlich.
3. Wenn Sie partout das Risiko eingehen und sich mit einem frisch getrennten Mann einlassen wollen, lernen Sie ihn zumindest zunächst kennen, bevor es zu Körperlichkeiten kommt.
4. Halten Sie im Hinterkopf, dass Männer sich mit an Sicherheit grenzender Wahrscheinlichkeit unberechenbar verhalten. Sie können und werden ihre Meinung jederzeit und ohne ersichtlichen Grund ändern. ES HAT NICHTS MIT IHNEN ZU TUN.
5. Betrügen Sie nicht und lassen Sie sich nicht auf einen Betrüger ein.
6. Wenn es schiefläuft, suchen Sie die Schuld nicht bei sich. Männer sind dumm. Es war sein Fehler.

Wie Sie einen Mann dazu bringen, Sie auszuführen

- Wie man sich supergut fühlt, auch wenn man mit den Nerven am Ende ist
- Warum Männer dazu angeleitet werden müssen, eine Frau um ein Rendezvous zu bitten
- Wie man reaktiv erscheint, obwohl man die Initiative ergreift – und ihm das Gefühl gibt, den ersten Schritt zu tun
- Wie man sich sicher auf dem schmalen Grat zwischen »zu forsch« und »zu cool« bewegt

Stellen Sie sich vor, Sie sind mit ein, zwei Freunden irgendwo an einem öffentlichen Ort. Das kann eine Party sein, ein Park oder irgendein Pub. Wichtig ist nur, dass dort Leute sind, die Sie nicht kennen.

Sie sehen einen Mann, der Ihnen gefällt. Er sieht Sie ebenfalls, und Sie gefallen ihm auch. So weit, so gut. Was jetzt?

Wenn wir davon ausgehen, dass es keinen Hinderungsgrund für einen Annäherungsversuch gibt (zum Beispiel, dass Sie mal mit seinem besten Freund zusammen waren oder dass einer von Ihnen liiert ist), so gibt es nur einen einzigen Grund dafür, dass der Kerl zögert, Sie anzusprechen oder sich mit Ihnen zu verabreden: Er hat Angst vor Zurückweisung. Und genau diese Angst steht Single-Männern bei ihrer Annäherung an Frauen, die ihnen gefallen, im Weg.

Das Problem – und um ein solches handelt es sich tatsächlich – liegt darin, dass wir Männer manchmal Schwierigkeiten haben, unsere Gefühle auszudrücken.

Meiner Meinung nach gibt es für dieses Problem mehr als nur einen Grund, meine persönliche – laienpsychologische – Vermutung ist jedoch, dass es sich im Kern um die typisch männliche Überzeugung handelt, alle Gefühle seien per se irgendwie lächerlich; eine Einstellung, die auf mangelndem Verstehen beruht. Gefühle kann man schließlich weder sehen noch riechen und schon gar nicht anfassen, oder? Was also *sind* sie wirklich? Wie sehen sie aus? Woher soll ich wissen, ob ich eines habe?

Verstehen Sie, was ich sagen will? Für das männliche Gemüt ist das alles sehr verwirrend. Wenn Sie jetzt noch die genetische Tendenz hinzunehmen, niemals Schwäche zu zeigen (und in der männlichen Welt werden Gefühle meist als Schwäche kategorisiert), wird die Sache erst recht kompliziert.

Wie bringt eine Frau einen Mann dazu, sie auszuführen?

Ich fürchte, diese Perspektive ist recht typisch männlich. Trotzdem sollte Sie das nicht vor unlösbare Probleme stellen, da sich seine Unsicherheit und die von steinzeitlichen Vorfahren über die Jahrhunderte bis heute überlieferte Defensivhaltung mit wenigen geschickten Aktionen überlisten lässt. Indem Sie nämlich einfach die Kontrolle über den gesamten Prozess, inklusive Kennenlernen und Ausgehen (also auch das viel gepriesene Paarungsritual) so geschickt übernehmen, dass er es nicht einmal merkt. Er soll das Gefühl bekommen, *er* sei ausgezogen und habe *Sie* erobert, ganz im Stile des urtümlichen Jägers und Sammlers, der wir Männer tief in unserem Innern so gerne sein möchten – auch wenn eigentlich Sie die Arbeit geleistet haben.

Dazu müssen Sie sich nicht einmal mit der Frage belasten, wie ein Mann sein Selbstwertgefühl erhöht (darüber wird später noch ausführlicher zu reden sein), und Sie brauchen sich auch keine Gedanken über die merkwürdigen Dinge zu machen, die er zu seinem Spiegelbild sagt, ehe er auf die Pirsch geht. (»Du bist der Honig. Sie sind die Bienen«, ist nur ein Beispiel eines meiner Freunde, dessen Namen ich hier lieber nicht nenne; schließlich will ich sein Leben nicht zerstören.) Ignorieren Sie, dass er seinen Gesprächseinstieg noch vor Verlassen des Hauses richtiggehend eingeübt hat. Und das bedeutet NICHT, dass Sie den Ratschlägen aus *Die Kunst, den Mann fürs Leben zu finden: The Rules* wortwörtlich folgen.

Konzentrieren Sie sich auf das, was *Sie* tun können.

Genau darum geht es.

Die Wissenschaft weiblichen Flirtens

Ich habe eine persönliche Theorie darüber, wie Männer und Frauen aufeinander zugehen. Bitte beachten Sie die Formulierung »aufeinander zugehen«, denn obwohl zumeist die Männer den ersten Kuss einfordern oder ein erstes Date vorschlagen, sind es meiner Meinung nach die Frauen, die sie zunächst an die Hand nehmen und leiten, bis sie sich bereit dazu fühlen.

Wie machen sie das?

Um diese Frage zu beantworten, sollten wir uns den gesamten Prozess eines modernen Paarungsrituals vor Augen führen.

Ein Mann sieht eine Frau, die ihm gefällt. Er verspürt eine Art inneres Kribbeln – ein Zeichen, dass er sie gern näher kennenlernen möchte. Diesen Augenblick nennen wir hier Punkt A und betrachten ihn als Anfang einer Reise. Falls die entsprechende Frau den Mann ebenfalls nett findet, wünscht sie sich, dass er Punkt B ansteuert – die Stelle, an der er den Mut findet, sie anzusprechen. Punkt B wäre damit das Ende der Reise. (Ich gehe hier einmal davon aus, dass es sich bei unserem Beispiel-Mann nicht um einen derjenigen Vertreter handelt, die ihr gesamtes Leben an Punkt B verbringen. Vor solchen Kandidaten hatte ich Sie ja bereits ausdrücklich gewarnt.) Die Reise ist also ganz einfach: Es geht von Punkt A nach Punkt B.

Normale Männer mit durchschnittlichem Selbstvertrauen brauchen meist ein wenig Unterstützung, um von Punkt A zu Punkt B zu gelangen. Die beiden Punkte können, je nach Mann und Frau, weit voneinander entfernt oder ganz nah beisammen liegen. Wichtig ist hier nur, dass zwischen den beiden Punkten ein gewisser Abstand besteht und dass es der Mann ist, der diesen Abstand überwinden muss.

Wenn die Frau clever und weise ist, kann sie ihm dabei vorsichtig auf die Sprünge helfen.

Sie kann zum Beispiel den Blickkontakt über einen flüchtigen Moment hinaus verlängern (erster Schritt der Reise). Sie kann ihm anschließend ein Lächeln schenken (zweiter Schritt) und, wenn sie sehr mutig ist, ihm sogar ein Zeichen geben (eine Abkürzung zu Punkt B). Wenn er daraufhin auf sie zugeht und sie begrüßt, antwortet sie freundlich, immer noch lächelnd (dritter Schritt). Kurz darauf könnte sie über einen seiner Sprüche lachen (vierter Schritt) und mit ihrem Haar spielen (fünfter Schritt). Möglicherweise schätzt sie seine Art, zu fragen und ihren Antworten zu lauschen, bevor er sie herzlich, aber nicht zu übertrieben neckt, was sie erröten, aber immer noch lächeln lässt (sechster Schritt). Inzwischen stehen sich die beiden vielleicht gegenüber und er bemerkt, dass sie sich plötzlich nur noch für ihn interessiert (siebter Schritt). Vielleicht fällt ihm auch auf, dass sie den Kopf leicht neigt, wenn er spricht, und ihm *wirklich* zuzuhören scheint (achter Schritt).

Und so geht es Schritt für Schritt weiter, bis er schließlich das Gefühl hat, Punkt B erreicht zu haben, wo er hoffentlich kühn genug ist, die Grenze des hoffnungsvollen Flirtens zu überschreiten. Wenn Sie es schaffen, dass er sich gut fühlt, ihm zum Beispiel vermitteln, dass Sie ihn witzig und interes-

sant finden, wird er diese Schritte schneller bewältigen können, was die Wahrscheinlichkeit erhöht, dass er auf Sie zugeht.

Single-Geheimnis

Sorgen Sie dafür, dass der Mann sich gut fühlt – so lautet das
Grundprinzip all meiner Ratschläge im Hinblick darauf, einen netten Mann dazu anzuleiten, Sie auszuführen.

Natürlich gibt es Grenzen. Es ist sicher keine gute Idee, sich
einem Mann an den Hals zu schmeißen (es sei denn, Ihnen
steht der Sinn lediglich nach einem unverbindlichen Quic-
kie – dann ist es selbstverständlich eine ausgezeichnete Idee).
Ich werde später noch ein paar Beispiele aufführen, wie Sie es
besser nicht machen sollten. An dieser Stelle möchte ich Ihnen ein paar einfache Methoden aufzeigen, die allerorten ein-
setzbar sind – in einer Bar, auf einer Party, in einer Bibliothek,
wo immer es Ihnen behagt.

1. **Ein Lächeln schadet nie.** Wie viele Frauen, die mürrisch
   gucken, werden von netten Männern angemacht? Dreimal
   dürfen Sie raten! Richtig – keine!
2. **Strahlen Sie Freude aus.** Genau genommen steht diese
   Aussage in engem Zusammenhang mit Punkt 1. Grin-
   sen Sie nicht einfach aus einem für andere unerfindlichen
   Grund (das sieht dämlich aus), sondern vermitteln Sie einen glücklichen Eindruck, selbst wenn Sie nur langweilige
   Bilderhaken kaufen.
3. **Wenn Sie jemand ansieht, erwidern Sie seinen Blick und
   lächeln Sie** (da ist es schon wieder!). Halten Sie seinem
   Blick nicht zu lange stand – Sie wollen ja nicht überge-

schnappt wirken – aber wenden Sie den Blick auch nicht zu schnell wieder ab, als hätte man Sie bei etwas Verbotenem ertappt. Und wieder kommt die Macht des Lächelns zum Zuge. Wenn Sie wie eine zufriedene und fröhliche Person wirken, möchten andere im Allgemeinen (und Männer im Besonderen) gerne mit Ihnen zusammen sein. Möchten Sie gerne mit jemandem reden, der aussieht, als hätte er alles Leid der Welt auf sich vereint? Sehen Sie – ich auch nicht.

4. **Zweifeln Sie niemals an Ihrer Attraktivität.** Niemals! Auch diesen Rat sollten Sie immer und überall befolgen. Ich brauche Sie nicht einmal zu sehen, um zu wissen, dass Sie viel attraktiver sind, als Sie denken. Wie fast alle Frauen auf der ganzen Welt können sicher auch Sie bestimmte Dinge an Ihrem Gesicht oder Ihrem Körper nicht leiden. Und wenn mich meine Erfahrung nicht täuscht, sind Sie der Ansicht, dass diese Dinge Ihre Attraktivität generell infrage stellen. Aber das stimmt nicht. An diesem Punkt können Sie mir blind vertrauen.

5. **Seien Sie selbstbewusst.** Das Selbstbewusstsein ist eine merkwürdige Sache. Bis vor Kurzem war mir ein Rätsel, was es ist und woher es kommt. Aber jetzt weiß ich es. Selbstvertrauen entsteht aus zwei Quellen: aus der Art, wie Sie sich selbst wahrnehmen, und der Art, wie andere Sie wahrnehmen. Meine Schlussfolgerung lautet also: Sobald jemand selbstbewusst erscheint (er muss nur so scheinen, muss es nicht wirklich sein), wird er von anderen auch wie ein selbstbewusster Mensch behandelt. Und wenn jemand wie ein selbstbewusster Mensch behandelt wird, wird er dadurch auch selbstbewusster (und dieses Mal in echt). Der Trick liegt also darin, zumindest selbstbewusst zu *erscheinen,* alles andere kommt dann ganz von selbst: Andere nehmen Sie als selbstsicheren Menschen wahr, und diese Haltung färbt wiederum auf Sie ab. Wie aber stellt man es an, selbstsicher zu erscheinen? Im Grunde müssen Sie bloß so aussehen, als wären Sie zufrieden, auf dieser Welt,

Sie selbst und an diesem Ort zu sein. Dazu werde ich mich später ausführlicher auslassen, aber das ist das Grundprinzip: Wirke glücklich und selbstsicher. Männer sind gern mit glücklichen, selbstsicheren Frauen zusammen, das gibt ihnen ein gutes Gefühl. Und wenn Sie es schaffen, dass sie sich gut fühlen, werden sie Sie mögen.

Zu gut dürfen sie sich aber nicht fühlen

Wenn Sie sich zu sehr mühen, ihm ein gutes Gefühl zu vermitteln (wenn Sie ihn zum Beispiel behandeln, als wären in seiner Person sämtliche Gebete des weiblichen Geschlechts erhört worden), wird er Sie entweder als verzweifeltes Wesen oder leichte Beute wahrnehmen. Oder beides. Und dies ist nicht gerade der beste mögliche Eindruck, außer Sie sind nur auf ein unverbindliches Abenteuer für eine Nacht oder etwas länger aus. Fühlt er sich zu gut, fühlt er sich auch schnell zu gut für Sie.

Halten Sie es mit Oscar Wilde, der einmal gesagt hat: »Ich behaupte nicht, dass wir uns danebenbenehmen sollen, aber wir sollten aussehen, als ob wir es könnten.«

Wie es gelingt, ihm ein gutes, aber kein zu gutes Gefühl zu vermitteln

Zeigen Sie sich interessiert, aber ein wenig distanziert, d. h. stellen Sie abgesehen von zum Beispiel einer flüchtigen Berührung seines Armes während des Gesprächs, keinen Körperkontakt her. Alles Weitere muss er in die Wege leiten. Reden und lachen Sie, soviel Sie wollen, aber beschränken Sie den Körperkontakt auf ein Minimum.

Scheuen Sie sich nicht, ihn ein bisschen auf den Arm zu nehmen. Wir mögen Frauen, die uns necken, sie sind clever, unterhaltsam und selbstsicher. Und was noch wichtiger ist: Die meisten Männer (zumindest die, die Humor haben und sich selbst nicht allzu ernst nehmen) verstehen eine Neckerei durchaus als Zeichen von Zuneigung, auf diese Weise kommunizieren wir mit unseren Freunden und zeigen ihnen, dass wir sie mögen. Lächeln Sie fortwährend, aber hüten Sie sich vor Gemeinheiten und Gehässigkeiten.

Wenn Sie ein zufriedener, selbstsicherer Mensch sind (das sollten Sie unbedingt), müssen Sie nur eines tun, damit er Sie sympathisch findet: Seien Sie Sie selbst. Behalten Sie das im Hinterkopf.

Was Sie nicht tun sollten (1)

Wenn Sie in einer Bar einen Mann kennenlernen, sich mit ihm unterhalten und er Ihnen einen Drink ausgeben will, sagen Sie nicht: »Ich möchte nichts trinken, ich möchte Sie lieber küssen«, wenn Sie nicht lediglich als One-Night-Stand durchgehen wollen.

Genau das hat B erlebt; die Frau war tatsächlich nicht mehr als ein kurzes Abenteuer.

Was Sie nicht tun sollten (2)

Wenn Sie in einer Bar einen Mann kennenlernen, sich mit ihm unterhalten und er Ihnen einen Drink ausgeben will, sagen Sie nicht: »Ich kann dich kaum verstehen, lass uns doch zu mir gehen«, wenn Sie nicht lediglich als One-Night-Stand durchgehen wollen.

Auch das hat B erlebt, und diese Frau war nicht mehr als ein kurzes Abenteuer.

Was Sie nicht tun sollten (3)

Wenn Sie in einer Bar einen Mann kennenlernen, sich mit ihm unterhalten und er Ihnen einen Drink ausgeben will, sagen Sie nicht: »Ich habe keine Lust zu trinken. Ich habe Lust, mit zu dir zu gehen«, wenn Sie nicht lediglich als One-Night-Stand durchgehen wollen.

Das hat B erlebt, und auch diese Frau war – Sie ahnen es schon – nicht mehr als ein kurzes Abenteuer.

Haftungsausschluss
Die drei Frauen waren vielleicht wirklich nur auf einen One-Night-Stand aus. In diesem Fall haben sie sich natürlich richtig verhalten. Ihre Taktik war perfekt, und ich respektiere ihre Vorgehensweise. Ich nutze ihre Antworten lediglich als Beispiel dafür, wie Sie mit einem Mann keinesfalls reden sollten, wenn Sie mehr als ein Abenteuer wollen.

Wann, wie und warum Sie einen Mann ausführen können

Es ist durchaus möglich, dass Ihr Herz-Bube Sie selbst dann nicht um ein Date bittet, wenn Sie allen meinen Ratschlägen bezüglich Männern und Flirtkünsten folgen. In einer solchen Situation – wir gehen selbstverständlich davon aus, dass er weder eine Frau noch eine Freundin hat – ist seine Zurückhaltung mit an Sicherheit grenzender Wahrscheinlichkeit in chronischer Schüchternheit oder einem vorübergehenden Mangel an Selbstvertrauen begründet. Unter diesen Umständen sollten Sie nicht zögern, einen etwas weniger subtilen ersten Schritt zu wagen.

Richtig – *Sie* sollen *ihn* ausführen.

Aber Männer mögen das doch nicht, höre ich Sie sagen. Ihr winziges, zerbrechliches Ego nimmt Schaden, wenn sie gejagt werden, anstatt selbst Jäger zu sein.

Falsch!

In Wahrheit gibt es nur wenige Männer, die nicht gern um ein Date gebeten werden, und auch das durchaus nicht immer.

Und wenn Sie es richtig anstellen, kann die Einladung zu einem Date für einen Mann, der Sie zwar mag, sich bisher aber nicht bewegt hat, nie verkehrt sein.

Wie aber macht man es richtig? Denken Sie daran, dass eine Frau, die verzweifelt hinter einem Mann herrennt, nicht besonders attraktiv wirkt. Also muss die Einladung sehr raffiniert und so wenig offensiv wie möglich erfolgen. Der einfachste Schritt am untersten Ende einer Skala des Druckausübens zu einem ersten Date ist der Vorschlag, zusammen etwas trinken zu gehen. Sonst nichts. Lediglich ein Drink. Kein Abendessen, kein Zirkusbesuch, kein Tagesausflug nach Paris. Nur ein Drink.

Und am besten bringen Sie den Vorschlag so zurückhaltend wie eben möglich vor. Eine E-Mail oder SMS, in der steht: »Wie wäre es mit einem Drink nächsten [hier fügen Sie den Tag ein]?«, genügt. Sie sollten übrigens immer das exakte Datum und den genauen Ort angeben, auch wenn Sie letztendlich woanders landen. In diesem Stadium dürfen Sie ihm so wenige Entscheidungen wie nur möglich überlassen. Außerdem ist Männern der Ort des ersten Dates ohnehin meist egal.

Wenn er zustimmt, verhalten Sie sich bei diesem Date nicht anders als sonst. Allerdings sollten Sie einen weiteren Tipp beherzigen: Wenn Sie sich mit einem Mann treffen, den Sie zu einem Treffen eingeladen haben, sollten Sie sich erst recht davor hüten, zu schnell mit ihm ins Bett zu steigen. Sie haben ihm durch Ihre Initiative bereits deutlich zu verstehen gegeben, dass Sie an ihm interessiert sind, also müssen Sie die Angelegenheit nicht noch weiter beschleunigen und es ihm allzu leicht machen.

Und noch etwas: Selbst wenn Sie sich, als Beispiel, über einen neuen Film unterhalten haben, den Sie beide unbedingt sehen wollen, oder über ein beliebiges anderes Event, das Sie beide interessiert, und Ihnen plötzlich die Idee kommt, dass ein Besuch des Kinos/Theaters/der Galerie/Hundeausstellung eine nette Alternative zu meiner Drink-Anregung wäre – schlagen Sie es nicht vor. So etwas macht man mit *Freunden*. Mein »Auf einen Drink«-Plan ist sicher eher defensiv, aber nichtsdestotrotz unmissverständlich ein Date. Sie wollen eine Botschaft transportieren, darum geht es doch; sie einem Mann aber subtil zu unterbreiten ist keine besonders gute Idee.

Männer, die nicht gerne ausgeführt werden

Es sind in der Regel die unreifen, unsicheren Männer, die es verabscheuen, wenn eine Frau die Initiative ergreift. So wie in meinem Fall im Alter von sechzehn, als mich der Anruf eines mir flüchtig bekannten Mädchens ereilte mit der Frage, ob ich mit ihr ins Kino ginge. Ich wurde von wilder Panik ergriffen, weil Mädchen sich so einfach nicht verhielten, und sagte Nein. Wäre dieser Anruf zehn Jahre später erfolgt, hätte mich das nicht im Geringsten verwirrt, nein, ich hätte vielmehr großen Respekt vor der Dame gehabt und mit hoher Wahrscheinlichkeit zugesagt, weil ich inzwischen gelernt hatte, dass es ziemlich cool ist, wenn eine Frau den ersten Schritt macht.

Zusammenfassend stelle ich fest, dass ich mit sechzehn unreif und unsicher war, zehn Jahre später aber nicht mehr. Mit anderen Worten: Wenn Sie einen Mann zu einem Rendezvous einladen, können Sie sogleich die Spreu vom Weizen trennen und erkennen, wer unreif und unsicher oder wer erwachsen ist.

Die Risiken

Für eine Erläuterung der Risiken, die Sie mit der Einladung eines Mannes zu einem Rendezvous eingehen, reiche ich Sie an B weiter. Er erklärt Folgendes: »Ich liebe es, wenn eine Frau mich zu einem Rendezvous einlädt, weil sie sich auf einem Silbertablett präsentiert. Das bedeutet keinesfalls, dass ich sie nicht respektiere, aber ich würde davon ausgehen, dass sie keine ernsten Absichten hegt. Und das passt mir natürlich prima ins Konzept.«

Und genau darin liegt das Risiko. Manche Männer (durchaus nicht alle) werden Sie für Freiwild halten. Und die Antwort darauf lautet, wie schon erwähnt: Wenn daraus mehr werden soll als ein kurzes Abenteuer, sollten Sie das Tempo der Geschehnisse im Blick behalten.

Wie Sie supergut aussehen, auch wenn Sie mit den Nerven am Ende sind

Zur Beantwortung dieser Frage müssen wir uns wieder dem Selbstvertrauen zuwenden. Blättern Sie dazu einfach noch einmal zum Abschnitt über die Wissenschaft weiblichen Flirtens und dort zum Hinweis Nummer vier: Zweifeln Sie niemals an Ihrer Attraktivität! Niemals!

Das ist es! Leider kann ich Ihnen nicht dabei helfen.

Selbstvertrauen und der frischgebackene Single-Mann

Als ich noch mit Freundin Y zusammen war, wurde ich einmal zu einer Fashion-Award-Party eingeladen (die Einladung bekam ich über einen Arbeitskollegen – damals wie heute habe ich keinen blassen Schimmer von Mode). Meine damalige Freundin hatte keine Zeit, mich zu begleiten, und so nahm ich einen Freund mit, der sich erst kürzlich von seiner Partnerin getrennt hatte. Die Beziehung der beiden war auf viele Weisen unerfreulich dramatisch gewesen und endete damit, dass mein Freund, ein wirklich netter Kerl, ziemlich am Boden zerstört war. Ich hoffte, ihn mit der Einladung zu dieser Party auf andere Gedanken bringen zu können. Schlimmstenfalls wären an diesem Abend zumindest die Drinks umsonst gewesen.

Der Abend setzte sich zusammen aus einer Preisverleihung, der viele Stunden fröhlichen Zechens mit Musik in einem riesigen, umgebauten Lagerhaus folgten – die Location war echt abgefahren. Wir erreichten sie wenige Minuten vor dem Beginn der Preisverleihung und hatten die Wahl, entweder einen Haufen Leute zu betrachten, von denen wir noch nie gehört hatten und die Preise für Dinge bekamen, von denen wir keine Ahnung hatten und die uns nicht interessierten, oder es uns gleich an der Bar im Nebenraum gemütlich zu machen, wo die Getränke nichts kosteten.

Die Entscheidung fiel uns nicht schwer.

Die nächste Stunde verbrachten wir damit, Drinks zu kippen und darauf zu warten, dass die Zeremonie ein Ende fand. Nach und nach trudelten die anderen Gäste ein. Da es sich um ein Mode-Event handelte, stolzierten scharenweise bildhübsche Frauen umher. Wir fanden es einfach nur toll, quatschend herumzusitzen und die Damen zu bewundern, die uns perfekt gestylt und angenehm duftend umschwirrten.

Nachdem mein Blick eine Weile umhergewandert war, wurde mir schlagartig eine unangenehme Wahrheit bewusst: Niemand war weniger »trendy« als mein Freund und ich. Ich spürte, wie sich das Gefühl der Befangenheit in mir ausbreitete. Als die Leute uns dann auch noch anstarrten, wurde mir wirklich unbehaglich zumute.

Vielleicht ist der Besuch der Party doch keine so gute Idee, dachte ich. Mitten unter Hunderten von Leuten fühlten wir uns wie Fische auf dem Trockenen. Wir passten einfach nicht zu den schicken Modemenschen, die nicht nur anders angezogen waren als wir, sondern anscheinend auch durch die Bank schlank und höchstens mittelgroß waren, ganz im Gegensatz zu uns, die wir beide sehr groß und vom Körperbau her eher stämmig als elegant sind. In mir keimte die Befürchtung auf, dass die Party meinem Freund mehr schaden als nützen würde.

Doch dann passierten plötzlich merkwürdige Dinge. Zunächst baten uns zwei Frauen um einen Tanz. Das taten wir noch als verrückten Zufall ab.

Kurz darauf begrüßten uns zwei weitere Frauen und unterhielten sich mit uns. Als sie zur Bar weiter schlenderten, kamen drei andere auf uns zu. Und später sogar noch eine vierte.

Erst als eine Frau uns mahnte, endlich damit aufzuhören, die Mädels zu quälen und stattdessen mit dem Tanzen anzufangen, fiel der Groschen. Wir waren in dem ganzen Laden so ziemlich die einzigen heterosexuellen Nicht-Modepüppchen und fielen auf wie bunte Hunde. In diesem Umfeld, wo die meisten viel Aufwand betrieben hatten, um so gut wie möglich auszusehen und um jeden Preis Spaß haben wollten, erwies sich diese Wirkung als spektakulär. Während der folgenden Stunden erfuhren wir so viel weibliche Aufmerksamkeit wie wahrscheinlich nie wieder im Leben. Ich hörte auf, die Frauen zu zählen, die uns Avancen machten. Eine flüsterte mir sogar zu: »Ich gehe in zehn Minuten nach Hause und möchte, dass du mitkommst.« Auch mein Freund bekam jede Menge anzüglicher Anträge (mehr als ich, auch wenn ich das nur ungern zugebe).

Er entschloss sich recht früh, keines dieser Angebote anzunehmen (deren Erstes, »Begleitest du mich nach Hause?«, er bereits nach einer Stunde, d. h. gegen elf Uhr abends erhielt), weil es eine Schande gewesen wäre, diesem einzigartigen Abend ein vorzeitiges Ende zu setzen. Es war ein Erlebnis, das keiner von uns beiden je vergessen wird.

Das Ende der Veranstaltung war auf fünf Uhr morgens angesetzt, und wir blieben bis zum Schluss. Die letzte Stunde ver-

brachten wir damit, mitten in einer Gruppe zufällig zusammen-
gewürfelter Frauen zu tanzen. Ich bin ein miserabler Tänzer
(nein, das ist keine falsche Bescheidenheit – ich kann wirklich
nicht tanzen), aber alle diese Frauen verhielten sich, als hätte
man sie gerade aus dem Frauengefängnis entlassen und sie mit
gleich zwei Justin Timberlakes auf der Tanzfläche beglückt.

Um fünf Uhr morgens stolperten wir lauthals lachend zur
rund um die Uhr geöffneten Imbissbude auf der Brick Lane
und konnten immer noch nicht fassen, was uns in dieser
Nacht widerfahren war. Ein Wahnsinns-Abend. Ein toller,
zauberhafter Abend.

Was meine Absicht anging, meinen Freund aufzuheitern,
so war es ein Erfolg auf der ganzen Linie. Er wandelte wie auf
Wolken, nicht zuletzt deshalb, weil er die Visitenkarten von
mindestens fünfzehn Frauen in der Tasche hatte. Ich glaube
nicht, dass er je eine der jungen Damen angerufen hat, aber
darum ging es auch nicht. Der Abend hatte seinen Zweck er-
füllt: Mein Freund fühlte sich wieder attraktiv.

Auch jetzt, Jahre später, lachen wir noch über diesen
Abend. Und in einer Hinsicht behielten wir recht: Etwas Ähnliches ist uns nie wieder passiert. Dieser Abend bleibt einzigartig – ein Abend, an dem die Sterne für uns so günstig standen wie nie.

Und soll ich Ihnen was sagen? Es tut mir nicht einmal leid,
dass es eine einmalige Sache war. Ich bin jetzt aus dem Rennen, und solange mir die Erinnerungen bleiben, erfreue ich
mich daran. Ganz im Gegensatz zu B, der vor Neid beinahe
geplatzt wäre, als er erfuhr, was er verpasst hatte.

Ruhige Zeiten – wie man eine Durststrecke übersteht

Ja, ja, das Selbstvertrauen! Nun haben wir die für mein Ego
vernichtendste Phase meines Single-Daseins erreicht. Die
Zeit, in der mein Selbstvertrauen völlig am Boden lag.

Etwa neun Monate nachdem ich wieder solo war, befand ich mich in einer gewissen Dating-Flaute. Ich möchte den Begriff hier einschränken, weil ich mir keine großen Gedanken darüber machte, dass ich kaum noch ausging. Mir ging es gut, ich war gern Single und es war meine eigene Entscheidung.

Zumindest bis zu einem gewissen Zeitpunkt. Mir war zunächst nicht klar, dass ich am Beginn eines der fürchterlichsten Albträume eines Single-Mannes stand: einer Durststrecke. Doch schon einen Monat später fiel mir auf, dass meine Situation sich beileibe nicht verbesserte. Seit Wochen schon hatte mich keine Frau geküsst – noch nicht einmal auf die Wange. Allerdings zeichnete sich am Ende des Tunnels ein Licht ab: Ich war zu einer Hochzeit eingeladen.

Hochzeiten sind die idealen Jagdgründe für Singles. Gefühle, Alkohol und hübsch gekleidete Gäste verschmelzen zumindest theoretisch zu einem kraftvollen Cocktail romantischer Bedürfnisse.

Ich erhoffte mir viel von dieser Feier. Es war ein tolles Fest mitten im Winter. Das Wetter spielte mit, das Lokal lag unmittelbar vor den Toren Londons, das Paar war sehr verliebt, viele Freunde waren gekommen und der Abend wurde mit dem witzigsten Tanz eröffnet, den ich je gesehen habe: einer bewusst kitschig inszenierten Choreografie zu den Klängen von Lionel Ritchies »All Night Long« – kurz gesagt: Es war zauberhaft. Ab etwa drei Uhr nachmittags wurden alkoholische Getränke serviert – es war also ausreichend Zeit für Höhenflüge.

Leider gab es ein Problem: einen Mangel an Single-Frauen. Womit die gesamte Romantik im Eimer war. Zumindest für mich.

Beim Abendessen saß ich zwischen zwei Frauen, die auf der anderen Seite jeweils von ihren Partnern flankiert wurden; neben diesen saßen wiederum ein verheiratetes, respektive ein verlobtes Paar. Die Verlobten hatten sich ein paar Wochen nicht gesehen und knutschten sich verständlicherweise den ganzen Abend ab, was ich im Übrigen absolut nicht deprimierend fand. Kein bisschen. Ehrlich nicht.

Na gut, am liebsten hätte ich ihnen ein Glas Wein über den Kopf geschüttet, aber es gelang mir, mich zu beherrschen.

Glücklicherweise war die Frau zu meiner Linken eine sehr angenehme Gesprächspartnerin, und wir redeten über Gott und die Welt. Unter anderem auch darüber, dass ihr Ehemann und ich die gleiche Schule besucht hatten. Das Gespräch fand allerdings ein jähes Ende, als meine Freunde am Nachbartisch (wo übrigens fünf Paare saßen) unsere angeregte Unterhaltung bemerkten und zu der grundfalschen Schlussfolgerung kamen, die Dame sei solo und Opfer einer meiner Charmeoffensiven.

Sie taten das, was jeder fürsorgliche, nette und hilfsbereite Freundeskreis in einer solchen Situation tun sollte: Sie glänzten durch unqualifizierte Zwischenrufe.

»Nun, Humf, kommst du voran?«, rief mein Freund Josh mehrfach.

Nein, Josh, dachte ich. Ich komme nicht voran, weil ich nicht einmal im Rennen bin. Aber es wurde noch schlimmer.

»Hat er schon Französisch mit Ihnen gesprochen?«, kreischte Nick.

Nein, auch das hatte ich nicht getan, und zwar nicht zuletzt deshalb, weil es sich bei der Dame zufällig um eine Französin handelte (ich spreche zwar Französisch, aber nicht so fließend, dass ich sie hätte beeindrucken können). Außerdem war sie ja, wie bereits erwähnt, verheiratet. Schließlich bat ich sie, ihre Hand mit dem Ring hochzuhalten, um die Bande zum Schweigen zu bringen.

Abgesehen vom peinlichen Verhalten meiner sogenannten Freunde war es ein schöner Tag. Ich konnte meinem Single-Dasein sogar einen positiven Aspekt abringen: Im Gegensatz zu den anwesenden Paaren wurde ich nämlich nicht ständig gefragt, wann es denn bei mir so weit wäre.

Bei dieser Hochzeit erlebte ich den Vorteil, nicht permanent unter Druck gesetzt zu werden.

Allerdings habe ich auch niemanden kennengelernt, den ich gern geheiratet hätte.

Single-Geheimnis

In der Phase des ersten Kennenlernens sind Single-Männer nicht sonderlich kompliziert, weil ihr Selbstvertrauen nicht durchgängig stark ist. Wenn Sie dazu beitragen, dass ein Mann sich gut fühlt, ist das bereits die halbe Miete.

Die Kunst weiblichen Flirtens (Negativbeispiel)

Wir haben bereits festgestellt, dass Frauen einen Flirt so übertreiben können, dass ein Mann lieber das Weite sucht. Natürlich können sie es auch untertreiben, also so wenig Initiative ergreifen, dass ein Mann den Weg von Punkt A nach Punkt B gar nicht erst antritt.

An der Universität zum Beispiel lief eine Frau herum, auf die ich große Stücke hielt. Sie war witzig, wir lachten viel und waren gute Freunde. Wir besuchten gemeinsam Vorlesungen und gingen zusammen aus, obwohl wir nicht viele gemeinsame Freunde hatten (sie war ein echtes Londoner Mädchen und damit so unendlich viel cooler als ich, der ich aus dem beschaulichen, kleinen Cambridge stammte).

Obendrein war sie äußerst attraktiv. Trotzdem hegte ich keinerlei Ambitionen, nicht nur, weil sie so viel cooler war, sondern weil ich seit dem Beginn unserer Freundschaft von ihrer Vorliebe für schwarze Männer wusste. Damals dachte ich kurz: »Schade!«, aber von diesem Augenblick an sah ich in ihr nie etwas anderes als eine gute Freundin. Die Vorstellung einer romantischen Liaison kam mir nicht einmal in den Sinn, geschweige denn, dass ihr Fehlen mich belastete, denn ich wusste vom ersten Tag an, dass nichts dergleichen jemals geschehen würde. Ich war der felsenfesten Überzeugung, dass selbst Brad Pitt bei ihr keine Chance hätte.

Im Verlauf der Jahre verbrachten wir immer weniger Zeit miteinander, und nach dem Examen verloren wir den Kontakt vollständig. Einige Jahre später lief mir eine ihrer Freundinnen über den Weg, die ich ewig nicht gesehen hatte. Ich fragte nach meiner Bekannten, woraufhin ihre Freundin mir von ihr erzählte. Plötzlich sagte sie: »Schade, dass ihr beiden nie zusammengekommen seid.«

Ich lachte und sagte etwas im Stile von, ich sei ja wohl nie wirklich ihr Typ gewesen.

Die Frau blickte mich verblüfft an. »Wie meinst du das – nicht ihr Typ? Sie hat dich unheimlich gerngehabt. Was glaubst du wohl, warum sie dauernd deine Nähe gesucht hat?«

Das nenne ich eine Überraschung. Ich hatte nicht die geringste Ahnung, dass sie sich auch nur ansatzweise anders als kumpelhaft für mich interessieren könnte. Wirklich nicht. Schließlich war ich weder cool noch schwarz.

Diese Geschichte kann man aus zwei unterschiedlichen Perspektiven betrachten. Entweder ist es a) schade, dass nichts passiert ist, weil wir wirklich prima miteinander auskamen und eine Beziehung durchaus schön hätte werden können, oder es ist b) egal, dass sie sich für mich interessierte, weil ich diese Gefühle ganz offensichtlich nicht hegte. Ganz gleich, auf welche Art Typ sie stand – ich hätte gespürt, wenn ich Gefühle für sie hätte entwickeln können. Ob ich allerdings entsprechend gehandelt hätte, steht auf einem ganz anderen Blatt.

Wenn man sämtliche Möglichkeiten und die Art, wie ich damals tickte, in die Waagschale wirft – im Grunde war ich auch als Student noch sehr jungenhaft –, stimmt es vielleicht, dass ich nicht genügend Interesse für sie zeigte. Die Lektion allerdings lautet folgendermaßen: Wenn sie wirklich mehr als nur rein freundschaftliche Gefühle für mich hegte, wäre es dann nicht besser für alle Beteiligten gewesen, wenn ich davon erfahren hätte? Sie hätte schnell herausfinden können, ob auch ich sie mochte. Wenn ja, prima, und wenn nein, wären zumindest alle Zweifel beseitigt gewesen.

Wissen Sie noch, was ich oben geschrieben habe? Dass Frauen einen Mann an die Hand nehmen und so leiten müssen, dass er sich bereit für den ersten Schritt fühlt? Nun, das letzte Beispiel hat gezeigt, wie man es besser nicht macht. Bin ich zu kritisch mit meiner Kommilitonin umgesprungen? Vielleicht. Tatsache ist, dass sie – falls sie sich wirklich für mich interessierte – unter dem gleichen Handicap litt, das manche Männer davon abhält, auf eine Frau zuzugehen. Sie hatte Angst vor Zurückweisung.

So gesehen ist das eine Sache, die Männer und Frauen gleichermaßen trifft. Auch mir ist es schon passiert, dass ich nicht den Mut hatte, einer Frau zu sagen, dass ich sie mag.

Vielleicht sind wir doch gar nicht so verschieden.

Ein Mann verspielt seine Chance (indem er auf Punkt A verharrt)

Eine gute Bekannte von mir schwärmte über ein Jahr lang für einen jungen Mann. Sie hatte ihn bei der Arbeit kennengelernt, die beiden sahen sich regelmäßig und sie meinte, dass es zwischen ihnen knisterte. Er jedoch sagte und tat nichts.

Eines Abends brachte er seine neue Freundin mit zu einer Party, auf der auch meine Bekannte war. Meine Bekannte, die ein freundlicher Mensch ist, beglückwünschte ihn zu seiner Wahl und erklärte ihm, dass sie seine Freundin sehr nett fände. Er bedankte sich und fügte dann quasi in einem Nebensatz hinzu: »Wir sind nur zusammen, weil du dich nicht für mich interessiert hast.«

Meine Bekannte reagierte sich bei mir ab: »Warum zum Teufel hatte der Kerl nicht genug Mumm in den Knochen, um mit mir darüber zu reden? Zumal er ein ganzes Jahr lang Zeit dazu hatte! Bis heute mochte ich ihn richtig gern, aber nach dieser Nummer finde ich ihn einfach nur schwach und pathetisch, und es ist mir egal.«

Hart, aber fair, mögen Sie jetzt vielleicht denken. Schon möglich. Trotzdem werde ich den armen Kerl verteidigen.

Er mochte meine Bekannte offensichtlich wirklich gern. Er ging mit ihr aus und sie verbrachten eine Menge Zeit miteinander. Er dachte offenbar viel häufiger an sie, als ihr bewusst war. Und vielleicht hat er sie sich jedes Mal, wenn sie zusammen waren, als seine Freundin vorgestellt. Und damit will ich nicht sagen, dass sie vor seinem inneren Auge permanent nackt herumgelaufen ist (höchstens dann und wann). Ich glaube, er dachte mehr an Dinge, die man als Paar miteinander tut, wie einen langen Spaziergang im Park an einem schönen Sonnentag oder zusammen auf dem Sofa zu kuscheln. Möglicherweise mochte er sie so sehr, dass er sich sogar schon ernstere Dinge ausmalte. Sobald ein Mann solche Gefühle entwickelt, gerät er auf gefährliches Terrain, weil plötzlich sehr viel auf dem Spiel steht. Und dann schlägt die Angst zu. Genau die Angst, die dazu führt, dass er an Punkt A verharrt.

Okay, das ist eine ziemlich mickrige Verteidigung. Ich kann sein Verhalten zwar erklären, aber ich kann es nicht rechtfertigen – selbst mir gegenüber nicht. Ich muss Ihnen recht geben: Er hätte besser seinen Mut zusammengenommen und ihr seine Gefühle gestanden.

Manchmal sind Männer eben nicht zu gebrauchen.

Aber auch sie war in dieser Situation nicht wirklich zu gebrauchen. Hätte sie ihm ihre Gefühle gestanden, wäre vielleicht alles anders gelaufen.

Sie kommen mit einem Mann, der am Punkt A stehenbleibt und einen kleinen Schubs braucht, auf jeden Fall besser weg als mit einem, der sein gesamtes Leben am Punkt B verbringt – wie mein Freund B.

Wie aus B ein Mann wurde, der sein Leben an Punkt B verbringt

Als B etwa zwölf Jahre alt war, besuchte er eine Discoveranstaltung in seiner Schule. Es war eines dieser Feste, zu dem auch die Eltern eingeladen waren; außerdem war auch B's wesentlich älterer Bruder dabei (der mindestens zwölf Jahre älter ist und damals bereits Geld verdiente), der seinerseits beschloss, dass dieser Abend von entscheidender Bedeutung für die Entwicklung seines Bruders werden sollte. B war gerade im richtigen Alter, um eine Lektion zu lernen, die er nie vergessen würde.

Und genau das tat er. An diesem Abend versprach B's Bruder dem Jungen jedes Mal fünf Pfund, wenn er es wagte, ein Mädchen zum Tanzen aufzufordern. Dabei war die Antwort egal – er musste nur fragen. Noch einmal: B war damals zwölf Jahre alt, und das Ganze ist fast zwanzig Jahre her. Fünf Pfund waren eine Stange Geld. B war schon damals ein helles Köpfchen. Schnell wurde ihm klar, dass die Peinlichkeit, einen Korb zu bekommen, sich mit fünf Pfund mehr als bezahlt machte, und so verbrachte er den Abend damit, ein Mädchen nach dem anderen aufzufordern. Natürlich lehnten einige ab. Aber andere stimmten zu, und am Ende des Abends hatte er mit vielen Mädchen getanzt und eine schier unvorstellbare Menge Geld verdient.

Die Lektion lautete: Es macht nichts, einen Korb zu bekommen. An diesem Abend verschwand B's Angst vor Zurückweisung auf Nimmerwiedersehen.

Welch glücklicher Mensch!

Die Konsequenz – oder: wie man Sturm erntet

Auf diese Weise wurde B zu einem jener Männer, die ihr gesamtes Leben an Punkt B verbringen (Punkt B steht hier auch für Böser Bube). Einer von denen, die eine schöne Frau sehen, auf sie zugehen und ihr etwas zuraunen im Stile von »Schicke Schuhe. Wie heißt du?« oder »Du siehst fantastisch aus. Magst du etwas trinken?«. Und wenn die angesprochene Dame kein Interesse zeigt, macht B sich nichts daraus, sondern wartet einfach auf das nächste arglose weibliche Wesen.

Ich möchte Sie hier noch einmal warnen: Wenn ein Typ aalglatt ist und auf eine fast schon lächerliche Weise selbstsicher wirkt, sind Sie für ihn nichts Besonderes. Sondern vielmehr einfach nur eine weitere Frau, die in sein Blickfeld getreten ist.

Wo findet man diese Männer?

Überall.

Rat eines Singles

1. Zweifeln Sie nie daran, dass Männer Sie attraktiv finden.
2. Wenn Sie eine Annäherung wünschen, verhalten Sie sich entsprechend. Das bedeutet: Lächeln!
3. Hüten Sie sich vor Männern, die sich Ihnen allzu entspannt und selbstsicher nähern.
4. Wählen Sie keinesfalls voreilig die Männer weg, die ein wenig schüchtern und nicht ganz so relaxed wirken.
5. Wenn Sie jemanden mögen, sagen Sie es ihm. Es wird Ihnen viel besser gehen, wenn Sie wissen, dass er nicht interessiert ist, als wenn Sie sich die ganze Zeit mit der Frage quälen, ob er es nicht doch ist.

Das Minenfeld des ersten Dates

- Wie man das erste Date plant
- Wie man zu einem ersten Date kommt
- Worüber man beim ersten Date redet
- Wie man das erste Date beendet
- Blind Dates
- Online-Dates

Nach dem Ende meiner Beziehung mit Freundin Y war allein die Vorstellung, wieder Dates in Angriff nehmen zu müssen, ziemlich erschreckend. Es war Jahre her, dass ich mich zum letzten Mal mit einer mir nur flüchtig bekannten Frau auf eine potenziell romantische Situation eingelassen hatte. Aus diesem Grund verabredete ich mich in der ersten Zeit als Single lieber mit Frauen, die ich schon kannte. Aber wie ich bereits erwähnte: Diese Flirts mutierten nicht gerade zu Volltreffern, weshalb ich die Finger zunächst lieber ganz von Verabredungen ließ.

Aber warum? Wovor hatte ich Angst?

Die Angst des Single-Mannes

Es war nicht der Gedanke an eine soziale Interaktion mit einer Frau, die mir Sorgen bereitete. Eher war es die Vorstellung, mich allein mit einer *neuen* Frau in eine Situation zu begeben, in der wir miteinander reden mussten, die mich mit Unbehagen erfüllte. Vor allem nach dem Vorfall mit Dem Fatalen Fehler.

Ich war ziemlich verwirrt und zog mich in mein Schneckenhaus zurück. Rückblickend verstehe ich ziemlich gut, was damals in meinem Kopf vorging. Ich befand mich in der Phase der Neuorientierung, die jeder Trennung folgt, jene Zeit, in der man sich selbst und sein Leben neu ordnet, und mir war bei Weitem noch nicht klar, ob überhaupt und wenn ja wie gut es mir gelingen würde. Infolge des Fatalen Fehlers war der Prozess zudem deutlich komplizierter und es fiel mir noch schwerer, meinen Weg hindurch zu finden.

In dieser Phase verursachte mir die Vorstellung, von einer Frau, die mich als möglichen festen Freund in Betracht zog, auf den Prüfstand gestellt zu werden, größere Angst als jedes Bewerbungsgespräch, dessen ich mich erinnere. Ich überlegte, wie mein Leben (meine Arbeit, meine Freunde und sogar mein Schlafzimmer) in ihren Augen wirkte, und fand nichts als Schwachstellen (ich habe nicht besonders viel Geld, bin Biertrinker mit einem kindlichen Humor und obendrein unordentlich). Mein Selbstbewusstsein erreichte einen Tiefpunkt.

Jedes erste Date fühlte sich an wie eine Prüfung oder ein Vorstellungsgespräch. In meinem Kopf schwirrten tausend Fragen umher. Wenn sie mich nun langweilig fand? Wenn sie meine Witze nicht für lustig und verspielt, sondern für kindisch und unreif hielt? Oder wenn sie meine Entschlossenheit, mich ganz meinem Traumjob zu verschreiben, anstatt bei einer Firma anzuheuern und richtig Geld zu verdienen, für einen Mangel an sittlicher Reife hielt und nicht als positive Charaktereigenschaft einstufte?

Und dann die Frage aller Fragen – wenn sie mich nun nicht liebenswert fand?

Das wäre eine *Katastrophe*.

Das erste Date war also ein richtig großes Ding. Ich würde mich nicht mehr verstecken und mich meinen Ängsten stellen müssen. Ich würde meine Unsicherheit tief in meinem Inneren vor forschenden weiblichen Augen verbergen müssen.

Als es schließlich so weit war, musste ich mich allen Ernstes selbst davon überzeugen, dass sie sich nicht nur aus Jux mit mir traf.

Okay, jetzt übertreibe ich ein wenig. Ganz so nervös war ich dann doch nicht. Nur ein bisschen. Und die ganze Nervosität entstand nur, weil mir dieses Date etwas bedeutete. Hätte ich während der Monate davor durchschnittlich drei Dates pro Woche gehabt, wäre alles halb so schlimm gewesen. Aber dieses Date war ein Meilenstein – mein erstes Date seit vielen Jahren.

Wie ist es gelaufen?

Eigentlich ganz gut. Ich möchte Sie an dieser Stelle nicht mit Einzelheiten langweilen (es war absolut unspektakulär – eines Abends traf ich eine Frau, ließ mir ihre Nummer geben und führte sie eine Woche später auf ein paar Drinks aus. Das war's auch schon). Wichtig ist in diesem Zusammenhang nur, dass es mir gelang, die Sache nicht gegen die Wand zu fahren, weil ich zwei ganz einfache Dinge tat: Ich stellte Fragen und hörte bei den Antworten zu. Ganz gewöhnliche soziale Fähigkeiten, ich weiß, die aber manchmal wahre Wunder bewirken können. Ähnlich wie ein paar Gläser Wein.

Aber das war noch nicht der interessante Teil. Der kam erst später.

Früher oder später musste ich mein Glück ja herausfordern. Und eines Tages, einige Monate später, lud ich eine Frau ein, mit mir auszugehen.

Dazu muss ich weiter ausholen.

Über Geschmack lässt sich streiten (vor allem über meinen)

Je länger meine Durststrecke wurde (ich möchte mich nicht weiter über diese Monate auslassen, aber sie waren wirklich staubtrocken), desto mehr interessierten meine Freunde sich für mein Liebesleben. Immer öfter wurde mir die Frage gestellt, wonach genau ich eigentlich suche. Ich fand nie eine vernünftige Antwort.

Manche Männer haben ja ein Beuteschema, nach dem sie immer wieder jagen. Sei es Haarfarbe, Größe, Persönlichkeit oder gar Job – den Dates vieler Männer liegt ein eindeutiges Muster zugrunde. Das Gleiche gilt übrigens durchaus auch für Frauen, die wiederholt auf eine ganz bestimmte Art von Mann fliegen.

Bei mir allerdings ist das absolut nicht so. Ich bevorzuge keinen bestimmten Typ Frau und habe das auch noch nie getan. In der Theorie ist das keine schlechte Ausgangsposition, denn damit ist die Bandbreite potenzieller Partnerinnen natürlich enorm – prinzipiell kommen erst mal alle infrage. Tatsächlich aber führt diese Uneingeschränktheit zu Problemen, weil ich nie ganz genau weiß, wonach ich suche. Natürlich sollte meine potenzielle Freundin die üblichen Qualitäten haben: schön sollte sie sein, witzig, freundlich und leidenschaftlich (was nur ein höflicher Euphemismus für eine positive Einstellung zu Sex ist, ganz gleich, wer es sagt), außerdem intelligent und zufrieden, sie sollte sich nicht zu ernst nehmen, ein gutes Essen genießen können und akzeptieren, dass mein Mangel an Ordnungssinn eine Schrulle und kein Grund zum Ärgernis ist.

Abgesehen davon wird es schon schwieriger. Haarfarbe? Ist mir gleich. Job? Mir egal. Alter? In einem vernünftigen Rahmen (das heißt, nicht so jung, dass es unmoralisch wird und nicht so alt, dass sie keine Kinder mehr bekommen kann) bin ich für alles offen. Und was habe ich davon? Die freie Auswahl? Nein, eher eine große Verwirrung.

Die Gipfel der Anziehung

Einer meiner Freunde, er heißt Rob, ist knapp zwei Meter groß und steht auf hochgewachsene Damen. Eines Abends überkam ihn in einem Pub beim Anblick einer höchstens zwei Zentimeter kleineren Frau eine solche Lust, dass er folgende Worte an sie richtete: »Meine Güte, du bist ja vielleicht ne Wuchtbrumme!« – und das in einem Tonfall, in dem ein anderer Mann vielleicht gesagt hätte: »Du bist die schönste Frau, die ich je gesehen habe.«

Es wird niemanden überraschen, dass die junge Dame den Spruch nicht als Kompliment auffasste, obwohl er so gemeint war, und dem armen Rob außer einer Ohrfeige nichts schenkte.

Mein Geschmack ist da anders. Obwohl ich mit 1,95 nur geringfügig kleiner bin als Rob, gefällt es mir, wenn Frauen etwas kleiner sind als ich – ich fühle mich dann eher wie ein Mann.

Ein Gefühl, das sich nicht einstellt, wenn man seinen Rücken strafft und einer Frau dann immer noch Auge in Auge gegenübersteht. Meine Vorliebe hat dazu geführt, dass keine Frau, mit der ich je ausgegangen bin, größer war als gerade einmal 1,60 Meter (was im Vergleich zu mir nun wirklich nicht groß ist) – möglicherweise hätte ich meine Durststrecke früher überwunden, wäre ich nicht so wild entschlossen gewesen, an meinen Prinzipien festzuhalten.

Knapp daneben

Ich befand mich gerade in einem Club, als eine hübsche Frau mittlerer Größe auf mich zukam (in meiner schon etwas alkoholvernebelten Wahrnehmung sah sie aus wie Holly Willoughby) und sprach: »Hi, ich heiße Annie.«

Für den Bruchteil einer Sekunde dachte ich, ich hätte den

Lotto-Jackpot geknackt – eine bildhübsche Frau hatte die Initiative ergriffen. Aber das dicke Ende folgte sofort. »Und das ist meine Freundin Jo«, fuhr sie fort, drehte sich um und gab den Blick auf eine zweite Frau frei, die hinter ihr geradezu aufragte und offenbar nur darauf gewartet hatte, mir vorgestellt zu werden.

Jo war, um es mit Robs Worten zu sagen, »eine Wuchtbrumme«. Sie war schlank und hübsch, aber eben wuchtig. Mit einem Gardemaß von mindestens eins achtundachtzig und hohen Absätzen (sie trug tatsächlich Absätze, ich habe extra nachgeschaut) befanden sich unsere Augen auf gleicher Höhe. Möglicherweise entsprach Jo allen anderen Anforderungen, die ich an eine Frau stelle (witzig, intelligent, freundlich und bereit, meine Unordnung liebenswert zu finden), aber das war mir gleich. Sie war einfach zu groß, und wenn ich mich klein fühle, fehlt mir der Wind in den Segeln.

Im Übrigen hatte sie diese bildhübsche Freundin, und auch wenn es sich gemein anhört, konzentrierte ich meine Bemühungen auf Annie.

Irgendwann zeigten sich tatsächlich erste kleine Erfolge. Ich unterhielt mich konsequent mit Annie, bis Jo schließlich mit jemand anderem plauderte. Annie war wirklich witzig und süß, und als sie von Jo geholt wurde, weil die Clique gehen wollte, bat ich sie um ihre Telefonnummer. Annie wartete, bis Jo außer Sichtweite war, und gab sie mir.

Ob ich mich unbehaglich fühlte, weil ich der großen Jo keine Chance gegeben hatte? Damals noch nicht. Aber nach dem Ende meines ersten und einzigen Dates mit Annie wusste ich, dass ich mit der falschen Frau geflirtet hatte.

BEMERKUNG:
Ich habe diese Geschichte in meiner Kolumne veröffentlicht. Die Resonanz war außergewöhnlich. Ich wurde auf das Heftigste beschimpft, weil ich die Sünde begangen hatte, der zu großen Jo keine Chance zu geben. Schwächling, Chauvi und sexis-

tisches Mannsbild waren noch die harmlosesten Beleidigungen. Aber mal ganz ehrlich – was soll das? Ich fühle mich zu sehr großen Frauen nun einmal nicht hingezogen. Bin ich deshalb ein schlechter Mensch? Nein. Könnte mir das bitte jemand erklären?

Annie, die Facebook-Stalkerin – oder: warum man den Ball flach halten sollte

Ich rief Annie einige Tage später an und fragte, ob sie Lust hätte, sich mit mir auf einen Drink zu treffen. Hatte sie. Und wiederum ein paar Tage später saßen wir zusammen in einer Bar in Covent Garden und genehmigten uns den einen und anderen Cocktail.

Sie war zwar nicht halb so niedlich wie in meiner Erinnerung (nur Holly Willoughby sieht eben aus wie Holly Willoughby), aber sie war witzig, und die Zeichen standen gut. Bis wir das Thema Facebook anschlugen und damit in ein Wespennest stachen.

Ein paar Tage zuvor, nachdem ich sie eingeladen, unser erstes Date aber noch nicht stattgefunden hatte, hatte Annie mir auf Facebook eine Freundschaftsanfrage geschickt. Ich empfand die Geste als niedlichen, kleinen Flirtversuch, stimmte ein paar Stunden später zu, und das war's.

Dachte ich zumindest.

Als an jenem Abend jedoch die Sprache auf Facebook kam, ließ Annie eine alarmierend detaillierte Kritik meines Profils vom Stapel. Sie erklärte mir, was mein Profil über mich aussagte, hielt auch mit Ansichten über die Fotos auf meiner Seite nicht hinter dem Berg und versuchte – quasi als i-Tüpfelchen – obendrein auch noch herauszufinden, wie ich unsere gemeinsamen Facebook-Freunde kennengelernt hatte. »Woher kennst du den?«, plapperte sie. »Die habe ich dort getroffen. Und der? Er ist einige Zeit mit meiner besten Freundin ausgegangen. Und der andere da ist ein Freund meines Cousins. Verrückt!«

Brr, nicht wirklich!

Wenn Sie in der Medienbranche tätig sind und obendrein noch älter als einundzwanzig sind, ist London längst nicht so groß, wie es den Anschein hat. Annie war achtundzwanzig und nervte ein bisschen.

Ich bin vorher auch schon mal mit Frauen ausgegangen, die ich über gemeinsame Freunde kannte, und natürlich gibt es dadurch gewisse soziale Überschneidungen. Hier aber, in Gegenwart einer mir im Prinzip vollkommen fremden Frau, empfand ich es als grenzüberschreitend, dass sie so viel mehr über mich wusste, als ich je vermutet hatte. Und ich verlor sehr schnell das Interesse an ihr – es war eine Sache von wenigen Minuten. Ganz ehrlich, ich hielt sie für ein wenig verrückt.

In Zeiten von Facebook ist das Privatleben heute genau das eben nicht mehr, privat, weil an jeder Ecke Informationen über uns liegen, die von jedem abgerufen werden können. Diese Geschichte aber liegt einige Jahre zurück, als Facebook noch in den Kinderschuhen steckte und niemand ahnte, welche Auswirkungen es für Verabredungen haben kann. Für mich jedenfalls war es der Augenblick der Wende. Seit diesem Tag sehe ich Facebook mit anderen Augen.

Die verrücktesten Verrückten

Zwei Dinge sollten Sie in Bezug auf Verrücktheiten im Hinterkopf behalten, egal, ob vom männlichen oder weiblichen Geschlecht begangen: Erstens: Wenn man getrunken hat, gilt die Verrücktheit nicht, und zweitens: Ganz gleich, wie verrückt Ihr verrücktestes Verhalten war – irgendwer hat immer noch etwas Verrückteres getan.

Wie zum Beispiel die Frau, mit der ein hier nicht näher bezeichneter Freund von mir ausging. Er erlebte die folgende Geschichte:

»Ich ging einige Wochen mit einer ziemlich überspannten Frau aus. Sie war das, was man überdreht oder schrill nennen könnte, aber das gefiel mir. Irgendwann jedoch fiel mir auf, dass ihr Verhalten weit über die Bezeichnung ›schrill‹ respektive ›überdreht‹ hinausging. Sie war schlicht verrückt.

Wann mir das auffiel? Vielleicht zu dem Zeitpunkt, als sie vermutete, dass ich ihr gegenüber kühler wurde (was bis dahin nicht der Fall war), und sie anfing, wichtige Dinge aus meiner Wohnung zu stehlen, sobald sie mich besuchte. Als Erstes fiel mir auf, dass meine Monatskarte für die Bahn fehlte. Danach war es mein Reisepass. Beim nächsten Mal sämtliche Gabeln und Messer. Dann nacheinander meine Arbeitsschuhe, meine Kamera, das Buch, das ich gerade las, meine Socken und mein Wasserkocher.

Jedes Mal rief ich sie an und fragte: ›Sag mal – hm –, hast du vielleicht meine Messer und Gabeln/meinen Pass/was auch immer mitgenommen, als du vorhin bei mir warst?‹ Immer lachte sie gezwungen und ein bisschen zu laut, ehe sie es leugnete. Ich erklärte ihr aber, ich wüsste, dass sie es gewesen sei. Daraufhin pflegte sie wieder zu laut und zu gezwungen zu lachen und schließlich zu antworten: ›Himmel, das muss irgendwie in meine Tasche gefallen sein‹, oder alternativ: ›Ich dachte, es wäre meins.‹

Eines Tages erwischte ich sie dabei, wie sie den Wasserkessel in ihre Tasche steckte. Sie erlitt einen veritablen Zusammenbruch und sagte, sie wisse genau, dass ich sie loswerden wolle, und sie stehle mir diese Dinge, weil sie dadurch sicher sein könne, dass ich sie wieder anrief.

Meine Gefühle für sie kühlten daraufhin natürlich schlagartig ab. Ein paar Wochen später, als ich morgens das Haus verließ, bemerkte ich ein Stück Papier an der Haustür meines Nachbarn. Und an der Tür von dessen Nachbarn. Und eine Tür weiter ebenfalls. In der gesamten Straße, also an gut und gerne sechzig Häusern, hingen handgeschriebene Zettel, die mich als Mistkerl bezeichneten. In ihrer Handschrift, und mit silbernen, eigenhändig gezeichneten Monden und Sternen.

Am nächsten Tag rief sie an und fragte, ob ich mit ihr in Urlaub fahren wolle.«

Das ist wirklich extrem verrückt. Ich habe zahlreiche Freunde gefragt, aber keiner konnte den Vorfall überbieten. Allerdings zeigten sich ein paar ziemlich bescheuerte Zweitplatzierte, darunter die folgenden fünf übergeschnappten Damen.

1. Eine Frau, die ihren Freund einer inzestuösen Affäre mit seiner Schwester beschuldigte, weil diese ihn »Babes« nannte. Die Tatsache, dass die Schwester jedermann »Babes« nannte, einschließlich der besagten Frau, war dabei nebensächlich.

2. Eine junge Frau, die die Eltern des jungen Mannes anrief, mit dem sie seit zwei Wochen ausging, mit der Nachricht, sie befürchte, er sei bei einem Verkehrsunfall ums Leben gekommen. Sie habe nichts mehr von ihm gehört, seit er zum Golfspielen aufgebrochen sei … zwei Stunden zuvor.

3. Eine Frau, die darauf bestand, dass der Mann, mit dem sie ausging, immer seinen Kopf nach vorn beugte. Sie wollte seine Nasenlöcher auf keinen Fall sehen, weil sie unter eine Nasenlöcher-Phobie litt.

4. Eine junge Frau, die einem Mann, den sie kaum kannte, beim ersten Date erklärte, sie habe eine Vorahnung, dass sie mit achtzig noch zusammen sein würden.

5. Eine Frau, mit der ein junger Mann nach einem Monat Schluss machte (Untreue war nicht der Grund, es funktionierte einfach nicht) und die ihn zurückzugewinnen versuchte, indem sie zehn Dosen Karottensuppe vor seine Tür stellte – er hatte ihr gegenüber erwähnt, dass er gern Karottensuppe aß. Ein einziges Mal.

Zum Schluss möchte ich der Gerechtigkeit halber noch eine Geschichte loswerden, in der sowohl der Mann als auch die Frau total durchdrehten. Diese außergewöhnliche Geschichte gebe ich genauso wieder, wie sie mir ein Freund über einen seiner Freunde erzählt hat:

Mein Freund, nennen wir ihn Joe, ist ein vernünftiger Mann. Er lebt getreu dem Motto: Leben und leben lassen, und ist ein ganz normaler Mensch. Außer, wenn es um Frauen geht. Dann nämlich trifft er katastrophale Entscheidungen, und zwar innerhalb von Sekundenbruchteilen. Die schlimmste war sein Entschluss, viereinhalbtausend Kilometer nach Kanada zu fliegen, um mit einer Frau anzubandeln, die er zwei Wochen zuvor kennengelernt hatte. Auf Facebook. Ansonsten hatte er nur einmal mit ihr telefoniert. Genau zwölf Minuten lang.

Er plante, zwei Wochen bei ihr in Vancouver zu bleiben. Nach drei Tagen allerdings stellte Joe fest, dass die betreffende Dame doch nicht die Frau seiner Träume war. Sie schloss ihn in ihrer Wohnung ein, wenn sie zur Arbeit ging, und verrammelte sogar die Fenster, damit er nicht – wie sie sich ausdrückte – »entkommen« konnte. Schließlich fragte sie ihn, wann er ihr einen Antrag zu machen gedenke.

Da Joe sich keinen früheren Rückflug leisten konnte, beschloss er, die vierzehn Tage durchzustehen. Drei Tage vor seiner Abreise allerdings knallte die Frau völlig durch, nachdem er ihr gestanden hatte, dass er sie nicht liebte. Sie machte ihm eine denkwürdige Szene, dann nahm sie sein Gepäck, warf es auf die Straße und verbot ihm, das Haus noch einmal zu betreten. Das brachte Joe in eine ausgesprochen verzwickte Lage. Für die Reise hatte er seine Kreditkarte bis zum Anschlag belastet. Das wenige Bargeld, das ihm geblieben war, befand sich in seiner Geldbörse, und die lag in der Wohnung der Frau. Nachdem die Frau sich weigerte, auch nur ans Telefon zu gehen, sah Joe sich gezwungen, für die Taxifahrt zum Flughafen sein Handy als Pfand zu hinterlegen. Vom Flughafen aus versuchte er erneut, die Frau zu erreichen. Dieses Mal nahm sie das Gespräch an und kam sogar zum Flughafen. Joe war erleichtert; er dachte, sie sei zur Vernunft gekommen und ließe ihn wenigstens bei sich übernachten.

Doch sie hatte lediglich eine Tasche dabei. »Deine dreckige Wäsche«, sagte sie und ging.

All seiner flehentlichen Bitten zum Trotz weigerte sich die Frau, Joe zu helfen. Für die drei restlichen Tage blieben ihm lediglich drei Dollar, von denen er sich zwei Marsriegel und eine Packung Baby-Reinigungstücher kaufte, mit denen er sich auf der Herrentoilette notdürftig säuberte.

Drei quälende Tage später war er wieder in London.

»Das war das letzte Mal, dass ich um die halbe Welt zu einem ersten Date geflogen bin«, gestand er mir. »Ich habe meine Lektion gelernt.«

Wow!

»Ich stalke nicht. Ich recherchiere.«

Erinnern Sie sich noch, wie ich darüber sprach, dass sich Männer unter denselben Umständen angesichts verschiedener Frauen unterschiedlich verhalten? Okay, drehen wir die Uhr zwei Jahre weiter und betrachten ein weiteres Beispiel.

Nachdem wir einige Zeit miteinander ausgegangen waren – nicht lange, vielleicht ein paar Wochen –, gestand mir Charlotte, dass sie kurz nach unserem ersten Treffen meinen Namen gegoogelt und bei Facebook eingegeben hatte. Im Gegensatz zu meinen Erfahrungen mit Annie störte es mich bei Charlotte nicht. Kein bisschen. Im Gegenteil, es schmeichelte mir, dass sie mehr über mich wissen wollte.

Natürlich neckte ich sie ein wenig und nannte sie scherzend eine Stalkerin. (Dabei erwähnte ich selbstverständlich nicht, dass ich mit ihrem Namen genau das Gleiche getan

hatte.) Sie wehrte sich: »Ich stalke nicht. Ich recherchiere.«
Ich halte das für einen äußerst weisen Satz. Selbstverständlich
möchte man gern mehr über die Person wissen, mit der man
sich verabredet. Das ist völlig natürlich. Was wir also beide
taten, war Recherche und nicht Stalking. Und damit kann ich
gut leben.

Daraus ergibt sich folgende Lektion: Wenn man schon re-
cherchiert, sollte man das so lange für sich behalten, bis man
vertraut genug ist, dass solche Offenbarungen keine Rolle
mehr spielen. Was Sie auch tun – folgen Sie nicht Annies Beispiel und erwähnen es gleich beim ersten Date.

Dann wird nämlich selbst die gradlinigste, unschuldigste
Recherche gefühlt zum Stalking.

Stalken Sie nicht. Es bringt nichts.

Und jetzt zurück zu meinen Single-Jahren.

Der interessante Teil

Der interessante Teil ist jener, der nach dem ersten Date
kommt. Männer sind vor dem ersten Date nicht grundsätzlich nervös. Ich war es zwar in diesem Fall, aber je mehr Erfahrung ich sammelte, desto leichter wurde es. Was nicht bedeuten soll, dass ich Hunderte von Verabredungen brauchte,
ehe der Groschen fiel. Sagen wir mal, dass ich nach einer guten Handvoll Verabredungen kapiert hatte, was ich tun muss,
um einen netten Abend zu verleben: Ich muss ein Date als
Möglichkeit sehen, Spaß zu haben. Nichts weiter.

Das allerdings bedeutete, dass ich die beiden wichtigsten
Fragen ausschalten musste, die einen Mann beim ersten Date
gern beschäftigen, nämlich erstens, ob sich die betreffende
Dame am Ende des Abends flachlegen lässt, und zweitens, ob
ein zweites Date zur Debatte steht. Mir fiel auf, dass ich die Situation, wenn ich eine Frau nett genug fand, den Abend mit
ihr zu verbringen (man beachte bitte das Wort *Abend*, nicht

etwa Nacht), einfach als das sehen sollte, was sie war: ein Abend mit ihr, fertig.

Alle vorherigen Erfahrungen, sowohl gute als auch schlechte, waren nicht von Bedeutung. Ebenso wie die Hoffnung auf eine gemeinsame Zukunft. Auf diese Weise wird aus dem ersten Date eine in sich runde Sache, an der man sich um ihrer selbst willen erfreut – und sonst nichts. Es geht nicht um Dinge, die an irgendeinem ungewissen Punkt in der Zukunft vielleicht passieren oder auch nicht – es geht nur um dieses Date.

Um einen unterhaltsamen Abend.

Wenn es gut geht, kann man immer noch darüber nachdenken, wie dieser Abend weitergehen könnte oder wie die Zeichen für eine zweite Verabredung stehen. Aber bis es so weit ist, sollte man sich ausschließlich und ohne Hintergedanken auf die erste Verabredung konzentrieren. Das hilft ungemein, Spannung abzubauen und den Abend als netten Zeitvertreib zu erleben. Nicht als Entwicklung oder Anfang von etwas. Einfach als Erlebnis.

Der männliche Dating-Zyklus

Die eben beschriebene Sichtweise ist durchaus nicht die aller Männer, sondern nur derjenigen, die nicht an einer festen Bindung interessiert sind (obwohl sich die Jungs selbst darüber oft nicht einmal im Klaren sind). In meinem Fall verbaute ich mir dadurch, dass ich Dates lediglich als netten Zeitvertreib und weniger als Ausgangspunkt einer potenziellen Beziehung sah, den Weg zu einer ernsthaften Partnerschaft. Rückblickend kann ich sagen, dass ich unbewusst Barrieren errichtete. Wenn ich diese Dates und das erste Date mit der Frau vergleiche, mit der ich heute zusammenlebe, stoße ich auf eine vollkommen unterschiedliche Einstellung. Bei den anderen Frauen sagte ich mir: »Das wird einen oder zwei

Abende lang sicher viel Spaß machen.« Als ich jedoch Charlotte kennenlernte, war ich schon vor dem ersten Date richtig aufgeregt und dachte: »Daraus könnte etwas Ernstes werden.« Es gab keine im Voraus geplante Grenze für potenzielle Entwicklungsmöglichkeiten. Bis ein Mann das Stadium erreicht, in dem er zu einer Beziehung bereit ist – ich habe es bei Charlotte erreicht –, durchläuft er das, was ich den männlichen Dating-Zyklus nenne.

Was ist der männliche Dating-Zyklus?

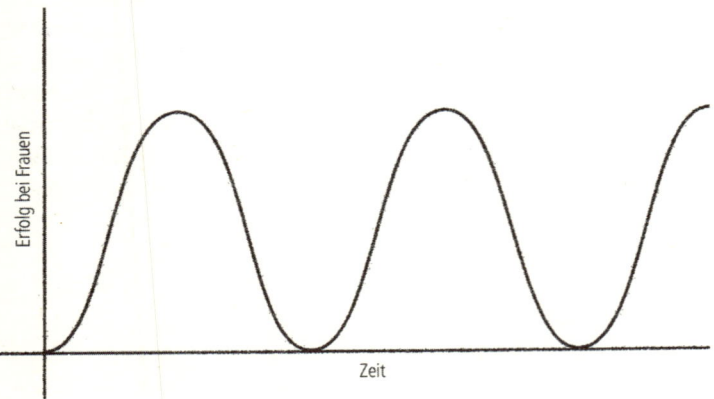

Die Illustration zeigt die Höhen und Tiefen der Dating-Historie eines Single-Mannes. Höhen erlebt er dann, wenn er innerlich brennt, problemlos Frauen abschleppt und sich unschlagbar fühlt. (Was nicht zwangsläufig bedeutet, dass er sich mit unendlich vielen Frauen trifft, denn so etwas hängt letztendlich vom Typ ab. Wichtig ist, wie er sich fühlt.) Tiefen gibt es dann, wenn er sich monatelang nicht mehr verabredet, geschweige denn Sex gehabt hat. Das Leben eines Single-Mannes spielt sich im Großen und Ganzen entlang dieser Linie ab, mal hoch, mal tief. Und das ist auch der Grund, warum ich es den männlichen Dating-Zyklus nenne. (Ich nehme an, es gibt ein weibliches Äquivalent, das sehr ähnlich aussehen dürfte.)

Interessant ist, dass ein Mann, der wieder Single wird, an jedem beliebigen Punkt zwischen Hoch und Tief auf die Linie aufspringen kann. Gehen wir einmal davon aus, dass er genau in der Mitte einsteigt. Er fühlt sich noch nicht wirklich selbstsicher, weil es lange her ist, dass er solo war, aber nach und nach fällt ihm alles wieder ein. Er erinnert sich, wie er sich verhalten muss und stellt fest, dass ihm das Spiel jetzt, da er ein wenig älter geworden ist, leichter fällt. Langsam, aber sicher wird er immer besser, was die Verabredungen betrifft, bis er irgendwann den Höhepunkt erreicht.

Nach einiger Zeit allerdings wird es dort oben langweilig. Alles ist viel zu einfach. Ihm fällt auf, dass er eigentlich nicht auf der Suche nach etwas Ernsthaftem ist und kein sonderliches Interesse daran hat, sich einfach nur um des Verabredens willen zu verabreden – also genehmigt er sich eine Auszeit. Er zieht sich zurück und verzichtet auf jede Art von Date. Eine Zeit lang geht das gut. Ihm ist klar, warum er keine Frauen kennenlernt (weil er es gar nicht erst versucht), und er fühlt sich ausgesprochen tugendhaft, weil er keine Frau dazu verführt, zu weit zu gehen, und sich auch sonst nicht wie ein Mistkerl verhält. Er empfindet sich als zivilisiert und hat alles unter Kontrolle.

Dieses Gefühl kann ein paar Wochen oder auch Monate andauern. Das erste Anzeichen für eine Veränderung ist der Gedanke: »Verdammt lang her ...« Zunächst wird er noch darüber lachen. Immerhin hat er bewusst die Entscheidung getroffen, sich nicht mehr zu verabreden. Aber je öfter die Stimme durch seinen Kopf geistert, desto mehr Zweifel kommen ihm. Die Erinnerungen an die letzte Frau, mit der er ein Date hatte, verblassen. Über kurz oder lang verschwindet das Hochgefühl, ein Mann zu sein, dem die Frauen zu Füßen liegen.

Er denkt nicht mehr, dass er eigentlich kein Interesse an Dates mit Frauen hat. Stattdessen denkt er zunächst »Es ist eine Weile her, dass ich eine Frau abgeschleppt habe«, ehe sich die ersten Zweifel melden: »Hoffentlich weiß ich überhaupt noch, wie das geht ...« Irgendwann befindet er sich auf dem Tiefpunkt der Kurve, einem traurigen, einsamen Ort, an dem der Single-Mann überzeugt ist, verlernt zu haben, wie man sich mit Frauen trifft, und voraussichtlich nie mehr die Gelegenheit dazu haben wird. Diese Zeiten gehören zu den schrecklichsten im Verlauf eines Männerlebens.

Manche Männer müssen keine allzu lange Durststrecke überstehen, andere hingegen sind ihr gesamtes weiteres Leben oder einige Jahre lang dazu verdammt, zumindest aber so lange, bis eine Frau Interesse an ihnen zeigt. (In diesem Fall ist der Mann vielleicht so dankbar für die Aufmerksamkeit dieser Frau – ganz gleich, welcher –, dass er ihr schon ein halbes Jahr später einen Antrag macht, weil er Angst hat, sie könnte ihn ansonsten verlassen.)

Für diejenigen jedoch, denen es gelingt, den Tiefpunkt zu überwinden, gestaltet sich die Veränderung geradezu dramatisch. Sobald der Single-Mann wieder auf die Pirsch geht, katapultiert er sich nach oben. Sein Selbstvertrauen kehrt zurück, und er baggert wieder Frauen an – so lange, bis er Wochen oder Monate später beschließt, dass die Sache langweilig wird und er sich wieder eine Ruhepause gönnen möchte. Sie können sich den weiteren Verlauf sicher denken: So lebt er von Höhe zu Tiefe, immer weiter, bis er eines Tages bereit für eine feste Beziehung ist, was ebenfalls an jeder Stelle der Kurve eintreffen kann.

Von meinen Tiefpunkten habe ich ja bereits berichtet. Kehren wir also zurück zu den ersten Dates.

Das Ritual vor einem ersten Date

Die Zeitspanne zwischen dem Kennenlernen eines jungen Mannes bis zu dem Augenblick, wo er sie zu einem Rendezvous einlädt, ist schrecklich. Eine Kombination aus Niemandsland, Vorhölle und Fegefeuer. Jedenfalls kein Ort, an dem man sich gern aufhält. Und Sie sind sicher der Meinung, dass ein Mann nicht das Gleiche empfindet, nicht wahr? Falsch.

Wenn ein Mann eine Frau kennenlernt, die ihm gefällt, möchte er am liebsten sofort wissen, wann er sie wiedersehen wird. Er sehnt sich nach einem festen Termin, den sie in ihrem Kalender blockt, um ganz sicherzugehen, dass er sie zu seiner Freundin machen kann, ehe es ein anderer tut.

SMS vor dem ersten Date, und wie man sie interpretiert

Ich will hier nur kurz auf dieses Thema eingehen, wir kommen im nächsten Kapitel ausführlicher darauf zurück. Im Grunde gilt folgende Regel: Wenn er Ihnen eine SMS schickt, antworten Sie beim ersten Mal frühestens nach einer Stunde, später in Abhängigkeit von seinem Takt dann gegebenenfalls schneller. Die goldene Regel lautet, nie schneller zu antworten als er. Zu lange sollten Sie aber auch nicht warten. (Ich hasse solche Spielchen.)

Falls Sie nichts von ihm hören und sich fragen, ob er Sie wiedersehen möchte, gehen Sie entweder davon aus, dass er kein Interesse hat, und lassen es dabei bewenden, oder schreiben ihm eine einzige SMS. Wenn er nicht innerhalb von zwei Stunden antwortet, vergessen Sie ihn. Als Regel können wir festhalten: Schickt er Ihnen keine SMS, ist er nicht interessiert.

Als ich Charlotte kennenlernte, schrieb ich ihr gleich am nächsten Tag eine SMS und versuchte gar nicht erst, mich cool zu geben. In meiner Theorie möchten zwei Menschen, die sich sympathisch sind, gern voneinander hören und sich treffen. Solange diese Voraussetzung zutrifft, spielt es keine Rolle, wer wem wann simst. Aber warten Sie bloß keine Ewigkeit, das wäre Quatsch. Sich derart cool zu geben – es sei denn, der Mann ist Spieler – tut keinem der Beteiligten gut.

Es gibt aber durchaus auch Männer, die ihr Frühestens-drei-Tage-nach-dem-Kennenlernen-anrufen-Ding durchziehen, um sich nur ja keine Blöße zu geben. Lassen Sie sich im Fall des Falles dadurch keinesfalls ins Bockshorn jagen. Die Zeit bis zu ihrer Antwort darf Ihre Sehnsucht keinesfalls vergrößern (ich weiß, das ist sehr theoretisch, aber versuchen Sie es wenigstens). Denken Sie daran, wie der Mann sich verhalten hat, als Sie sich kennenlernten. Per SMS kann jedermann kinderleicht clever taktieren. Konzentrieren Sie sich darauf, wie er als Mensch war.

B beim ersten Date

Vorsehen sollten Sie sich vor Männern wie B. Wie sagt er doch so schön? »Wenn du ein paar erste Dates hinter dir hast und dir sicher bist, dass du nicht nach einer festen Freundin suchst, ist das Leben ganz einfach. Du weißt, wie du dich verhalten musst, was du sagen kannst und was besser nicht, welche Geschichten du wie erzählst, wohin du am besten gehst und so weiter. Im Grunde entwickelst du eine verlässliche Strategie und eine gewisse Routine. Natürlich wird es manchmal langweilig, aber wenn das geschieht, lege ich eben einmal eine ein- oder zweiwöchige Pause ein. Meine Strategie aber verliere ich nie aus den Augen.«

Männer beim ersten Date

Meiner Meinung nach sollten erste Dates nicht zu kompliziert sein. Kompliziert bedeutet in diesem Fall: schwierig zu arrangieren, teuer oder zu ausgeklügelt.

Warum?

Ganz einfach: Je verzwickter die Durchführung, je kostenintensiver die Begebenheit und zeitintensiver das Studium vermeintlich romantischer Gesten, desto weniger geht es um zwei Menschen, die sich treffen, um festzustellen, wie sie miteinander klarkommen. Nur zur Erinnerung: Genau das ist nämlich der Sinn und Zweck eines ersten Dates.

Ich glaube, weniger ist mehr, und deshalb sollten erste Dates nicht kompliziert sein.

Männer allerdings wissen bei ersten Dates oft nicht genau, was sie machen sollen (im Grunde haben sie die Befürchtung, dass der Besuch eines Pubs oder Cafés nicht genügend Eindruck schindet), und gehen dann gern den Weg des geringsten Widerstands. Was kurz gesagt bedeutet, dem Problem mit Geld zu Leibe zu rücken. Wir reservieren einen Tisch in einem teuren Restaurant oder machen sonst was Teures, das hoffentlich beeindruckend wirkt.

Für uns Männer ist ein erstes Date in gewisser Weise vergleichbar mit einem Vorstellungsgespräch. Weil es meistens dem Mann obliegt, den Platz für das erste Treffen auszusuchen, glauben wir, dass man uns nach der Örtlichkeit beurteilt, ebenso, wie man bei einem Vorstellungsgespräch zumindest teilweise nach der Kleidung beurteilt wird.

Aber natürlich ist es ganz und gar nicht das Gleiche.

Auch ich habe eine Zeit durchgemacht, während der ich ziemlich viel Geld für meine ersten Dates ausgab (keine Unsummen – ich bin schließlich nicht reich, Sie erinnern sich sicherlich). Auch wenn es Spaß gemacht hat, weiß ich rückblickend, dass ich die falschen Prioritäten gesetzt habe. An einem solchen Abend sollte es um die beiden Menschen gehen, die sich treffen, nicht aber um die Location. Teure Restaurants und schicke Bars sind kein Ambiente zur Unterhaltung der richtigen Art von Frau. Erst nach geraumer Zeit wurde mir klar, dass es durchaus kein Fehler ist, eine Location zu wählen, wo nichts Besonderes passiert. Und wenn eine Frau damit nicht einverstanden ist und sich darüber aufregt, kann sie sich schnell abregen und sich von irgendwem anders einladen lassen.

Ich habe einige Frauen zu ihrer Einstellung bezüglich Männern befragt, die bei Dates richtig viel Geld ausgeben. Manche erzählten mir von schmierigen Kerlen, die glaubten, dass ihnen gegen Ende des Abends umso mehr sexuelle Belohnung zustände, je mehr Geld sie ausgaben. Die meisten Frauen aber zeigten sich nicht sonderlich beeindruckt von Typen, die mit Geld um sich werfen. Es ist unpersönlich, vorhersehbar und scheint Frauen zu der Frage zu veranlassen, ob der Mann etwas zu verbergen hat. Sie gehen davon aus, dass er sich lediglich den Weg in ihr Bett freikaufen will, ohne auch nur zu versuchen, sie mit anderen Werten zu beeindrucken. Frauen wünschen sich aber eher einen Mann, der ihnen mehr zu bieten hat als seine Kreditkarte. Zum Glück!

Ich persönlich kann mich nicht mit getrennten Rechnungen anfreunden, vor allem nicht bei einem ersten Date. Wenn ein Mann eine Frau einlädt, sollte er auch für das Essen bezahlen. Punkt. Kommt es zu weiteren Verabredungen, übernimmt vielleicht irgendwann auch einmal sie die Rechnung. Dagegen ist absolut nichts einzuwenden. Und noch später, wenn aus den Dates eine echte Beziehung geworden ist, kann sicher von Zeit zu Zeit jeder einmal für sich bezahlen. Aber beim ersten Date? Auf keinen Fall.

Einen kleinen Streit darüber dürfen Sie trotzdem ruhig vom Zaun brechen. Eigentlich sollten Sie es auf jeden Fall tun. Natürlich nur pro forma. Ziel der kleinen Auseinandersetzung ist es, ihm zu vermitteln, dass Sie weder davon ausgehen noch erwarten, dass er bezahlt. Das ist nicht sonderlich attraktiv.

Der Beweis, dass Geld keine Rolle spielt

Mein erstes Date mit Charlotte fand an einem Sonntagnachmittag statt. Es war Sommer, daher verabredeten wir uns im Park. Nichts weiter. Nur ein Treffen im Park. Wir liefen umher, genossen den Sonnenschein, setzten uns auf eine Bank, redeten, und als die Sonne unterging, gingen wir eine Pizza essen. Es war weder kompliziert noch teuer oder gar schwierig – sondern einfach nur genial. Sieben Monate später zogen wir zusammen.

Erste Dates – die Grundregeln

Es gibt viele verschiedene Arten von ersten Dates. Zum Beispiel:

a) ein Blind Date
b) ein Treffen in aller Freundschaft
c) ein Date nach dem ersten Treffen, aber vor dem ersten Kuss
d) ein Date nach dem ersten Treffen und nach dem ersten Kuss (und möglicherweise anderen Dingen)

Jedes von ihnen bringt für einen Mann andere Fragen mit sich, die da sind:

a) Blind Date
Wird sie mich mögen?
Werde ich ihr gefallen?
Wird sie mit mir schlafen?

b) Freundschaftliches Treffen
Wird sie ihre Meinung darüber ändern, dass wir einfach nur Freunde sind?
Werden wir Sex haben?

c) Ein Date nach dem ersten Treffen, aber vor dem ersten
   Kuss

Wird sie mich mögen?

Wird sie mit mir schlafen?

d) Ein Date nach dem ersten Treffen und nach dem ersten
   Kuss (und möglicherweise anderen Dingen)

Wird sie mich mögen?

*Wird sie mit mir schlafen? (Fügen Sie bei Bedarf ein »wieder«
ein)*

Sie können all diese Dates auf ähnliche Weise abwickeln.
In erster Linie sollten Sie darauf Wert legen, einen schönen
Abend zu verbringen und so wenig wie möglich über den
Abend hinaus zu denken. Ich weiß, dass dies in den Kategorien a) und d) ziemlich schwierig werden kann, aber Sie sollten es trotzdem versuchen. Nur so können Sie Druck vermeiden.

Ich möchte Ihnen damit keinesfalls vorschlagen, Ihre Erwartungen herunterzuschrauben, ich lege Ihnen lediglich
nahe, realistische Grenzen zu stecken, zum Beispiel eine für
den Moment des Treffens und eine für die Zeit des Nach-
Hause-Gehens.

Sie sollten zum Beispiel nicht anfangen, den Weg zu Ihrer
Arbeit von seiner Wohnung aus zu planen, sobald er Ihnen
verrät, wo er wohnt (wenn Sie es nicht ohnehin schon wissen). Damit ist der Ärger nämlich vorprogrammiert.

Ich weiß, dass Sie es trotzdem tun werden; ich wollte es nur
noch einmal erwähnen.

Es mag Sie vielleicht überraschen – aber Männer machen
das auch.

Ja, Sie haben richtig gelesen. In der Phase des ersten Dates,
manchmal sogar schon früher, träumen auch wir davon, wie
eine mögliche Partnerschaft aussehen könnte. Wir malen uns
das erste Treffen mit unseren Freunden und mit unserer Fa-

milie aus, außerdem gemeinsame Wochenenden. Natürlich stellen wir uns auch vor, wie die Frau nackt aussieht, aber sobald wir uns nicht ausschließlich damit beschäftigen, ist dies andererseits ein ziemlich sicheres Zeichen dafür, dass wir sie wirklich mögen. Und das passiert durchaus – und zwar weitaus häufiger, als wir gemeinhin zugeben.

Das Date und die Zeit

Kommen Sie nicht zu pünktlich und keinesfalls zu früh. Zehn Minuten Verspätung sind ideal. Zu meiner Single-Zeit kam ich immer zu früh zum verabredeten Ort, um es mir bequem zu machen, einen Platz zu suchen und mich zu entspannen.

Zu meinem ersten Date mit Charlotte jedoch kam ich zu spät. Die Schuld lag nicht bei mir, mein Zug hatte Verspätung, aber unabhängig von der Ursache wurden erneut all meine Regeln über den Haufen geworfen. Ich komme nicht gern zu spät. Ich hasse es geradezu. Daher fühlte ich mich miserabel und war wütend auf mich selbst, zumal sie fünf Minuten zu früh am Treffpunkt gewesen war. Und doch war am Ende alles gut, was wieder einmal zeigt, dass Regeln nur dazu da sind, um gebrochen zu werden. Zumindest einige.

Das erste Date und das Essen

Beim ersten Date sollte man das essen, worauf man gerade Lust hat. Punkt. Männern macht es nichts aus, im Restaurant zu essen. Genau genommen gefällt es ihnen sogar. Frauen, die gerne essen, sind in der Regeln nämlich auch anderen sinnlichen Genüssen nicht abgeneigt. Wie zum Beispiel Sex.

Unwohl fühlen wir uns in Gegenwart von Frauen, die winzige Portionen bestellen. Eine Frau »keine Vorspeise« oder »nur einen kleinen Salat« sagen zu hören ist alles andere als attraktiv. Auf normale Männer (und das sind die, mit denen Sie ausgehen) wirkt das geradezu schrullig. Wir verstehen eine solche Haltung nicht. Also lassen Sie es.

Und bitte, *bitte*, BITTE folgen Sie nicht dem Beispiel der Frauen, die ihr Essen ausdrücklich ohne Pommes frites bestellen, sie aber dann vom Teller ihres Begleiters picken, sobald der auf dem Tisch steht. WIR BESTELLEN IHNEN LIEBEND GERN EINE ZWEITE PORTION, SELBST WENN SIE SIE NICHT AUFESSEN. Kapiert?

Gesprächsstoff

Diesen Absatz halte ich kurz, denn es gibt nur zwei wesentliche Dinge zu sagen: Seien Sie authentisch und amüsieren Sie sich. Der Mann möchte sich in Ihrer Gesellschaft wohlfühlen, das beinhaltet ein wenig Flirt-Geplänkel, einige Neckereien und Nettigkeiten von Ihrer Seite. (Zum Beispiel könnten Sie ihm sagen, dass die Bar/der Pub/das Schnellrestaurant, in dem Sie sich befinden, eine ausgezeichnete Wahl war.) Letzteres wird ihn glücklich machen, Erstere sorgen dafür, dass er Sie nett findet. Und Sie wollen doch, dass er Sie um Ihrer selbst willen nett findet, oder? Also bleiben Sie authentisch.

Ach ja, verwenden Sie den Hinweis auf die Örtlichkeit nicht als Vorwand für Spielchen mit ihm, indem Sie zum Beispiel vorgeben, die Location nicht zu mögen, nur um seine Reaktion zu testen. Ich gebe Ihnen diese Infos nicht, damit Sie sie missbrauchen.

Abgemacht?

Okay, dann mache ich weiter.

Männer und ihre Freunde

Lassen wir das Thema »erste Dates« einen Moment ruhen und betrachten stattdessen, wie Männer miteinander umgehen. Dieses Wissen hilft Ihnen zu verstehen, wann ein Mann sich in Ihrer Gegenwart wohlfühlt.

Einen der nettesten Abende der letzten Jahre verbrachte ich mit fünf meiner ältesten Freunde, Charlie, Pally, Tom, Ross und Brad. Wir waren zusammen zur Schule gegangen und seit dem Alter von dreizehn befreundet. Wir trafen uns gleich nach der Arbeit gegen sechs Uhr abends in einem Pub in der Londoner Innenstadt, standen an der Bar, warfen uns Frechheiten an den Kopf und kippten ein Bier nach dem anderen, bis wir allmählich nicht mehr stehen konnten. Ich glaube, meine Beine versagten ihren Dienst gegen elf Uhr, aber genau weiß ich es nicht. Die Einzelheiten spielen hier ohnehin keine Rolle.

Die Frotzeleien drehten sich um alle möglichen Themen – bescheuerte Klamotten, die wir seinerzeit trugen, unsere Art zu reden, Frauen, die wir kannten (oder uns nie getraut hatten kennenzulernen), Abende, an denen wir uns blamiert hatten, Tage, an denen wir uns blamiert hatten, unseren Kopfumfang (dick oder schmal – beide Extreme sind vertreten), unseren Bauchumfang (eher zunehmend), Größe, Geheimratsecken – was immer Ihnen jetzt einfällt, wir sprachen darüber. Nichts daran ist außergewöhnlich, denn Abende wie dieser finden tagtäglich auf der ganzen Welt statt. Männer verhalten sich überall gleich.

Freunde sind Menschen, die mich genau kennen und jeden meiner Fehler sehen und akzeptieren. Und Männer untereinander tun genau das, abgesehen davon, dass wir wiederholt und ziemlich erbarmungslos auf diese Fehler hinweisen. Auf einen Außenstehenden mag das gemein und möglicherweise langweilig wirken. Zählt man jedoch zu den Menschen innerhalb dieses magischen Kreises, fühlt man sich dort wohl und glücklich. Der Grund dafür liegt auf der Hand: So verhalten wir uns nur gegenüber Männern, die wir gut kennen und mögen.

Ein solches Verhalten wäre einem Fremden gegenüber äußerst unhöflich. So war ich zum Beispiel einmal mit zwei Schulfreunden und einem Arbeitskollegen des eines Freundes in einem Pub. Einer meiner Freunde nannte mich bei einem alten Spitznamen, wie er es gewohnt war. Wenige Minuten später sprach mich der Arbeitskollege mit ebendiesem Spitznamen an. Meine beiden Freunde starrten ihn an. Ihnen war es gestattet, diesen Spitznamen zu benutzen, weil sie mich seit vielen Jahren kannten. Aber der Neue? Ein Typ, der mich seit maximal einer Stunde kannte? Unmöglich. Er war über die Grenze gelatscht. Was er schnell begriff. Er war ein Mann, also verstand er.

Also: Auch wenn es vielleicht so aussieht, als beleidigen wir unsere Freunde, sind wir in Wirklichkeit unglaublich loyal.

Trotzdem glaube ich, dass unsere Freundschaften für Frauen ein Buch mit sieben Siegeln sind.

Vor einigen Jahren wohnte ich zum Beispiel mit einem ehemaligen Kommilitonen namens Oli zusammen. Wir kamen gut miteinander klar. Ab und zu regte er sich über meine Unordnung auf, aber wir stritten uns nie wirklich ernsthaft und sind auch heute noch dicke Freunde. Wir fühlten uns wohl mit unserer WG.

Ich erwähne Oli, weil eines Abends seine Freundin Nicola zu Besuch kam und bei dieser Gelegenheit die Unterschiede zwischen den Geschlechtern mehr als deutlich zutage traten. Oli und ich waren nicht zeitgleich nach Hause gekommen, fuhrwerkten in der Küche herum, kochten und sahen fern. Möglicherweise bestätigten wir mit einem Grunzen oder Kopfnicken die Wahl des Fernsehsenders, aber abgesehen davon kommunizierten wir nicht miteinander. Nicola konnte das nicht verstehen. Schockiert stellte sie fest, dass wir einen ganzen Abend lang stumm nebeneinander existieren konnten. »Wieso redet ihr nicht miteinander?«, fragte sie.

Oli und ich sahen uns an, und ich bin sicher, dass wir beide dasselbe dachten: Wir kennen uns seit zehn Jahren, haben also schon das eine und andere durchdiskutiert, keiner von uns hat gerade etwas Wichtiges oder Dringendes zu sagen, ich bin müde, und im Fernseher läuft eine gute Sendung, die mich viel mehr interessiert, als zu fragen, wie sein Tag war, denn wäre etwas außergewöhnlich Gutes oder Schlimmes passiert, hätte er es mir zu diesem Zeitpunkt längst erzählt.

Kurz gefasst: Es gab nichts zu sagen, also sagten wir nichts. Und waren damit beide glücklich. Ich glaube, Nicola lernte nach und nach, dass Männerfreundschaften im Gegensatz zu Frauenfreundschaften nicht darauf beruhen, das Leben des anderen bis in die kleinste Einzelheit zu sezieren.

Können Frauen einen Abend auf diese Weise verbringen? Nach allem, was ich im Lauf der Jahre gesehen und gehört habe, glaube ich es nicht.

Ich verstehe durchaus, dass die Interaktion zwischen männlichen Freunden sehr merkwürdig wirken kann. Aber wirklich seltsam ist sie nicht. Wir necken einander, weil es Spaß macht. Es bedeutet nur, dass wir einander gut genug kennen, um uns zu vertrauen. Wir stecken Frechheiten ebenso ein, wie wir sie austeilen. Und wir haben nicht das Gefühl, eine Gesprächspause ausfüllen zu müssen, weil wir, nun, weil wir manchmal eben einfach die Stille lieben. Mehr ist es nicht. Wir sind keine Aliens.

Zwei Zitate über Freundschaft

Ich liebe Zitate über die unterschiedlichsten Dinge. Diese beiden hier über Freundschaft unter Männern tragen vielleicht zum Verständnis bei.

»Wenn man in mich dringt, zu sagen, warum ich ihn liebte, so fühle ich, dass sich dies nicht aussprechen lässt, ich antworte denn: Weil er er war; weil ich ich war.«

Michel de Montaigne

»Wahre Freunde erdolchen dich von vorn.«

Oscar Wilde

Abschließende Gedanken zum Thema Männerfreundschaften

Vor einigen Jahren las ich einmal den Artikel einer lesbischen amerikanischen Autorin, die sich für Recherchen zu einem Buch über Männer einige Monate lang als Mann verkleidet hatte. Sie stemmte Gewichte, schnitt sich das Haar, klebte sich einen falschen Bart an, wickelte ihre Brüste flach und trug Anzüge. Sie erwartete nicht viel mehr als die Bestätigung ihrer Vorurteile über das Verhalten von Männern, wenn keine Frauen anwesend sind: lüstern, unanständig und widerlich – und nicht annähernd so nett wie die weibliche Hälfte der Menschheit.

Aber erstens kommt es anders, und zweitens als man denkt ... Die Männer überraschten sie förmlich. Zunächst einmal zeigten sich die Herren der Schöpfung, die sie kennenlernte – normale, werktätige Amerikaner – ausgesprochen ehrlich, was die Kleidung ihres Gegenübers betraf. Wenn hingegen eine Frau (und ich weiß genau, dass das stimmt!) in einem nagelneuen Top bei ihren Freundinnen auftaucht, werden ihr die Mädels sogleich begeistert erklären, dass sie toll aussieht und die Farbe ihr gut steht – ganz gleich, wie hässlich sie den Fummel finden und wie schrecklich sie ihrer Ansicht nach darin aussieht. Mit anderen Worten: Sie lügen. Männer verhalten sich da ganz anders.

Denken wir noch einmal an den eben erwähnten Abend

zurück, an dem wir zu sechst im Kreis standen und Bier tranken. Wäre einer von uns in einem haarsträubenden Outfit aufgekreuzt – in einem geschmacklosen Hemd oder extrem auffälligen Schuhen, die dem Rest der Gruppe aufgestoßen oder zumindest als neu und ungewöhnlich ins Auge gefallen wären, hätte einer von uns sicher sofort auf das Corpus Delicti gezeigt und gesagt: »Was zum Teufel ist das denn?« Die folgende Stunde hätten wir vermutlich damit verbracht, uns darüber zu mokieren, wie man so blöd sein kann, Geld für etwas derart Hässliches auszugeben. Das Beste daran aber ist, dass der Typ, der die Modesünde begangen hat, uns den Spott nicht übelnähme. Vermutlich würde er das beanstandete Stück beim nächsten Mal sogar wieder tragen.

Die lesbische Autorin fand das faszinierend und liebenswert. Ihr gefiel die männliche Ehrlichkeit, insbesondere im Vergleich zu der weiblichen passiven/aggressiven Pseudo-Anerkennung.

Außerdem – und das überraschte sie erst recht – äußerten sich die Männer ausgesprochen freundlich über ihre Freundinnen und Ehefrauen, ja sogar loyal, liebenswürdig, anerkennend und schmeichelhaft. Zudem waren sie auch nett zueinander. Jeder von ihnen interessierte sich ehrlich für das Leben des anderen, und – oh Schock! – sie redeten sogar über ihre *Gefühle*.

Na also! Wenn schon eine Lesbe Männer nett findet, selbst wenn keine Frauen dabei sind, dann sollten auch Sie das tun.

Nun aber wieder zurück zu den ersten Dates.

Protokolle erster Dates

Wiederholen wir das Gelernte noch einmal. Wie arrangieren Sie das erste Date? Sie lassen es den Mann machen. Warum? Weil Männer das Gefühl lieben, etwas Besonderem auf der Spur zu sein, und das Gefühl brauchen, sich dafür anzustrengen (denken Sie nur an das Beispiel des überfahrenen Elchs). Außerdem haben mir meine Erfahrungen der letzten Jahre gezeigt, dass Frauen sich durchaus gern umwerben lassen. Wenn der Mann sich also um die erste Verabredung kümmert, ist damit allen gedient.

Wie kommen Sie zu einem ersten Date? Mit einem Lächeln.

Wann kommen Sie? Möglichst zwischen fünf und zehn Minuten zu spät.

Worüber sollten Sie beim ersten Date reden? Über jedes erdenkliche Thema – ausgenommen Ihren Ex.

Was sollten Sie essen? Worauf Sie Lust haben.

Wie viel sollten Sie trinken? So viel, dass Sie sich amüsieren, aber nicht so viel, dass Sie sich gehen lassen.

Wie sollten Sie das erste Date beenden? Das hängt letztendlich davon ab, wie es gelaufen ist. Am vernünftigsten ist es, getrennt nach Hause zu gehen. Wie wir jedoch alle wissen, gelingt das trotz bester Vorsätze nicht immer.

Ein missglücktes erstes Date

Bei einer ersten Verabredung ist es ganz normal, seinem Gegenüber viele Fragen zu stellen. Ich weiß das. Natürlich weiß ich es. Mir ist klar, dass Frauen von Natur aus wissbegierige Geschöpfe sind, und eigentlich gefällt es mir. Ich mag es, wenn eine Frau mir bei einer Verabredung Fragen stellt, weil es mir zeigt, dass sie sich für mich interessiert.

Allerdings gibt es bei aller Neugier auch gewisse Grenzen. Thematische Minenfelder sind das Ende der Beziehung zu Ihrem Ex oder die Anzahl Ihrer Sexualpartner oder mit wie vielen Mädchen er geschlafen hat. Solche Dinge sollte man erst ansprechen, wenn man sich besser kennt. Oder auch überhaupt nicht.

Doch es gibt noch andere Themen, die einen Abend ruinieren können, so harmlos sie zunächst auch erscheinen mögen, wie ich bei einem ersten Date einmal bitter erfahren musste: Ich war mit einer Frau namens Sam aus, die ich in einer Bar kennengelernt hatte, als einer meiner Freunde ihre Freundin anbaggerte. Beim ersten Date stellte sie mir gleich vom ersten Augenblick an eine Menge Fragen. Nach zunächst unschuldigen Fragen nach meinem Lieblingsessen, meiner Herkunft, meiner politischen Orientierung und so weiter, die einfach zu beantworten waren, überrumpelte sie mich: »Wann hast du zuletzt geweint?«

Nun bin ich ein moderner Mann und scheue mich nicht, zu meinen Gefühlen zu stehen. Dennoch kam mir die Frage seltsam vor, weil ich die Frau kaum kannte. Aber ich stellte mich der Herausforderung und rekapitulierte die beiden Situationen, in denen mir zuletzt Tränen gekommen waren. Eine lag schon ein wenig länger zurück und war eigentlich keine ehrliche Antwort auf Sams Frage, betraf sie doch die Situation, in der unser geliebter Familienhund Herbie in meinen Armen eingeschläfert wurde. Meine Güte, was habe ich damals Rotz und Wasser geheult!

Trotz des eindeutigen Punktgewinns, den mir die Geschichte einbrachte (wahrscheinlich wurde Sam angesichts meines weichen Herzens von wilder Zärtlichkeit überrollt), hielt ich auch mit der zweiten Geschichte nicht hinter dem Berg. Sie war zwei Wochen vor unserem Date passiert, als Cambridge United, der Fußballverein, dessen Fan ich schon von Kindesbeinen an bin, ein ungeheuer wichtiges Spiel gegen Exeter City verlor (die Details erspare ich Ihnen – ich weiß, dass Sie sich nicht dafür interessieren). Als Cambridge-Fan der ersten Stunde bedeutete mir dieses Spiel eine ganze Menge. Sam jedoch verstand mich nicht.

Nicht nur nicht, sondern überhaupt und absolut nicht. Nachdem ich ihre Frage beantwortet hatte, starrte sie mich eine Sekunde lang an und prustete dann los.

»Du armer Kerl«, lachte sie, als sie wieder einigermaßen zu Atem gekommen war. »Das ist ja wirklich rührend!« Zuerst dachte ich, sie würde scherzen, doch dann fügte sie hinzu: »Das ist doch nicht dein Ernst, oder? Es geht doch nur um Cambridge United.«

Nur um Cambridge United? Was dachte die Frau sich eigentlich? Die emotionalen Wunden, die mir dieses Spiel geschlagen hatte, waren noch so frisch, dass ich mich außerstande sah, eine höfliche Antwort zu formulieren. Also schwieg ich, trank einen ausgiebigen Schluck Bier und bemühte mich um innere Ruhe. Leider fand ich sie nicht. Nach diesem Vorfall ging es mit unserem Date rapide bergab. Bereits eine halbe Stunde später befand ich mich allein auf dem Heimweg und beschloss, Sam nicht wiederzusehen.

Natürlich ist mir klar, dass es von einem vernünftigen Standpunkt aus gesehen lächerlich ist, über Fußball zu weinen, aber warum musste sie auf diese Weise reagieren? Offenbar wünschte sich Sam einen empfindsamen, modernen Mann, der zu seinen Gefühlen steht. Das ist absolut in Ordnung. Allerdings hat sie unter diesen Umständen kein Recht, sich zu beschweren, wenn ich Gefühle für Dinge zeige, die sie missbilligt. Und wenn ich mich nicht schäme, Tränen um meine Fußballmannschaft zu vergießen, dann dürfte es Sam erst recht nicht tun. Beides zugleich geht nun einmal nicht.

Wenn eine Frau sich nicht für Fußball interessiert (ich weiß, dass es auch andere gibt, zum Beispiel meine kleine Schwester), und mit *Fußball* meine ich auch all die Emotionen, die man als Fan einer Mannschaft und bei der konsequenten Anwendung der Abseits-Regel durchmacht, dann sollte sie die Begeisterung zumindest akzeptieren. Mehr nicht, nur akzeptieren.

Beurteilen Sie nicht, akzeptieren Sie einfach.

Kritisieren Sie nicht, akzeptieren Sie einfach.

Fragen Sie nicht, akzeptieren Sie einfach.

Ab und zu dürfen Sie auch einmal spötteln, aber nur unter der Bedingung, dass Sie zunächst akzeptiert haben.

Abgemacht? Okay, dann gehe ich weiter im Text.

Online-Dating

Dieser Abschnitt wird eher kurz, weil ich mich mit dem Thema nicht sonderlich gut auskenne. Ich habe es auch noch nie praktiziert. Ganz im Gegensatz zu einigen meiner Freunde, weshalb ich doch etwas darüber sagen möchte.

Abgesehen davon, dass man nicht weiß, wie der entsprechende Mann aussieht, gibt es meiner Ansicht nach nur einen bedeutenden Unterschied zwischen einem Online-Date und einem realen Date: Der Online-Kontakt findet mit einer Ihnen vollkommen fremden Person statt, mit der Sie zunächst absolut nichts verbindet.

Was ich damit meine?

Wenn Sie einen Mann kennenlernen, sagen wir mal, in einer Bar, dann stellen Sie gewisse Vermutungen über ihn an, auch wenn Ihnen das unmittelbar gar nicht bewusst ist. Ihr Unterbewusstsein registriert seine Größe, gegebenenfalls seine Anziehungskraft, seine körperliche Unversehrtheit, seine Art der Kontaktaufnahme (falls sie stattgefunden hat), seine Kleidung, sein Alter, seine Freunde (wenn er mit ihnen unterwegs ist) und sogar Ihre Stellung in der Gesamtsituation. Sie werden unbewusst Vermutungen über ihn anstellen, aufgrund derer sie ihn mögen oder nicht. Vielleicht ist er auch der Freund eines Freundes. Ihr Unterbewusstsein wird aus allen vorliegenden Hinweisen, die weitaus umfangreicher sind, als Sie bewusst wahrnehmen, in weniger als einem Wimpernschlag ermitteln, was für ein Mensch er sein könnte. Sie nehmen von alldem nichts wahr, sondern spüren nur Ihr Bauchgefühl, das entweder sagt: »Oh, der ist aber nett«, oder: »Weg mit dem Kerl, und zwar am besten sofort«.

Online geht das alles nicht. Jeder noch so kleinen Information, egal ob erhalten oder gesendet, wird eine große Bedeutung zugeschrieben, weil sie im Grunde alles ist, was man über seinen Kontakt weiß. Und damit können diese Dinge natürlich auch leicht aus dem Kontext herausgerissen werden.

Meinem Freund Greg war das überhaupt nicht klar. Greg ist wirklich ausgesprochen intelligent. Sein Gehirn hat in etwa die Ausmaße Russlands, wenn Sie verstehen, was ich meine. Und witzig und interessant ist er obendrein. Trotzdem ist er Single, und aus diesem Grund tummelte er sich auf einer Internetdatingplattform, wo er sich mit einer Frau über das Buch *Am Strand* von Ian McEwan unterhielt, das beide gern gelesen hatten. Es handelt von den verhängnisvollen Versuchen eines frisch verheirateten Paares, endlich die Ehe zu vollziehen. Im Verlauf ihres literarischen Austauschs vertrat Greg die Meinung, in dem Buch ginge es eigentlich um Kindesmissbrauch, und das Verhalten der weiblichen Protagonistin sei in traumatischen Erfahrungen im Kindesalter begründet – weil sie nämlich missbraucht worden sei. Ich teile Gregs Einschätzung diesbezüglich, wir haben uns lange darüber unterhalten, als er mir die Geschichte seines Online-Datings erzählte.

Für ihn war es okay, mit mir darüber zu reden, denn Greg kennt mich, und ich kenne Greg. Die Frau auf der Dating-Plattform allerdings hatte Greg noch nie in natura gesehen und wusste nichts über ihn. Außer dass er Bücher über Kindesmissbrauch las.

Das ist natürlich alles andere als ideal für ein potenzielles Date.

Die Unterhaltung brach kurz darauf ab. Der arme Greg, dachte ich. Er hat es nicht einmal bis zum ersten Date geschafft. Aber die Lektion ist deutlich: Reden Sie besser nicht über Kindesmissbrauch, wenn Sie mit einer Frau chatten. Eigentlich logisch, mögen Sie jetzt vielleicht denken. Nicht aber für Greg, trotz seines schwindelerregenden IQ. Merkwürdig.

Wenn das erste Date schiefgeht (diese Worte müssen von einer dramatischen Stimme aus dem Off gesprochen werden, wie im US-Fernsehen)

Hier kommt noch eine meiner bei einem ersten Date höchstpersönlich erlebten Geschichten. Sie ist insofern wichtig, als sie zeigt, wie eine Frau sich nicht benehmen sollte, wenn sie Spaß haben und gemocht werden möchte. Denn wenn ein erstes Date erfolgreich sein soll, muss es Spaß machen. Das weiß doch eigentlich jeder, oder?

Offenbar nicht. Und so habe ich es herausgefunden:

In besonders kalten Wintern ist gerade der Februar ein ausgesprochen ungemütlicher Monat. Im Bestreben, den Winterblues zu vertreiben, las ich ein grandioses Buch mit dem Titel *It is just you, everything's not shit* über die schönen Dinge des Lebens. Es ist voll von witzigen Kleinigkeiten, die glücklich machen können, angefangen beim Frühstück im Bett über die Fernsehserie *Bagpuss* bis hin zur Ästhetik weißer Wolken an einem blauen Himmel. Ich gehöre zu den Menschen, die immer das halb volle Glas sehen, und liebe solche Dinge.

Das Buch versetzte mich in eine ausgezeichnete Laune für ein Winter-Date mit einer Frau, die ich kurz vor Weihnachten auf einer Party kennengelernt hatte. Sie schien nett zu sein.

Und auch ziemlich grantig, wie sich schnell herausstellte.

Kaum hatte sie sich gesetzt, lud sie auch schon ihren ganzen Ärger bei mir ab. Sie redete und redete, und als sie sich zum gefühlt fünfzigsten Mal über das kalte Wetter beschwerte, erwähnte ich das Buch, um die Stimmung ein wenig aufzulockern. Ich sprach über Wolken und andere einfache Dinge, die das Leben lebenswert machen können.

»Aber es sind doch nur Wolken«, sagte sie und schaute mich an, als hätte ich nicht alle Tassen im Schrank.

»Das weiß ich doch«, gab ich geduldig zurück. »Das Spannende daran ist, dass sie, obwohl sie nur Wolken sind, wunderschön sein können. Um sie zu genießen, muss man nur in den Himmel schauen. Das kostet nichts und macht nicht einmal Mühe.«

Sie starrte mich verständnislos an.

»Ich verstehe das nicht. Es sind doch nur Wolken. Was soll daran bitte so besonders sein?«

Wenn du dafür eine Erklärung brauchst, wirst du es ohnehin nie verstehen, dachte ich und spürte das dringende Bedürfnis, die Rechnung zu bestellen, bevor sie mich mit sich in den Abgrund zog. Aber ich hatte Hunger, und der Hauptgang war noch nicht serviert, also zog ich die Nummer durch und tat mein Bestes, die Situation ein wenig aufzulockern. Leider gelang es mir nicht.

Sie lamentierte über alles: über ihre Arbeit (zu viel Arbeitszeit, zu wenig Gehalt), die Familie (zu anspruchsvoll, lässt ihr nicht genügend Zeit für sich selbst) und sogar ihre Freunde (zu weit weg, wenn sie sie braucht, zu fordernd, wenn sie selbst gebraucht wird) – recht bald kristallisierte sich ein Muster heraus. Um zehn Uhr hatte ich die Nase voll.

Mir war klar, dass ich ausfallend werden würde, wenn ich noch mehr Alkohol trank, also faselte ich etwas von einem frühen Meeting – eine offenkundige Lüge, die sie wahrscheinlich sofort durchschaute – und zahlte (Sie erinnern sich: Ich hatte sie eingeladen, also war ich auch dafür zuständig). Draußen besorgte ich ihr ein Taxi und stapfte in die entgegengesetzte Richtung davon.

Ich ärgerte mich darüber, einen schönen Abend vergeudet zu haben. Die Frau lag meilenweit neben meiner Wellenlänge, es war schon fast lächerlich. Ich bin durchaus kein Esoterik-Freak, der herumhüpft und Bäume umarmt, aber wenn jemand nicht in der Lage ist, die einfache Schönheit seiner Umgebung wahrzunehmen, hat er meiner Meinung nach die falsche Einstellung zum Leben.

Aber offenbar ist schlechte Laune ansteckend, ich fühlte

mich auf dem gesamten Heimweg missmutig. Und außerdem war es verdammt noch mal zu dunkel, um die Scheiß-Wolken zu sehen.

Ein unsinniges, deprimierendes erstes Date.

Die entsprechende Lektion lautet: Gehen Sie mit einer positiven Einstellung in ein erstes Date.

Mein erstes Blind Date

Etwa zwei Monate nach meiner Trennung von Freundin Y fragte mich eine Freundin, ob ich Lust auf ein Blind Date hätte. Meine erste Reaktion war absolut negativ. Ich war noch nie zu einem Blind Date gegangen und fand allein die Vorstellung abstoßend. Außerdem fühlte ich mich zu diesem Zeitpunkt recht glücklich, genoss meine Freiheit und ging ab und an mit Frauen aus. Ich stippte, wenn Sie so wollen, meinen Zeh in das Nichtschwimmer-Ende des Dating-Pools.

Was ich sicherlich nicht suchte, war eine Freundin. Giles' mahnende Worte, mindestens ein Jahr lang solo zu bleiben, hatte ich noch laut und deutlich im Ohr.

Als meine Freundin mir also vorschlug, mit ihrer »wirklich netten Freundin« ein Blind Date zu wagen, reagierte ich grundehrlich.

»Ich halte das für keine gute Idee«, sagte ich. »Erstens habe ich keine Lust auf ein Blind Date, und zweitens will ich überhaupt keine Freundin, weil ich noch nicht lang genug Single bin, um mich wieder auf eine Frau einzulassen, deshalb ist ein Treffen mit ihr vollkommen sinnfrei. Ich will überhaupt keine Verpflichtungen eingehen. Deine Freundin hat sicher etwas Besseres verdient. Ich bin im Augenblick keine Option.«

»Schon gut«, sagte sie, ohne mir zuzuhören. »Ihr werdet sicher Spaß miteinander haben.«

»Aber genau da liegt doch das Problem«, protestierte ich. »Ich will wirklich nur Spaß haben. Ich will auf keinen Fall etwas Ernstes. Du solltest eine Frau nicht zu einem Blind Date mit einem Mann in meiner Verfassung schicken.«

Doch sie bestand darauf.

»Sie hat sich auch gerade erst getrennt, ihr sitzt also im gleichen Boot. Die beiden waren zehn Jahre zusammen, und sie sucht auf keinen Fall einen neuen Partner.«

»Wie bitte?«, begehrte ich auf. »Das bedeutet doch, dass sie verletzlich ist. Was bist du eigentlich für eine Freundin?«

»Halt die Klappe! Du wirst sie treffen.«

Ich nahm meiner Freundin das Versprechen ab, meinem Blind Date Wort für Wort meine Einwände zu wiederholen, ehe es seine Zustimmung gab. Etwas anderes ließ mein Gewissen nicht zu. Aber offenbar gab es in dieser Hinsicht keine Probleme. Ich bekam die Nummer der Freundin, und wir vereinbarten ein Treffen.

Kurze Randbemerkung vor der Dating-Anekdote

Ich kam zwanzig Minuten zu früh, betrat den Pub, besorgte mir ein Bier und setzte mich mit dem *London Evening Standard* an einen Tisch. Sehr schnell fühlte ich mich rundum zufrieden. Wie oft hat man als Mann schon die Chance, in aller Ruhe ein Bier zu trinken und die Zeitung oder ein Buch zu lesen? Eigentlich nie. Und das ist ärgerlich, denn es gibt kaum einen angenehmeren Zeitvertreib.

Ich ertappte mich bei der Hoffnung, die Frau möge zu spät kommen.

Leider war sie pünktlich.

Zurück zur Date-Anekdote

Als sie kam, tat ich das Erstbeste, das mir in den Sinn kam – ich sauste zur Bar und besorgte ihr etwas zu trinken. Unter dem Deckmäntelchen guten Benehmens (nämlich die erste Runde zu spendieren) lief ich davon und versteckte mich.

Ich überlegte, ob ich von dem, was ich sah, enttäuscht sein sollte oder nicht.

Nun tun Sie nicht so überrascht. Oder desillusioniert. Natürlich habe ich daran zuerst gedacht. Sobald ein Blind Date sichtbar wird, schaut der Mann selbstverständlich auf das Äußere. Ich wäre übrigens sehr verwundert, wenn das nicht auch auf Frauen zutrifft.

Und was ging mir durch den Kopf?

Was Frauen meinen, wenn sie »hübsch« sagen

Im Lauf der Jahre ist mir aufgefallen, dass Frauen die Attraktivität ihrer Freundinnen häufig überschätzen. Frauen bezeichnen andere Frauen bereits als »hübsch«, wenn diese keine schwerwiegenden körperlichen Makel zeigen. Oder gar als »wirklich hübsch«, wenn sich die betreffende Frau am für männliche Begriffe untersten Ende der Attraktivitäts-Skala bewegt. Wenn Frauen andere Frauen einschätzen, ist es ihnen unmöglich, deren Attraktivität zu taxieren. Wobei Attraktivität sich von Schönheit unterscheidet.

Die Frau, von der hier die Rede ist, war attraktiv, groß und schlank – also nicht unbedingt mein Typ. Nein, das heißt nicht, dass ich auf kleine, fette Frauen stehe, aber gegen ein paar Kurven an den richtigen Stellen habe ich durchaus nichts einzuwenden. Kapiert?

Wir starteten also eine Unterhaltung, aber irgendwie war das Ganze ein bisschen peinlich. Nach ein paar Drinks wurde es besser. Nicht grandios, aber auf jeden Fall besser. Am Ende des Abends verabschiedeten wir uns mit einem Küsschen in Ehren (Danke, Alkohol!) und gingen getrennte Wege.

Doch der Abend war damit dann doch noch nicht vorbei. Um ein Uhr morgens bekam ich eine SMS, in der sie mir schrieb: »Ich bin so aufgedreht, dass ich nicht schlafen kann.«

Meine Freundin hatte recht, dachte ich. Die Blind-Date-Frau wollte sich nur amüsieren, denn anders ist eine solche SMS nicht zu erklären. Wäre sie auf etwas Ernsthaftes aus gewesen, hätte ich eine solche Nachricht nie bekommen, zumal sie über meine Absichten aufgeklärt worden war.

Und wie amüsierten wir uns?

Nun, überhaupt nicht.

Der Schluss

Ich sah diese Frau in der Tat nie wieder, denn zwei Tage später löschte sie mich aus ihrem Dasein. Ich verstand zunächst nicht, warum, bis unsere gemeinsame Freundin mir einige Monate später erklärte, dass ein alter Freund der Blind-Date-Frau ihr am Tag nach unserem Treffen seine unsterbliche Liebe gestanden hatte. Ihr ging es genauso, und seitdem sind sie zusammen. Ich freue mich für sie – es ist schön, wenn Leute glücklich werden.

Trotzdem habe ich mich angesichts der Ereignisse gefragt, ob die Blind-Date-Frau wirklich nur auf einen lockeren Flirt aus war, wie von unserer Freundin behauptet. Vielleicht hat sie schon jahrelang heimlich für diesen Kerl geschwärmt, und wollte keine ernsthafte Beziehung, wenn sie ihn schon nicht haben konnte. Wer weiß!

Ich zumindest nicht – wir haben nie wieder ein Wort miteinander gewechselt.

Hier biete ich Ihnen abschließend meine 25 besten Dating-Tipps

1. Versuchen Sie, nicht müde, verkatert oder schlecht gelaunt zu sein. Sie wollen sich amüsieren, und er will es auch.
2. Zögern Sie nicht, einen Treffpunkt vorzuschlagen. Das könnte z. B. ein Ort sein, den Sie kennen und mögen und von dem Sie wissen, dass Sie sich dort wohlfühlen werden. Sie können Ihren Vorschlag wie folgt formulieren: »Ich würde gern einmal dieses neue Restaurant ausprobieren …«, oder: »Kennst du das xx? Ich finde es ganz toll …« Angesichts Ihrer Begeisterung wird er sich entspannen, weil er sich keine Gedanken mehr um den Treffpunkt machen muss, und Sie wissen, dass Sie sich an einem Ort sehen, der Ihnen gefällt. Den Ort für ein Date auszuwählen kann sehr prekär sein, deswegen ist jede Taktik, den Vorgang zumindest geringfügig zu erleichtern, ein richtig guter Schachzug.
3. Ehe Sie zu Ihrem Date aufbrechen, stellen Sie sich vor, dass Sie eine tolle Zeit mit ihm verbringen und sich zuversichtlich und fröhlich fühlen werden. Sportler machen vor wichtigen Spielen genau das. Sie polen sich selbst mental auf Sieg, um ihr Selbstvertrauen zu stärken. Dieser Trick ist hilfreich, insbesondere, wenn Sie zu Nervosität neigen, und funktioniert auch in Vorstellungsgesprächen etc.
4. Bemühen Sie sich, gut auszusehen. Allerdings sollte Ihr Make-up natürlich wirken. Zu viel ist nicht wirklich gut.
5. Ziehen Sie sich hübsch an, aber tragen Sie nur Dinge, in denen Sie sich auch wohlfühlen. Sehr tief ausgeschnittene Oberteile sind keine gute Wahl. Sie wollen doch, dass er Ihnen ins Gesicht und nicht auf die Brüste schaut. Und wenn Sie ihm gefallen, wird er sich vermutlich ohnehin nicht an das erinnern, was Sie beim ersten Date getragen haben (tut mir leid, aber das ist die Wahrheit). Es kommt also nicht wirklich auf die Klamotten an.
6. Tragen Sie ein wenig Parfüm auf. Gerade genug, um einen ver-

führerischen Duft erahnen zu lassen, aber nicht so viel, dass er keine Luft mehr bekommt.

7. Das ideale Zeitfenster Ihrer Ankunft sollte zwischen rechtzeitig und fünf bis zehn Minuten Verspätung liegen. Trotzdem sollten Sie entspannt bleiben, wenn Sie zu früh oder zu spät kommen. Wenn die Verspätung nicht zu dramatisch ist (das heißt, eine halbe Stunde oder mehr), wird der Erfolg Ihres Dates nicht davon abhängen.

8. Kauen Sie keinen Kaugummi. Sie sind kein amerikanischer Teenager.

9. Wenn Sie ihn sehen, entspannen Sie sich, und lächeln Sie. Versuchen Sie, glücklich und einladend zu wirken.

10. Küssen Sie ihn zur Begrüßung höchstens auf die Wange. Ein erstes Date ist zu früh für eine Umarmung. Überlassen Sie ihm die Initiative.

11. Wenn er Ihnen sympathisch ist, stellen Sie möglichst früh Blickkontakt her. Er stärkt die Bindung zwischen Ihnen und bietet eine gute Grundlage für einen Flirt.

12. Wenn er Ihnen sehr sympathisch ist, ziehen Sie den Blickkontakt in die Länge.

13. Sollten Sie an irgendeinem Punkt nervös werden, konzentrieren Sie sich darauf, langsam und tief durchzuatmen. Das beruhigt Sie garantiert. Sie sollten dabei lediglich diskret vorgehen – schließlich soll er nicht glauben, Sie hätten einen Asthma-Anfall.

14. Stellen Sie ihm ruhig Fragen, allerdings nicht zu viele (es ist kein Verhör). Achten Sie dabei auf Themenfelder, über die er vermutlich gerne spricht. Wenn Sie es schaffen, dass er sich entspannt und wohlfühlt, werden Sie ihn im Verlauf des Abends von seiner besten Seite erleben.

15. Hören Sie ihm zu. Sie wollen doch auch, dass man Ihnen zuhört, nicht wahr? Dann machen Sie das auch bei ihm.

16. Necken Sie ihn ruhig ein wenig (ich meine nicht in sexueller Hinsicht, das können Sie sich für folgende Dates aufheben), oder machen Sie sich auf eine sanfte Art über ihn lustig. Wir

Männer mögen so etwas, und Frauen, die genau das machen, gefallen uns. Allerdings gibt es ein paar Tabuthemen, z. B. sein Haar (falls es bereits dünner wird), sein Gewicht (wenn er ein paar Pfund zu viel auf die Waage bringt), sein Kontostand (es sei denn, er spricht als Erster davon) und seine Mutter (die ist *per se* niemals Diskussionsthema).

17. Sprechen Sie positiv und zufrieden über Ihr Leben. Natürlich müssen Sie nicht behaupten, alles in Ihrer Welt sei perfekt (das ist unglaubwürdig), aber verplempern Sie nicht den ganzen Abend mit Klagen über Ihre Arbeit, die Pendelei, das Wetter und so weiter und so fort.

18. Geben Sie nicht damit an, wie toll Sie sind, und werden Sie nicht zu forsch. Es handelt sich um ein Date, nicht um einen Wettbewerb.

19. Es ist keine gute Idee, sich vor dem Date Mut anzutrinken. Normalerweise vertragen Männer mehr als Frauen, sollten Sie also schon vorgetankt haben, könnte das im Verlauf des Abends zu Problemen führen. Was uns zum nächsten Punkt bringt:

20. Trinken Sie nicht zu viel. Die Gründe dafür liegen auf der Hand.

21. Essen Sie. Und zwar nicht nur im Zusammenhang mit Tipp Nummer 20. Essen ist immer gut. Nicht zu essen ist schlecht, und zwar nicht nur für die Gesundheit, sondern auch für den Eindruck, den Sie hinterlassen möchten. Frauen, die nicht essen, wirken nicht sexy.

22. Machen Sie Ihren Ex oder seine Ex nicht zum Gesprächsthema. Beim ersten Date bemüht man sich, ein romantisches Feuer zu entfachen. In einem Moment jedoch, wo die ersten Funken sprühen, wirkt das Gespräch über Ex-Partner wie ein Eimer kaltes Wasser.

23. Geben Sie ihm einen Abschiedskuss, wenn er Ihnen gefällt und Sie das möchten. Aber wenn er Ihnen gefällt, gehen Sie keinen Schritt weiter. Gehen Sie nicht mit ihm nach Hause. Ich wiederhole: WENN DER MANN IHNEN GEFÄLLT, GEHEN SIE KEINESFALLS NACH DEM ERSTEN DATE MIT IHM NACH HAUSE!

24. Sorgen Sie dafür, dass er sich nach mehr sehnt. Wenn es spät geworden ist und Sie Spaß miteinander hatten, zögern Sie nicht, die Sache an dieser Stelle zu unterbrechen. Es ist Zeit, nach Hause zu gehen, ganz gleich wie schön es war. Wenn Sie ihn wiedersehen wollen und ihn mit einem Verlangen nach mehr zurücklassen, stehen die Chancen gut, dass er Sie wieder anruft.

25. Verschwenden Sie keinen Gedanken an das zweite Date, bevor Sie nicht vom ersten nach Hause zurückgekehrt sind. Wenn Sie meinen Ratschlägen folgen, stehen die Chancen auf ein zweites Date nicht schlecht. Wenn Sie aber schon beim ersten Treffen darüber nachdenken, werden Sie verkrampft und können den Abend nicht mehr genießen, was Sie wiederum nicht im besten Licht erscheinen lässt.

Bemerkung:
Die meisten dieser Tipps können von Männern wie Frauen gleichermaßen beherzigt werden.

Wie Sie einen Mann dazu bringen anzurufen

- Ist er interessiert oder nicht?
- Warum Männer anrufen – oder auch nicht
- Wie Sie seine Entscheidung beeinflussen, falls er unschlüssig ist
- Wann Sie zurückrufen oder eine SMS senden sollten – und was Sie dabei sagen/schreiben können

Haben Sie je einen Single-Mann über eine Single-Frau die Worte sagen hören: »Zunächst war sie mir eigentlich gar nicht so sympathisch, aber mit der Zeit hat sie mich verzaubert«?

Mit Sicherheit nicht. (Eingerechnet werden hier nur Antworten, bei denen beide Betroffenen Single sind.)

Und dafür gibt es auch einen Grund: Gefällt einem Mann eine Frau nicht sofort, ist es äußerst unwahrscheinlich, dass er seine Meinung je wieder ändert. Männer ticken nämlich anders als Frauen. Erste Eindrücke währen bei uns viel länger, und wenn wir beim ersten Anblick oder Treffen nicht gleich den berühmten Kick spüren, kann es gut sein, dass es nie passiert. Natürlich ist es möglich, aber der prozentuale Anteil ist so gering, dass die Chancen gegen null tendieren. Das sollten Sie immer im Hinterkopf behalten: Wenn ein Mann eine Frau nicht gleich beim ersten Mal toll findet, wird er seine Ansicht nicht wieder ändern. Ausgehend von diesem Punkt lautet meine Theorie, dass Männer sich erheblich schneller für Frauen begeistern können, als es umgekehrt der Fall ist. Ein Mann kann sich innerhalb weniger Tage oder Wochen heftig in eine Frau verlieben, während Frauen dafür oft Monate brauchen. Sie kann natürlich verknallt sein, klar, aber wirklich verliebt? Das dauert bei ihr länger. Männer sind da schneller, auch wenn sie es nicht zeigen.

Es geht im Grunde doch darum: *Sie* betrachten einen Mann und denken, dass er Ihr Herz zwar nicht zum Flattern bringt, aber durchaus das Potenzial besitzt, in Ihre Richtung zu wachsen. Männer jedoch denken so nicht. Wenn uns eine Frau nicht vom ersten Tag an fasziniert, sind wir nicht mehr interessiert. Wenn sie uns aber fasziniert, wollen wir ihr so oft wie möglich und so bald wie möglich ganz nah sein.

Als ich Charlotte kennenlernte, konnte ich nicht mehr aufhören, an sie zu denken. Ich konnte es kaum erwarten, sie wiederzusehen, und hasste es, mich nach unseren Verabredungen von ihr zu verabschieden; wenn wir noch kein weiteres Treffen vereinbart hatten, fürchtete ich, es könnte unser letztes gewesen zu sein. Ich weiß, das klingt ziemlich melodramatisch, aber so empfand ich nun einmal. Ich hatte mich innerhalb weniger Stunden Hals über Kopf in sie verliebt.

So sind Männer nun einmal, wenn sie eine Frau wirklich gernhaben.

Kontakt und Kommunikation

Als unmittelbare Folge meiner Dating-Kolumne fragten Leute mich hinsichtlich ihrer Dates plötzlich um Rat. In der ersten Zeit hatte ich das Gefühl, ihnen nicht viel bieten zu können und scheute vor einer entsprechenden Hilfestellung zurück. Im Lauf der Monate jedoch wurde mir klar, dass ich nach und nach genügend Erfahrung gesammelt hatte, um bei drängenden Fragen nützliche Ratschläge geben zu können, denn ich hatte die betreffenden Themen sehr viel tiefer analysiert und mehr darüber nachgedacht als je zuvor.

Es gab insbesondere eine Frage, die vorwiegend Frauen mir häufig stellten. Auch wenn der Wortlaut oft unterschiedlich war, lief es doch immer auf das Gleiche hinaus: »Warum hat er mich nicht angerufen?« Diese Frage zufriedenstellend zu beantworten, fiel mir zunächst ausgesprochen schwer, denn ich musste mich nicht nur durch die Psychologie der Frau, sondern auch durch die des Mannes wühlen. Und so stellte ich Fragen über sie und über ihn – wie sie sich kennengelernt hatten, wie oft sie schon miteinander aus gewesen waren, was er dabei gesagt hatte und so weiter und so fort.

Schließlich – und das war der mühsamste Part – analysierte ich die Nachrichten, die sie sich gegenseitig geschickt hatten, ehe er sich nicht mehr meldete. (Eigentlich ging die Funkstille immer von Männern aus.) Wir stürzten uns in endlose Diskussionen, angefangen bei »Was wollte er deiner Meinung nach damit ausdrücken?« oder »Warum hat er das gesagt?« über »Hätte ich das vielleicht anders formulieren sollen?«, bis hin zu »Was soll ich ihm zurücksimsen?«, und drehten und wendeten jede nur mögliche Interpretation. Und ich meine wirklich *jede* – die Nuancen der Wörter, die Stellung der Kommas, die Tageszeit und den Tonfall.

Nach jeder dieser Diskussionen dachte ich lange darüber nach, welchen Rat ich der Frau geben könnte. Jede Situation ist anders, dachte ich, und verlangt nach einem anderen Rat, den ich getreulich zu geben versuchte.

Es war harte Arbeit, aber ich spürte, dass ich das Richtige für die betroffenen Frauen tat. Nachdem ich fünf oder sechs von ihnen mit meinen tiefen Erkenntnissen beglückt hatte, fiel mir auf, dass die einzelnen Situationen zwar unterschiedlich wirkten, sich im Kern aber, wenn man nur ein wenig tiefer bohrte, immer um das Gleiche drehten. Das dämmerte mir, als ich feststellte, dass ich jedes Mal den gleichen Rat gab.

Nach dieser Feststellung wurden die Gespräche deutlich kürzer. Sie verliefen in etwa so:

Frau: »Ich habe da einen Typen kennengelernt, der aber nichts von sich hören lässt. Ich würde ihn so gerne anrufen oder ihm eine SMS schicken, aber ich weiß nicht, was ich sagen soll, weil ich keine Ahnung habe, was er denkt.«

Ich: »Lass die Finger davon. Keine SMS und kein Anruf. Sieh dich nach einem anderen um.«

Frau: »Was? Aber wie soll ich dann rausfinden, ob er mich mag?«

Ich: »Du weißt es längst, er hat sich ja nicht gemeldet. Wenn er dich nett fände, würde er dich wiedersehen wollen, und wenn er dich wiedersehen wollte, hätte er sich gemeldet. Such dir einen anderen, der dich nett genug findet, um dich anzurufen.«

Frau: »Aber …«

Ich: »Tschüss!«

Es ist mir nicht egal. Ehrlich!

Das war vielleicht ein bisschen hart, aber ich wollte damit nur sagen, dass man die Denkweise eines Mannes analysieren kann, so viel man will: Meiner Erfahrung nach kommt manchmal viel und manchmal so gut wie nichts dabei heraus, aber im Grunde bleibt es ein Rätselraten. Sicher ist gar nichts.

Das Einzige, was Sie ganz sicher wissen, wenn ein Mann Sie nicht anruft, ist, *dass er Sie nicht anruft.*

Und was bedeutet das?

Nun, wenn er nicht anruft, ist er wahrscheinlich nicht sonderlich interessiert. Oder rufen Sie etwa Leute, die Sie mögen, *nicht* an? Ganz gleich, ob es sich um Freunde oder um potenzielle Partner handelt, würden Sie Ihre Zuneigung doch nicht dadurch ausdrücken, dass Sie *nicht* in Kontakt bleiben, oder? Dass Sie *nicht* anrufen, simsen oder mailen? Dass Sie *nicht* twittern, sie auf Facebook besuchen oder mit ihnen chatten? Oder etwa doch? Überlegen Sie doch mal eine Sekunde.

Nein, das würden Sie ganz sicher nicht tun.

In dieser Hinsicht unterscheiden sich Männer nicht von Frauen (zumindest nicht nach Beendigung der Grundschule). Wir bleiben gerne in Kontakt mit Leuten, die wir mögen, und wir treffen (Schock! Entsetzen!) sie gern. Insbesondere, wenn es sich um Frauen handelt.

Und deshalb kann eine Frau, in Bezug auf einen Mann, der nicht anruft, nur eines tun: nichts.

Auch keine anonymen Kontrollanrufe (Sie sind schließlich keine Stalkerin). Wenn ein Mann sich nicht die Mühe macht, Sie anzurufen, dann brauchen Sie es auch nicht zu tun.

Was bedeutet es, wenn Sie einem Mann, der Sie nicht anruft, eine SMS schicken?

Egal, wie Sie dazu stehen – es ist nun einmal die Aufgabe des Mannes, die Führungsarbeit zu übernehmen. Nicht Ihre. Schieben Sie die Schuld auf die Gene, die Gleichberechtigungspolitik, die Tyrannei der Männer, die Frauenbewegung der 1960er Jahre oder jede andere x-beliebige Ursache. Mir ist das egal, mich interessiert nur, wie erwachsene Singles heute ticken und was bei Dates zwischen ihnen abläuft. Die Sozialanthropologie dahinter, so faszinierend sie auch sein mag, tut hier nichts zur Sache.

Evolutionsgeschichte hin oder her, Fakt ist, dass Männer im Hinblick auf Frauen bewusst oder unbewusst die Initiative ergreifen wollen. Ähnlich dem Elchjäger in Kapitel Eins schätzen wir Dinge, für die wir uns anstrengen müssen. Wenn Sie sich also bei einem Mann melden, von dem Sie nichts hören, machen Sie es ihm zu leicht. Viel zu leicht. Sie mutieren zum Unfall-Elch. Direkt auf einem Silbertablett.

Sie wollen einen Mann, der Sie mag

Es ist eine reine Vermutung, aber ich nehme doch an, Sie möchten nicht mit einem Typen ausgehen, der sich nicht vom ersten Augenblick an richtig heftig zu Ihnen hingezogen fühlt.

Habe ich recht?

Natürlich habe ich recht!

Sie sollten ihm nicht simsen oder ihn anrufen müssen, um ihm ins Gedächtnis zu rufen, dass er Sie eigentlich mag oder um sein Interesse an Ihnen zu wecken. Er sollte ohne Gedächtnisstütze wissen, dass es Sie gibt und dass Sie reizend sind.

Wenn Sie ihn daran erinnern müssen, stimmt etwas nicht.

Wahren Sie lieber Ihre Würde, und hören Sie auf zu schmachten. Und machen Sie sich eines klar: Wenn er sich nicht meldet, obwohl Sie ihm Ihre Nummer gegeben haben, oder nach ein paar Dates nicht mehr anruft, kratzt das höchstens an Ihrem Stolz und Ihrem Selbstvertrauen. Echte Gefühle aber – und nur die können wirklich verletzt werden – kommen bei einer neuen Bekanntschaft erst viel später ins Spiel.

Warum Männer nicht anrufen

Es gibt viele Gründe, warum Männer nicht anrufen. Sie haben vielleicht gerade viel zu tun, keine freien Abende, sind in Urlaub, müssen zum Arzt oder sonst was. An Gründen mangelt es wie gesagt nicht.

Und doch läuft es immer wieder auf das Gleiche hinaus. Wie lautet doch gleich der Titel des Buches (und Films) über Typen, die dezent unzuverlässig sind? *Er steht einfach nicht auf dich*. In 99% aller Fälle stimmt das.

Aber vielleicht steht er ja doch auf Sie (sorry!)

Erinnern Sie sich, dass ich gesagt habe, es gibt für jede Regel zum erfolgreichen Umgang mit Männern eine Ausnahme? Dass ein Fall unter hundert dem beschriebenen Muster nicht folgt? Nun, so ist es auch bei dieser Regel. Als Mann ist es mir peinlich, zugeben zu müssen, dass es tatsächlich Geschlechtsgenossen gibt, die Frauen nicht anrufen, obwohl sie sie nett finden. In der heutigen Zeit, in der man auf vielen, durchaus weniger verfänglichen Wegen als einem Telefonat Kontakt knüpfen kann (SMS, E-Mail, Facebook etc.), ist ein solches Verhalten eigentlich unentschuldbar. Trotzdem gibt es diese Männer.

Aber das erzähle ich Ihnen nur, weil ich Ihnen vollkommene Ehrlichkeit versprochen habe.

Jetzt wissen Sie also, dass es sie gibt – aber was können Sie mit dieser Information anfangen?

Nichts! Da ist es wieder. *Nichts zu tun ist nicht selten die beste Entscheidung.*

Woher wissen Sie, ob der Mann, der Ihnen gefällt, zur eben beschriebenen Kategorie gehört?

Wenn er nicht anruft, ist es natürlich denkbar, dass er einer dieser extrem schüchternen Zeitgenossen ist. Die Chance ist verschwindend gering, aber trotzdem ist es möglich. Wenn auch höchst unwahrscheinlich. Viel wahrscheinlicher ist es, dass er nicht anruft, weil er keine Lust dazu hat. Sie müssen einfach davon ausgehen, dass er die Regel und nicht die Ausnahme ist.

Und sollte er tatsächlich die Ausnahme sein – möchten Sie wirklich mit einem Mann ausgehen, der nicht einmal den Mumm besitzt, Sie anzurufen? Ich glaube nicht. Ein wenig schüchtern, nervös oder linkisch mag ja noch angehen. Aber nicht mit jemandem, der Sie nicht einmal anruft.

Warum Männer manchmal anrufen. Wenn es gerade gut läuft. Und dann wieder nichts von sich hören lassen

Gehen wir einmal davon aus, Sie haben sich mehrmals mit einem netten Kerl getroffen – so etwa sieben- oder achtmal. Sie haben richtig viel Spaß, wenn Sie zusammen sind. In der Zeit zwischen den Dates aber – wenn Sie also nicht zusammen sind – passiert gar nichts. Das kann zweierlei bedeuten: Entweder er genießt das frühe Stadium der Bekanntschaft und geht davon aus, dass mit der Zeit mehr daraus wird, oder er will nicht mehr als dann und wann einen fröhlichen Abend mit Ihnen verbringen. Wenn Sie nicht zusammen sind, denkt er nicht an Sie, weil eine intensivere Bindung ihn nicht interessiert.

Aber woher wissen Sie, woran Sie sind? Es gibt keine Sicherheit, bis er es durch ein eindeutiges Verhalten beweist. Das heißt, dass er entweder irgendwann endgültig von der Bildfläche verschwindet oder anfängt, die Sonntagabende bei Ihnen zu verbringen, und Ihnen vorschlägt, seine Eltern kennenzulernen. Aber wie sollen Sie sich bis dahin verhalten? Vertrauen Sie Ihrem Instinkt, und seien Sie vorsichtig. Ich will den Teufel nicht an die Wand malen, aber ich wage zu behaupten, dass aus dem Gelegenheitsfreund so gut wie nie ein fester Partner wird. Es kann schon mal passieren, aber es ist sehr unwahrscheinlich.

Warum Männer überhaupt nicht anrufen

Weil kein Interesse an Ihnen besteht.

Warum Männer manchmal ein paar Tage oder Wochen nicht anrufen

Weil er mit einer anderen ausgeht und erst einmal abwartet, wie sich die Situation entwickelt, ehe er sich mit Ihnen trifft. Oder weil er viel zu tun hat und erst anruft, wenn ihm langweilig ist.

Keine besonders rosigen Aussichten, oder?

Kann eine schlecht formulierte SMS Schaden anrichten?

Wenn ein Mann Sie mag (und damit meine ich, dass er Sie wiedersehen und/oder mit Ihnen ins Bett will), ist es nahezu unmöglich, dass Sie die Situation mit irgendeiner fragwürdigen SMS oder E-Mail vermasseln. Selbst wenn Sie eine Nachricht verschicken, die Ihrer Meinung nach ein falsches Signal senden könnte, macht das nichts. Wenn er Sie mag, mag er Sie, und wenn nicht, eben nicht. Ihre leicht zweideutig formulierte SMS wird daran nichts ändern. Die Entscheidung ist längst gefallen. Es ist sogar vielmehr so, dass er Sie nach Ihrer tollpatschigen oder peinlichen Nachricht sogar eher noch besser leiden kann, weil er weiß, dass Sie ihn auch mögen und sich deshalb ein bisschen verrückt verhalten. Wir Männer finden das nett.

Leider muss ich in diesem Zusammenhang anmerken, dass der Großteil dieser endlosen »Habe ich das Richtige gesagt?«/»Ob er mich wohl anruft?«/»Bin ich ihm sympathisch?«-Fragen reine Zeitverschwendung sind. Damit will ich nicht sagen, dass Frauen damit aufhören sollen oder einen Fehler machen, wenn sie sie stellen, sondern nur, dass es für die Beziehung zu dem Mann nichts bringt, über den sie reden.

Ein weiteres Beispiel – von mir

Als ich Charlotte kennenlernte wusste ich sofort, dass ich sie wiedersehen wollte. Am Sonntag bekam ich ihre Nummer, am Montag schrieb ich ihr eine SMS, um ein Date noch für dieselbe Woche festzumachen. Leider fanden wir keinen gemeinsamen Termin, und so verabredeten wir uns für den folgenden Sonntag. Für mich war das eher ungewöhnlich – ich hatte noch nie zuvor ein Date an einem Sonntagnachmittag gehabt. Da ich sie aber so schnell wie möglich wiedersehen wollte, ließ ich es drauf ankommen.

Ich muss zunächst anmerken, dass ich ziemlich rasch Kontakt aufnahm, weil sie mir ausgesprochen gut gefiel. Ich konnte beim besten Willen nicht aufhören, an sie zu denken, und hatte es eilig, sie wiederzusehen. Alle Verhaltensregeln, es ruhig anzugehen und ein paar Tage verstreichen zu lassen, schoss ich in den Wind. Das hatte zum einen damit zu tun, dass ich so schnell wie möglich bestätigt haben wollte, dass es ein Date geben würde, zum anderen aber vertraute ich meinen Instinkten. Aus irgendeinem Grund war mir klar, dass sie lieber früher als später von mir hören wollte und nicht an neckischen Spielchen interessiert war.

Nachdem das Date vereinbart war, stand ich vor einem ganz anderen Problem: Ich musste sechs Tage warten.

Wie wichtig sind Impulse?

Ich wollte Charlotte wirklich unbedingt kontaktieren (Ich musste schließlich die ganze Zeit an sie denken, Sie erinnern sich sicher), aber ich kannte sie nicht gut genug, um während der Tage bis zum ersten Date eine zwanglose Unterhaltung vom Zaun zu brechen. Bis zum Donnerstag hielt ich es aus, dann schickte ich ihr eine SMS und fragte, ob es bei Sonntag bliebe. Ich weiß – es waren noch drei Tage bis zum Termin und der Vorwand war ziemlich lahm, aber mir fiel einfach nichts Besseres ein. Was sonst hätte ich sie fragen sollen? »Wie geht es dir?« Noch lahmer! »Was hast du so gemacht?« Schauderhaft!

Alles, was mir blieb, war die Frage »Alles klar wegen Sonntag?«. Ich wollte eben unbedingt die Verbindung zu ihr halten und wünschte mir, dass es ihr ebenso erging. Genau genommen traf ich die Entscheidung, ein Risiko einzugehen. Ich beschloss, dass Charlotte sich über die Kontaktaufnahme freuen würde – falls sie die Art von Frau war, für die ich sie hielt.

Wenn ich jemanden mag – mir war klar, dass uns etwas Besonderes verband, noch bevor wir überhaupt ein Wort gewechselt hatten; oh ja, ich mochte sie! –, fällt es mir schwer, mich an Regeln zu halten. Und eigentlich will ich es auch gar nicht. Ich möchte mir selbst treu bleiben, und zwar mit allen Konsequenzen. Ich lehne es ab, mich von Büchern wie *Die Kunst, den Mann fürs Leben zu finden: The Rules* oder sonstwie erlernten Tricks leiten zu lassen. Es soll natürlich sein und sich einzigartig und ganz besonders anfühlen. Und mit Charlotte war es so.

Und Charlotte? Wie verhielt sie sich?

Charlotte schickte mir keine SMS, bis ich ihr an jenem Donnerstag selbst schrieb. Die ganze Woche dachte ich an sie und konnte den Sonntag kaum erwarten.

Ich möchte dies noch einmal wiederholen: Charlotte ergriff die ganze Woche lang nicht die Initiative. Sie beantwortete lediglich meine SMS. Von sich aus nahm sie keinen Kontakt auf. Das Resultat war, dass ich Sie nicht aus meinem Kopf bekam und mich ständig fragte, ob sie auch an mich dachte. Was ich hoffte. Gegen Ende der Woche konnte ich es kaum noch erwarten. Und dabei hatte sie nichts getan. Überhaupt nichts.

Sehen Sie?

Was geschah dann?

Der Sonntag lief glatt, es war sehr, sehr, sehr schön.

Ich erzähle diese Geschichte, um zu verdeutlichen, dass ein Mann, der eine Frau mag, auch in Kontakt mit ihr sein will. Er will wissen, dass sie an ihn denkt, und er will wissen, dass er sie wiedersieht. So ging es mir mit Charlotte. Wir Männer möchten sicher sein, alles getan zu haben, was in unserer Macht steht, damit unsere Wünsche in Erfüllung gehen.

Daraus resultiert eine Grundregel: *Wenn ein Mann keinen Kontakt zu einer Frau aufnimmt, will er sie nicht wiedersehen.*

Das muss nicht grundsätzlich bedeuten, dass er sie nicht *mag*. Oder zumindest denkt, dass er sie mag. Klingt komisch, oder? Ich will es an einem Beispiel erklären.

Als ich den Kontakt abbrach

Ich habe Ihnen bereits erzählt, wie wichtig das Timing im Lebenszyklus eines Single-Mannes ist, aber ich habe noch ein weiteres Beispiel, das hier ganz gut passt.

In der kurzen Phase zwischen der Trennung von Freundin X und dem Kennenlernen von Freundin Y traf ich eine ganz nette Frau namens Caroline.

»Ganz nett« klingt nicht gerade überwältigend, oder? Wenn Sie über die Fähigkeit verfügen, zwischen den Zeilen zu lesen, werden Sie dort sehen, dass zwischen uns nicht gerade die Funken sprühten.

Wir lernten uns auf der Party eines gemeinsamen Freundes kennen. Ich ließ mir ihre Nummer geben, und wir gingen drei- oder viermal miteinander aus, aber etwas Ernsteres wurde daraus nicht. Sie war, wie schon gesagt, eine ganz nette Frau. Damit meine ich, dass sie hübsch, freundlich, intelligent, lustig und viele weitere positive Attribute auf sich vereinte – gutes »Freundinnen-Material«, wie manche Männer es vielleicht nennen würden.

Allerdings gab es ein Problem, und dieses Problem war ich.

Meine Trennung von Freundin X lag erst drei Monate zurück, und ich fühlte mich nicht bereit für eine ernsthafte Beziehung. Nachdem wir also drei- oder viermal aus gewesen waren und der nächste Schritt anstand, rief ich sie einfach nicht mehr an. Ich war jung und feige. Anstatt sie anzurufen und zu sagen: »Es tut mir wirklich leid, aber ich habe gerade erst eine Beziehung hinter mir. Ich finde dich ganz toll, aber ich möchte mich jetzt noch nicht wieder binden«, verschwand ich einfach. Darauf bin ich ganz und gar nicht stolz.

Wesentliches

Diese Geschichte bringt mich zu zwei wesentlichen Punkten. Okay, sagen wir drei – der dritte Punkt ist der, dass ich mich der Frau gegenüber wirklich nicht nett verhalten habe. Ich weiß das.

Aber zurück zu meinen Punkten.

Punkt 1: Ich habe nicht etwa aufgehört, sie anzurufen, weil ich kein Interesse an ihr gehabt hätte. Im Gegenteil: Ich war durchaus interessiert, aber der Zeitpunkt war falsch. Ich konnte mich einfach noch nicht dazu durchringen, wieder eine Beziehung einzugehen. Als alle Anzeichen in diese Richtung deuteten, trat ich den Rückzug an (auf eine zugegebenermaßen kindische und armselige Weise).

Punkt 2: Rückblickend sehe ich die Geschichte ein wenig anders. Obwohl ich damals dachte, ich wäre ernsthaft an Caroline interessiert, weiß ich heute, dass es nicht so war. Denn wäre ich es gewesen, hätte ich sie damals sicher nicht laufen lassen. Ich hätte sie zu meiner Freundin gemacht, ehe es jemand anders tat.

Wenn Ihnen also ein Mann erklärt, er habe kein Interesse am nächsten Schritt, weil für ihn das Timing nicht stimmt – so wie es bei Caroline und mir war –, *glaubt* er, Ihnen die Wahrheit zu sagen. In Wirklichkeit aber tut er es nicht. Sie sollten ihm das nicht übelnehmen, er ist wirklich der Meinung, Ihnen gegenüber ganz ehrlich zu sein. Tatsächlich aber weiß er nicht, was er wirklich empfindet, und deshalb sollten Sie auch nicht den Stab über ihm brechen. Was wiederum meinen obigen Worten noch einmal zusätzliches Gewicht verleiht: *Wenn ein Mann keinen Kontakt zu einer Frau aufnimmt, will er sie nicht wiedersehen.* Bitte, vergessen Sie das nie!

Punkt 3: Ich war dämlich. Ich hätte ihr sagen sollen, was ich empfand (oder zu empfinden glaubte).

War die Entscheidung richtig?

Wenn ein Mann mit der Begründung eines »schlechten Timings« nicht mehr mit einer Frau ausgeht, werden die Betroffenen in der Zukunft höchstwahrscheinlich nicht noch einmal zusammenkommen. Wer eine solche Situation einmal durchgemacht hat, bleibt lieber getrennt.

Ich versuche gerade, mich an Paare zu erinnern, die später doch noch eine Beziehung aufbauten.

Nein, mir fällt keines ein.

Aber geben Sie mir noch eine Minute.

Immer noch nichts.

Nein.

Okay, ich gebe auf.

Und was will uns das sagen? Es zeigt, dass meine Gefühle für Caroline (zu geringes Interesse), im Nachhinein betrachtet, richtig waren. Und in diesem Zusammenhang belegt kein einziges Beispiel, dass jemand in ähnlicher Situation eine Beziehung aufgebaut hätte. Ich denke, Sie haben den Wink verstanden.

Rat eines Singles

1. Wenn ein Mann nach einem Date nicht mehr anruft, können Sie davon ausgehen, dass er nicht interessiert ist.
2. Wenn es mehr als zwei oder drei Tage dauert, ehe er wieder anruft, müssen Sie davon ausgehen, dass er nicht interessiert ist.
3. Warten Sie eine Stunde (wenn Sie ihn mögen), bevor Sie auf seine SMS antworten, und in der Folge immer ein bisschen länger als er.
4. Sie können auch inaktiv sein und damit zugleich viel Initiative entwickeln – überlassen Sie es ihm, den Ball ins Tor zu schießen.
5. Machen Sie sich keine Gedanken um eine missglückte SMS, das führt zu nichts. Wenn er Sie mag, spielt das keine Rolle. Ganz sicher.

Der erste Sex mit der neuen Bekanntschaft

- Warum der erste Sex eigentlich nicht zählt
- Warum man nicht zu früh unanständig sein sollte
- Warum man dem Ego der Männer schmeicheln muss
- Wie man dem Ego schmeichelt

Zu Beginn dieses Buches habe ich gesagt, dass ich mich nicht zu detailliert über Sex auslassen will. Der suggestiven Kapitelüberschrift zum Trotz hat sich daran nichts geändert. Erwarten Sie also nicht, dass ich plötzlich besonders ausführlich darauf eingehe.

Warum ich so zurückhaltend bin? Das liegt sicher nicht daran, dass ich vor meiner Mutter und meinen Schwestern unbedingt mein Gesicht wahren will. Und auch nicht daran, dass ich mich wie ein typischer, gehemmter Engländer verhalten will, der leicht in Verlegenheit gerät, wenn er über die Einzelheiten sexueller Aktivitäten sprechen soll (so bin ich zwar tatsächlich, aber das tut hier nichts zur Sache).

Nein, der Grund, warum ich auch weiterhin keine Details aufs Tapet bringen werde, wenn es um Sex geht, liegt auf der Hand: Für Männer geht es beim Sex nicht um Details.

Worum geht es Männern beim Sex?

Wenn ein Mann solo ist, dient Sex der Befriedigung seiner Grundbedürfnisse, er fühlt sich zudem weniger einsam und außerdem weniger unsicher hinsichtlich der Frage, ob Frauen ihn überhaupt attraktiv finden. (Dies ist übrigens auch der Anlass dafür, dass Single-Männer nach dem Genuss von Alkohol oft so sexbesessen sind: Trieb und Ungewissheit werden verstärkt und verwandeln sich in ungezügelte Geilheit.)

Ist ein Mann aber liiert, geht es ihm beim Sex um die Liebe zwischen ihm und seiner Partnerin – die Vereinigung ist eine Bestätigung und ein Freudenfest des Glücks, der Erfüllung und der Liebe zweier Menschen.

Ich bin zwar keine Frau und kann mich irren, aber ich hege den Verdacht, dass sich die weibliche Ansicht über Sex nicht allzu sehr von der männlichen unterscheidet. Inklusive der alkoholtriefenden Geilheit.

Das allerdings bedeutet nicht, dass Männer und Frauen sich in jeder Hinsicht gleichen.

Eine Szene aus *Friends*

Wie war das noch damals, als Ross und Rachel sich zum ersten Mal küssten? Lassen Sie mich Ihrem Gedächtnis auf die Sprünge helfen: Kurz nach der Rückkehr von einem leidenschaftlichen Abend bei einer Neanderthaler-Ausstellung in Ross' Museum (ziemlich abgefahren), sitzt Ross mit Joey und Chandler zusammen, während Rachel in der gegenüberliegenden Wohnung mit Phoebe und Monica schwatzt.

Sowohl Ross als auch Rachel werden gefragt, was passiert ist. Rachels Antwort sieht der Zuschauer zuerst. »Er nahm mein Gesicht in seine Hände«, erzählt sie atemlos und mit geschlossenen Augen, während sie ihre Hände an die zuvor von Ross berührten Stellen legt. »Und plötzlich waren seine Hände in meinem Haar … dann um meine Taille …« und so weiter. Während Rachel spricht, wird sie von ihren Gefühlen überwältigt, ihre Beine versagen ihr fast den Dienst, während Phoebe und Monica stumm lauschen und völlig in der Geschichte aufgehen. Die einzigen Laute, die sie von sich geben, sind kleine, atemlose Japser und ein gelegentliches leises Quietschen.

Cut. Die Kamera schwenkt zu den Männern.

»Hast du sie geküsst?«, fragt einer der Freunde, ohne dass auch nur einer von ihnen den Blick vom Bildschirm wendet.

»Ja«, antwortet Ross.

»Mit Zunge?«, fragt der andere.

»Ja«, bestätigt Ross.

»Cool«, lautet die Reaktion, ehe alle drei ihre gesamte Aufmerksamkeit wieder dem Fernseher zuwenden. Das war's – das Gespräch ist beendet.

Die Serie *Friends* war ausgesprochen beliebt. Sie war komisch, zeigte liebenswerte Protagonisten – junge Erwachsene, die sich ver- und wieder entliebten, während sie ihr Leben lebten –, die Story war leicht verdaulich und vor allem vollkommen realitätsnah, und zwar sowohl für Zuschauer in just dem beschriebenen Lebensabschnitt, als auch für jene, die diesen bereits hinter sich hatten und erst recht für Jugendliche, die sehnsüchtig darauf warteten, erwachsen genug zu sein, um mit einem Huhn und einer Ente in einer Wohnung zu leben, mit zwei bildschönen Frauen als Nachbarn. (So ging es mir, und es passierte nie – wieder einer dieser geplatzten Träume.)

Doch nirgendwo in der gesamten Serie (ich habe nachgeschaut, es waren von 1994 bis 2004 insgesamt 236 Folgen in zehn Staffeln) gab es einen Augenblick, der näher am wirklichen Leben war als der hier eben beschriebene. Dieses Gespräch zwischen Ross, Chandler und Joey könnte so überall unter Männern stattfinden – nicht nur unter fiktiven Amerikanern in Luxuswohnungen, die sie sich im wahren Leben nie und nimmer leisten könnten.

Wenn wir über Frauen sprechen, die uns etwas bedeuten – so wie Rachel Ross etwas bedeutete –, gehen wir Männer nicht gern ins Detail. Ganz einfach deswegen, weil die Einzelheiten uns heilig sind und nur uns und die Lady etwas angehen (die Frau ist in diesem Fall wirklich eine Lady). Das ist unter Männern ungeschriebenes Gesetz. Joey und Chandler wussten das, und Ross wusste, dass sie es wussten. Daher war ihre Unterhaltung kurz, aber effizient. Eben männlich. Sie beinhaltete sämtliche Informationen, die Ross' Freunden wichtig waren (als da wären, dass die beiden sich geküsst haben und Ross darüber glücklich war).

Und nachdem sie wussten, dass Ross bei seiner Werbung um die Angebetete erfolgreich war, konnten sie sich sofort entspannen und weiter fernsehen. Wir Männer lieben derartige Gefühle.

Das Geheimnis von gutem Sex

Jemand – leider kann ich mich nicht erinnern, wer es war, und das ärgert mich – hat mir einmal gesagt, dass es nur zwei Dinge braucht, damit ein Paar garantiert immer guten Sex hat. Wirklich nur diese zwei Dinge.

Sofort kreisten meine Gedanken um die alles entscheidende Frage, welche Dinge das wohl sein könnten. Welche mir bislang völlig unbekannten Geheimnisse lauerten da draußen, die auch noch *immer* tollen Sex garantierten?

Immer?

Ja wirklich, behauptete die betreffende Person. Immer.

Wow! Das musste ja ein wirklich außerordentliches Geheimnis sein.

Als ich jedoch die Antwort erhielt, war ich ehrlich gesagt ein wenig enttäuscht, denn sie bestand nur aus zwei Worten. Sechs Silben. Sieben, wenn man das »und« dazwischen mitzählt.

Wie also lauteten diese Worte?

Mit viel Tamtam und der nötigen dramatischen Spannung enthüllte man sie mir als – Zuneigung und Leidenschaft.

Mehr nicht. Hm! (Wie man sieht, bin ich gnadenlos überwältigt.)

Als ich die Worte zum ersten Mal hörte, war ich skeptisch, damit tatsächlich die Geheimwaffe für sexuelle Erfüllung in der Hand zu halten. Ich war damals noch (einigermaßen) jung, und, was entscheidender ist, ich war Single. Sex mit einem geliebten Menschen gehörte also nicht zu meinen jüngsten Erinnerungen. Nachdem ich jedoch ein wenig länger darüber nachgedacht hatte und ein wenig älter und dazu noch ein wenig erfahrener nicht nur in Herzens –, sondern auch in Schlafzimmerangelegenheiten geworden war, erkannte ich, dass mein Ratgeber – wer auch immer es war – absolut recht hatte.

Versuchen wir es doch einmal gemeinsam: Stellen Sie sich vor, Sie verbringen Zeit mit jemandem, den Sie als Mensch wirklich mögen und respektieren, mit dem Sie sich verbunden fühlen, den Sie gern noch besser kennenlernen würden, dessen E-Mails, Anrufe oder SMS die Highlights Ihrer Tage sind, in dessen Anwesenheit Sie sich zufrieden und ruhig fühlen und den Sie obendrein körperlich extrem anziehend finden. So anziehend, dass Sie am liebsten gleich jetzt und an Ort und Stelle nackt mit ihm zusammen wären.

Und nun stellen Sie sich vor, dass dieser Mensch genau das Gleiche für Sie empfindet. Genießen Sie diese Vorstellung einen Augenblick lang.

Jetzt stellen Sie sich vor, Sex mit dieser Person zu haben.

Ist das nicht ganz wunderbar?

Wenn also zwischen zwei Menschen tiefe Zuneigung besteht und sie voneinander begeistert sind, kommt die sexuelle Erfüllung von ganz allein. Klingt doch ganz einfach, oder? Das liegt daran, dass alle Menschen – ja, alle Menschen, nicht nur Männer – simple Kreaturen sind; und manchmal können unsere kompliziertesten und verwirrendsten Gedanken und Sehnsüchte eben auf eine sehr geradlinige und verständliche Weise sehr effektiv auf das Wesentliche heruntergebrochen werden.

Zum Beispiel so: Für guten Sex braucht man nur Zuneigung und Leidenschaft.

Warum erzähle ich Ihnen das?

Ich behaupte nicht, dass Sex immer perfekt ist oder sein sollte (ich weiß, dass das nicht stimmt und es wäre grundfalsch, darauf zu vertrauen), ich glaube allerdings, dass Männer und Frauen im Hinblick auf das Feld der körperlichen Liebe durchaus nicht auf völlig unterschiedlichen Planeten leben.

Sie mögen in vielerlei Hinsicht aus verschiedenen Welten stammen (Männer haben häufiger Schweißfüße, sind weniger ordentlich, essen mehr und schauen Fernsehen mit einer Hand in der Hose), in sexueller Hinsicht allerdings sicher nicht. Meiner Meinung nach sind unsere Grundbedürfnisse identisch.

Vielleicht wussten Sie das schon längst. Oder haben es zumindest geahnt. Aber mir ist wichtig, dass Sie wissen, dass ich es auch weiß, und zwar bevor Sie den Rest dieses Kapitels über Sex lesen.

Mal von der Lektion über Zuneigung und Leidenschaft absehen: Welcher Sex ist der beste?

Ganz einfach: Der beste Sex ist der, den man in der Beziehung mit einem geliebten Menschen hat.

Übrigens: Diese Feststellung kommt von einem Mann!

Single-Männer und Sex

Wenn Männer solo sind und nicht nur nicht den besten, sondern überhaupt recht wenig Sex haben, begnügen sich viele mit dem, was sie kriegen können. Ich weiß, das klingt nicht gerade toll, aber es stimmt. Tatsache ist, dass ein Mangel an Sex negative Auswirkungen auf das männliche Selbstwertgefühl hat. Wir fühlen uns unglücklich, depressiv und einsam, aber wir glauben, dass es uns besser geht, sobald wir nur endlich Sex haben. Manchmal stimmt das sogar, doch die Wirkung ist meist nicht von langer Dauer (genau wie der Sex, wenn wir eine Weile keinen hatten).

In Wirklichkeit jedoch vermissen wir nicht nur den Sex. Die Lücke in unserem Leben kann nur von Zuneigung und gefühlsmäßiger Bindung ausgefüllt werden. Der Mangel an Sex ist zwar ein Teil davon, aber längst nicht das Ganze. Man könnte ihn als Symptom der Lücke beschreiben, nicht unbedingt als deren Ursache. Aber wenn Männer solo sind, verstehen sie das meistens nicht und räumen dem Sex die höchste Priorität ein.

Sexueller Frust kann den männlichen Verstand durcheinanderbringen.

Männer über Sex

Die folgenden Zitate über Sex stammen von Woody Allen:

»Sex ohne Liebe ist ein hohles Erlebnis – aber von allen hohlen Erlebnissen ist es eines der schönsten.«

»Liebe ist die Antwort, aber während man auf sie wartet, stellt der Sex ein paar ganz gute Fragen.«

Und noch ein Zitat. Diesmal von meinem Freund B.

»Es ist unmöglich, mit zu vielen Frauen zu schlafen.«

Alles klar?

Okay, dann erläutert B jetzt mal, was er damit meint:

»Single-Männer können niemals zu viel Sex haben. Das ist unmöglich. Und es ist ebenso unmöglich, mit zu vielen Frauen zu schlafen. Ich weiß das, weil ich es ausprobiert habe und sich dabei gezeigt hat, dass ein peinlicher Morgen immer noch besser ist als eine einsame Nacht.«

Ich halte diese Ansicht zwar für extrem, aber sie hilft uns weiter. Manche Männer sind nun einmal so.

»Alle Männer wollen immer nur Sex.« Das stimmt so nicht

Die Wahrheit liegt nur ein einziges Wort entfernt. Entfernen Sie das Wörtchen »nur«, und schon stimmt es. Alle Männer wollen Sex. Und wenn die Männer solo sind und zu wenig Sex haben, bekommt das entsprechende Verlangen eine gewisse Priorität.

Frauen, die nicht nur auf einen One-Night-Stand aus sind, wollen nicht in der Schublade »Hilf-mir-über-die-Runden-bis-ich-wieder-eine-Freundin-habe« abgelegt werden. Ich kann zwar nicht dafür garantieren, dass eine Frau nicht irgendwann einmal in diese Kategorie fällt, aber ich kann hier verraten, wie sie das Risiko so gering wie möglich hält.

Und wie?

Zunächst einmal ist es enorm wichtig, erst dann mit einem Mann zu schlafen, wenn man sich möglichst sicher ist, nicht nur ein kurzes Sex-Abenteuer zu sein. Dieses Thema möchte ich jetzt vertiefen, nachdem ich darüber schon in den vorherigen Kapiteln gesprochen habe.

Männer haben gern unverbindlichen Sex. Diese Art von Sex wird oft als »bedeutungslos« abgetan, doch ich halte die Bezeichnung für irreführend. Sex ist nie bedeutungslos, noch nicht einmal für einen Mann, der gar nichts anderes will. Die vorangegangenen Seiten haben gezeigt, dass Sex ihm immer etwas bedeutet, weil er sich dadurch gut fühlt, was wiederum seinem allgemeinen Selbstwertgefühl schmeichelt. Das Wort »bedeutungslos« kann also nur auf die Person angewendet werden, mit der er Sex hat. Die jeweilige Frau ist nichts als ein warmer, williger Körper, nicht viel anders als eine aufblasbare Gummipuppe mit Stimme. Bei der selbst der Name egal ist.

Das klingt hart, ist aber wahr. Ich akzeptiere zwar die Tatsache, dass viele Frauen ebenfalls in der Lage sind, emotionsfreien Sex zu haben und Männern auf ähnliche Weise begegnen, aber ich bin sicher, dass viele von ihnen nicht begeistert wären, wenn andere diesen Eindruck von ihnen hätten. Das ist nicht angenehm. Passiert aber immer wieder.

Auch Frauen haben unverbindlichen Sex

Zunächst möchte ich etwas vorwegschicken: Ich breche keinesfalls den Stab über Frauen, die unverbindlichen Sex haben, und ich glaube auch nicht, dass sie ihn weniger brauchen als Männer. Als Single (sowohl männlich als auch weiblich) kann man sein Leben viel spontaner gestalten als in einer Beziehung. Das ist oft wild und erregend und macht vor allen Dingen viel Spaß, den man sich ruhig auch mal gönnen darf. Trotzdem möchte ich keine Frau ermutigen, mit jedem Mann zu schlafen, der interessiert scheint. Natürlich dürfen Sie die Nacht mit einem knackigen Kerl verbringen, den Sie eine halbe Stunde zuvor kennengelernt haben. Aber halten Sie Ihre Erwartungen in einem realistischen Rahmen, und machen Sie das nicht zu oft.

Sehen Sie? Ich bin gar nicht so prüde.

Eine peinliche Frage

In einem meiner seltenen verletzlichen Momente fragte mich einer meiner Bekannten: »Kann ein Mann mit einer Frau richtig glücklich werden, die ihn sexuell nicht befriedigt?«

Dies ist eine Frage, die Männer intensiv beschäftigt, weil wir wissen, wie schrecklich es ist, wenn jemand, den wir lieben, keinen Sex will. Für einen Mann ist Sex nicht einfach nur die Befriedigung eines Bedürfnisses, sondern viel, viel mehr. Aber darüber reden wir später.

Aber zurück zur Frage: Kann ein Mann mit einer Frau richtig glücklich werden, die ihn sexuell nicht befriedigt?

Darauf kann man nicht einfach mit Ja oder Nein antworten. Was beileibe kein lahmer Versuch sein soll, der Frage auszuweichen. In manchen Fällen kann sie mit Ja, in anderen, aber weitaus nicht allen, muss sie mit Nein beantwortet werden. Meistens ist es so, dass ein Mann, der eine Frau liebt, aber zu selten mit ihr schlafen darf, sich abgewiesen und unglücklich und damit zwangsläufig auch unbefriedigt fühlt. Kann er mit ihr trotzdem das große Glück finden? Wenn er die Frau wirklich liebt, ist das möglich. Aber – und daran besteht nicht der geringste Zweifel – er wäre glücklicher, wenn sie öfter Sex miteinander hätten.

Das bedeutet durchaus nicht, dass man mehrmals am Tag in höchste Sphären davonstürmen muss. Alles, was eine Frau unbedingt tun sollte, ist, ihm das Gefühl zu vermitteln, dass sie ihn begehrt. Wie oft es dann tatsächlich passiert, müssen die beiden als Paar entscheiden, ganz gleich, ob es auf zwei- bis dreimal in der Woche oder fünfmal pro Nacht hinausläuft. Wir Männer sehnen uns danach, begehrt zu werden und der Liebhaber zu sein, von dem unsere Partnerin schon immer geträumt hat. Mehr nicht. Wie schon gesagt – Männer sind einfache Geschöpfe.

Mir ist durchaus bewusst, dass ich damit das Bild vom Mann als sexbesessenes Wesen entwerfe. Und das aus dem einfachen Grund, weil es zutrifft. Sex ist uns Männern ausgesprochen wichtig, und weil wir ein Ego und dazu noch Gefühle und Bedürfnisse haben, kann dieser Teil unseres Lebens manchmal kompliziert und unbefriedigend sein. Allerdings ist mir auch bewusst, dass Frauen ebenso viele Gründe für einen Mangel an Befriedigung haben können.

Ich kenne zum Beispiel eine Frau, die seit vielen, vielen Jahren mit ihrem Freund zusammen ist und noch nie einen Orgasmus mit ihm hatte. Wirklich nie. Noch nicht einmal in den ersten, leidenschaftlichen Monaten ihrer Beziehung, als sie noch jünger waren, weniger arbeiteten, unter keinem Druck standen und sich um nichts Sorgen machten. Selbst damals nicht.

Sie hatte einfach keine Lust auf ihn; was immer er tat – sie hatte keinen Spaß. Und das Ergebnis war der fehlende Orgasmus.

Ob diese Frau sexuell befriedigt ist? Sicher nicht. Allerdings sind die beiden inzwischen verheiratet. Ist sie also glücklich? Ich glaube schon.

Ein Tipp, den Sie um Gottes willen befolgen sollten, wenn er denn zu Ihnen passt

Die folgende Geschichte ist tragisch. Die Frau, um die es hier geht, ist durchaus in der Lage, Orgasmen zu empfinden, und ich bin sicher, dass der Mann gern bereit wäre, ihr ebensolche zu verschaffen. Leider hat sie ihm nie verraten, wie er das anstellen kann. Der folgende schnelle und unkomplizierte Tipp ist für Frauen in ähnlicher Lage: Wenn Sie mit einem Mann zusammen sind, den Sie mögen, und das einzige Problem der fehlende Orgasmus ist, *dann sollten Sie mit ihm reden.* Vielleicht gibt es irgendetwas, das Sie ganz besonders mögen, das er aber nicht tut. Bringen Sie es ihm bei. Sagen Sie ihm genau, was Sie mögen und was er machen soll. Für Sie wird es dadurch schöner, und er wird glücklich sein, weil er Sie befriedigen kann. Und bitte, bitte, bitte überlassen Sie es nicht dem Zufall, wie die Frau in dem Beispiel eben. Es ist besser für Sie beide.

Wie lautete meine Antwort auf die peinliche Frage?

Ich weiß, dass es unhöflich ist, eine Frage mit einer Gegenfrage zu beantworten, aber manchmal hat man keine andere Wahl. Jede andere Alternative wäre einfach zu peinlich. Die Frage, ob ein Mann mit einer Frau glücklich werden kann, die ihn körperlich nicht befriedigt, war ein solcher Moment. Das Gespräch lief folgendermaßen ab:

Er: »Kann ein Mann mit einer Frau richtig glücklich werden, die ihn sexuell nicht befriedigt?«

Ich (nach langem Nachdenken und mit ernster Stimme): »Liebst du sie?«

Er: »Ja.«

Ich: »Da hast du deine Antwort.«

Damit schien er zufrieden zu sein, und ich war froh, dass die Unterhaltung beendet war.

Und jetzt zum ersten Sex mit einem Mann, den man mag

Nun aber genug der allgemeinen Kommentare, Theorien über männliche und weibliche Sexualität und Fallstudien. Reden wir über die Sache an sich. Wenden wir uns dem Augenblick zu, in dem Sie beschlossen haben, mit Ihrer neuen Bekanntschaft zu schlafen. Entweder ist genügend Zeit verstrichen (mindestens drei Dates), oder Sie haben so viel getrunken, dass Sie nicht länger warten können. Es ist, wie gesagt, völlig verständlich, sehr bald mit ihm ins Bett zu hüpfen, ich glaube nicht, dass es falsch ist, seinen Grundbedürfnissen ab und an nachzugeben. Das gilt für Männer wie für Frauen gleichermaßen. Sie müssen sich lediglich des Risikos bewusst sein (das durchaus nicht nur aus Geschlechtskrankheiten besteht; jeder sexuelle Kontakt vor dem dritten Date verringert Ihre Chance, mehr als nur ein flüchtiges Abenteuer zu sein).

Sie sind jetzt also bereit, mit einem Mann, den Sie mögen und der Sie mag, ins Bett zu gehen. Was müssen Sie noch wissen?

Erstens, und das halte ich für ganz wichtig, ist auch er nervös. Aus diesem Grund zählt das erste Mal mit einer neuen Bekanntschaft eigentlich nicht. Solange bei diesem ersten Mal nichts dramatisch schiefgeht, ist es für beide in Ordnung. Und mit »dramatisch schiefgehen« meine ich so schief, dass Sie beide sich nie mehr in die Augen sehen, geschweige denn miteinander der körperlichen Liebe frönen wollen.

Kleinere Missgeschicke mit versehentlichen Schmerzen (zum Beispiel im Bereich der Zähne), eine suboptimale Durchführung (er kommt zu schnell), körperliche Lautäußerungen (jeder Mensch pupst manchmal) oder ein absoluter Mangel an Stehvermögen seinerseits sind nebensächlich, solange das alles nicht zu ernst genommen wird. (Kann man dieses ganze Grunzen und Gesicht verziehen überhaupt ernst nehmen?) Lächeln Sie, kuscheln Sie sich an ihn, und sagen Sie: »Nächstes Mal kriegen wir das sicher noch besser hin.« Und seien Sie vor allen Dingen froh, dass das vertrackte erste Mal geschafft ist.

Apropos zu schnell kommen: Dazu möchte ich Ihnen etwas erklären. Die häufigste Ursache für einen Mann, die Ziellinie zu erreichen, ehe Sie überhaupt aus den Startlöchern kommen, liegt in 99 Prozent aller Fälle in der gedanklichen Vorbereitung auf den großen Augenblick.

Vielleicht ist es Aufregung, vor allem, wenn es das erste Mal ist, dass Sie miteinander Sex haben. Wenn Sie ein paar Dates abgewartet haben und wissen, dass er Sie mag, freut er sich sicher schon lange auf diesen Moment. In ihm hat sich eine gewisse Spannung aufgebaut. Er hält Sie für etwas ganz Besonderes. Für ihn ist es einfach nur wunderbar, dass er endlich mit dieser tollen Frau ins Bett darf. Wahrscheinlich ist er gleichzeitig glücklich, stolz und ausgesprochen lüstern. Außerdem steht zu vermuten, dass er schon seit einiger Zeit keinen Sex mehr hatte und daher sehr, sehr erregt ist. Und je erregter ein Mann im Vorfeld ist, desto schneller ist alles vorbei. Wir können nichts dafür.

Und natürlich ist es alles andere als eine Beleidigung.

Außerdem ist er eine halbe Stunde später bereit für eine zweite Runde.

Ein zweiter Grund für einen Schnellschuss könnte sein, dass er zusätzlich zu seiner Erregung auch noch nervös ist (zum Beispiel, wenn er verknallt ist und seine Partnerin unbedingt beeindrucken will), was natürlich die Erregung verstärkt und gewisse Dinge zu einem vorzeitigen Ende bringt. Auch das ist keine Beleidigung. Eher das Gegenteil.

Erwarten Sie also beim ersten Mal keine Wunder. Wenn Sie Missgeschicke mit einem Lächeln übergehen, werden Sie beim zweiten Mal schon erheblich mehr bekommen – und so weiter.

Übung macht bekanntlich den Meister.

Liierte Männer und Sex

Natürlich können solche Missgeschicke auch in Beziehungen vorkommen. Wenn ein Paar mehrere Tage oder Wochen, ja vielleicht sogar noch länger keinen Sex hatte, kann es passieren, dass der Mann nicht zur Höchstform aufläuft, weil er aufgrund der langen Pause extrem erregbar ist. Wenn es also sein erstes Mal seit geraumer Zeit ist, schrauben Sie Ihre Erwartungen herunter.

Und noch ein Rat: Wenn Sie möchten, dass es bei ihm länger dauert, müssen Sie regelmäßiger miteinander schlafen. Und dieser letzte Satz ist durchaus nicht etwa das Ergebnis einer männlichen Verschwörung, um Frauen häufiger flachzulegen, sondern die reine, biologische Wahrheit. Je öfter wir es tun, desto länger dauert es. Das ist Fakt.

Grundlegend gilt: Wenn man anschließend nett zueinander ist, wenn man redet, kuschelt und den Sex nicht allzu ernst nimmt, dann spielen Dinge, die möglicherweise nicht ganz rund gelaufen sind, keine Rolle. Noch nicht einmal, wenn die ganze Sache nicht länger dauerte als die Lektüre dieses Satzes. Oder dieses.

Ich möchte jetzt sehr ehrlich sein – entschuldige, Mutter!

Es ist eigentlich ziemlich schwierig für eine Frau, schlecht im Bett zu sein. Für einen Mann ist eigentlich nur wichtig, dass es ihr gefallen hat, um den Sex mit ihr als gut zu empfinden. Wenn sie ihm zu verstehen gibt, dass es für sie schön war, wird er vor Stolz fast platzen und die Begegnung als Erfolg verbuchen.

Auch das ist Fakt.

Wollen Sie jetzt, wo Sie all das wissen, wirklich noch ernsthaft behaupten, dass Männer völlig eindimensional über Sex denken?

Folgendes mag Sie vielleicht überraschen: Wenn Sie zum ersten Mal mit einem Mann ins Bett gehen, für den Sie mehr als ein Abenteuer sein möchten, sollten Sie sich nicht zu schnell zu lasziv geben. Wenn es Sie nicht unbedingt total anmacht, müssen Sie verblüffende Sex-Tricks nicht schon zu diesem frühen Zeitpunkt aus dem Hut ziehen, um ihn zu beeindrucken. Wenn er Sie nämlich wirklich mag, wird er sich sehr darüber freuen, mit Ihnen zu schlafen, und dann sind für eine tolle, gemeinsame Erfahrung lediglich meine beiden alten Favoriten vonnöten: Zuneigung und Leidenschaft. Die Grenzen können Sie leicht anhand seiner Reaktionen abschätzen. Wenn er es genießt (und das sollte nicht schwer herauszufinden sein – in dieser Hinsicht sind Männer alles andere als kompliziert), dann machen Sie einfach weiter. Sie brauchen die Grenzen nicht weiter hinauszuschieben, damit er Sie vielleicht noch ein wenig mehr mag. Wenn er Sie mag, dann mag er Sie. Und wenn Sie eine Zeit lang gewartet haben, ehe Sie mit ihm ins Bett gestiegen sind, und sich nicht unter Wert verkauft haben, wird er die körperliche Nähe zu Ihnen in jedem Fall einfach nur genießen.

Sorgen Sie einfach dafür, dass Sie sich auch amüsieren. Im Bett darf man auch ein wenig selbstsüchtig sein.

Zu viel zu früh?

Einer meiner Bekannten hat in seiner Zeit als Single mit so vielen Frauen wie nur irgend möglich geschlafen, und zwar auf so kreative und abgefahrene Weise, wie es nur ging. Als er dann aber die Frau kennenlernte, die er später heiratete, wandelten sich seine sexuellen Vorlieben dramatisch; heute gibt es für ihn nur noch die Missionarsstellung oder nichts. Das wird sich auch nicht mehr ändern. Jeder, wie er mag, sag ich mal. Trotzdem beschleicht mich dann und wann der Gedanke, dass den beiden etwas entgeht.

Wie dem auch sei: Ich möchte Ihnen damit zeigen, dass man sich im Bett nicht unbedingt von Anfang an wild und verrückt geben muss, um das Interesse eines Mannes zu wecken. Wenn er Sie mag, müssen Sie nichts weiter tun, als sich zu amüsieren. Heben Sie sich die Verrenkungen und leicht perversen Scharfmacher (falls Sie so etwas haben) für später auf. Beim ersten Mal brauchen Sie die nicht.

Reden ist Gold

Auf unsere »Zuneigung und Leidenschaft«-Liste gehört eigentlich noch ein drittes Stichwort: *Kommunikation.*

Männern macht es in Wahrheit nichts aus, wenn man ihnen sagt, was sie tun sollen. Wenn Sie uns Hinweise geben, die uns helfen, Ihnen Genuss zu verschaffen, werden die meisten rechtschaffenen und vernünftigen Männer (und ich hoffe doch, dass Sie nur mit einem solchen ins Bett gehen) Ihren Hinweisen mit Freuden folgen.

Wichtig ist, wie diese Hinweise übermittelt werden. Sagen Sie niemals: »Mir gefällt es, wenn ein Mann dies oder jenes tut ...«, sondern: »Es wäre toll, wenn du ...«, oder ganz einfach: »Mach doch einmal dies.«

Selbst wenn Sie nur formulieren: »Ich mag es, wenn mein

Soundso soundso behandelt wird«, wird er automatisch an das letzte Mal denken, an dem ein anderer Mann Ihr Soundso soundso behandelt hat und sich fragen, ob der andere Mann geschickter war als er.

In einem solchen Augenblick jedoch stehen Dinge aus Ihrer Vergangenheit – was immer es sein mag – nicht auf unserer Zehn-Punkte-Liste über Dinge, mit denen wir uns gerade beschäftigen möchten. Sagen Sie uns, was Sie möchten, auf die gleiche Weise, wie Sie es von uns hören wollen.

Unabhängig von der Anzahl Ihrer Freunde vor ihm, wird der neue Mann, wenn er ein wenig unsicher ist (und das sind die meisten von uns dann und wann, vor allem bei Frauen, die uns besonders am Herzen liegen), sich Gedanken machen, ob er im Vergleich zu Ihren früheren Liebhabern schlecht abschneidet und sich von der Vorstellung einschüchtern lassen, dass Sie erfahrener sein könnten als er. Weshalb Sie ihm eventuelle Hinweise sanft, mit viel Gefühl, übermitteln sollten.

Wenn Sie ihn loben möchten, übertreiben Sie nicht. Wir Männer entlarven eine Lobhudelei sofort. Worte wie »gut«, »toll« oder »Wahnsinn« können gesagt oder geflüstert werden, theatralische Ausbrüche hingegen sind unnötig. Entspannen Sie, seien Sie ganz Sie selbst und kommunizieren Sie mit ihm, dann wird alles gut gehen. Wahrscheinlich sogar besser als gut.

Sex in Beziehungen

Obwohl es in diesem Kapitel eigentlich um Sex am Anfang einer Beziehung geht, möchte ich ein wenig näher auf den Sex eingehen, der für liierte Männer von Bedeutung ist.

Denn auch in einer festen Beziehung ist Sex für uns eminent wichtig. Wenn unsere Partnerin oder Ehefrau keinen Sex möchte, ist die Frustration darüber nicht allein sexueller Natur, weil diese Gefühle bei Männern mit Emotionen beladen sind. »Wenn sie keinen Sex mit mir haben will, liebt sie mich nicht mehr«, denken wir automatisch. Aber es kann auch noch schlimmer kommen. Anstatt zu denken: »Sie will keinen Sex« (was aus allerlei Gründen immer mal wieder vorkommen kann), wird die Aussage zum selbstzerstörerischen »Sie will keinen Sex mit mir«. Und das ist für uns Männer ein extrem grausames Gefühl.

Selbst B, diese Bastion männlicher Dickhäutigkeit, versteht das. Er sieht es folgendermaßen: »Männer betrügen nur aus einem Grund: Sie wollen Sex. Und die Ursache dafür ist nicht einfach nur, dass Männer eindimensionale sexuelle Wesen sind. Unsere Gene sind programmiert, Sex als Sinn unseres Lebens zu betrachten. Schließlich sind wir hier, um uns zu vermehren. Wenn wir also daran gehindert werden, zum Beispiel weil wir Single sind und keine Partnerin haben, geraten wir durcheinander. Wenn wir aber liiert sind, unsere Partnerin lieben und immer noch keinen Sex bekommen, reißt das noch viel tiefere Wunden. Wir geraten *völlig* durcheinander.«

Achtung, hier spricht B tatsächlich von Gefühlen! Was in der Tat nicht sonderlich häufig vorkommt. Aber das war noch längst nicht alles, er fügt in ungewohnter Ehrlichkeit noch hinzu: »Der Sexualtrieb eines Mannes ist nicht so einfach wie Hunger oder Durst, obwohl manche Leute das offensichtlich zu glauben scheinen. Wir Männer sind viel komplizierter. Sex mit unserer Partnerin macht uns glücklich, weil wir sie lieben. Und die Tatsache, dass sie mit uns schlafen will, bedeutet, dass sie ebenso fühlt.

Es ist deshalb tatsächlich so, dass ein Mann, der genügend Sex hat, sich nur in den seltensten Fällen anderweitig umschaut. Ich weiß, das klingt, als wären wir ungezügelte, wilde Tiere – und im Grunde sind wir das ja auch. Wenn Sie einen Mann daran hindern wollen, Sie zu betrügen, brauchen Sie zwei Schlüssel: Sie müssen sich emotional und körperlich um ihn kümmern. Hören Sie ihm zu, versuchen Sie, ihn zu verstehen, und schlafen Sie häufig genug mit ihm, dass er nicht nach anderen schaut.«

Sehen Sie, selbst Männer wie B, mit einer so offensichtlich rauen Schale, haben manchmal einen weichen Kern.

Ich gestehe

Ich lese gerne Frauenzeitschriften. Okay, jetzt habe ich es gesagt. Ich habe immer gern darin geschmökert, seit meine ältere Schwester eines Tages ein Exemplar mit nach Hause brachte. Die Zeitschriften, die ich als Junge so las, waren mit meinem ersten Blick in eine ihrer Illustrierten plötzlich uninteressant. Hier Bilder von Frauen und Artikel über Sex und da Cartoons und Fußballstatistiken? Die Wahl fiel mir nicht schwer.

Heute wende ich mich zwar häufiger wieder reinen Männerzeitschriften zu, aber ich schäme mich nicht, im Wartezimmer des Zahnarztes oder zu Hause auch einmal in Frauenillustrierten zu blättern. Das können nämlich wahre Goldminen sein.

Dieser Angewohnheit verdanke ich eine wertvolle Entdeckung in einer der letzten Ausgaben von *Glamour*. In einem Artikel darüber, wie sich das Sexualleben von Frauen mit der Zeit verändert, schrieb die Journalistin und Autorin Rachel Johnson: »Im Grunde ist die Aktivität im Schlafzimmer ein Barometer Ihrer Beziehung; wenn Sie als leuchtendes Vorbild für die Kaninchen dieser Welt fungieren könnten, kommen Sie und Ihr Partner mit hoher Wahrscheinlichkeit hervorragend miteinander klar. Der Sex ist auch eine Art Indikator; flaut er ab, könnte es Ihrem Glück als Paar bald ebenso gehen … Wie Tennis und Kochen besteht Sex zu 90 Prozent aus Leidenschaft und nur zu 10 Prozent aus Technik … Sex ist extrem wichtig für das Leben eines Mannes … Männer haben fast immer Lust auf Sex … Selbst wenn ich zunächst keine Lust auf Sex habe (manchmal kann man die Kopfschmerzen nicht einfach ignorieren), macht es mir eigentlich dann doch immer Spaß, sobald wir das Boot im Wasser haben und lospaddeln … Es lohnt sich am Ende meistens doch, bis nach den Spätnachrichten wach zu bleiben … danach schläft man nämlich wie ein Murmeltier.«

Dem ist eigentlich nichts hinzuzufügen. Sex in Beziehungen kann schrecklich kompliziert sein, emotionale Narben, Alltagsstress und Unsicherheiten können eine Tätigkeit ungeheuer einschränken, die eigentlich nur der Lust zwischen zwei Liebenden dienen soll. Rachel Johnson hat das offenbar verstanden, und deshalb habe ich ihre Worte in diesem Buch übernommen.

Humfreys Leitfaden: So bleibt der Partner glücklich

Kochen Sie ihm etwas Leckeres zu essen, hören Sie ihm zu, reden Sie mit ihm, lachen Sie mit ihm, schlafen Sie mit ihm – dann wird er mit Ihnen glücklich sein.

Und das war's auch schon. Das ist die magische Formel. Der Heilige Gral zur Handhabung von Männern. Mehr als diese dreißig Worte müssen Sie über Männer nicht wissen.

Dieser ganz besondere Mann

Die meisten Männer können es kaum erwarten, mit einer Frau, die sie mögen, Sex zu haben. Wir sind so programmiert – wir können unsere sexuellen Bedürfnisse weder vernunftmäßig erklären noch kontrollieren. Sehr selten ist es die Dame, deren Avancen in einer aufkeimenden Beziehung freundlich zurückgewiesen werden, bis der Herr der Schöpfung bereit ist, den entsprechenden Schritt zu wagen.

Aber es kommt vor.

Meiner guten Freundin Wendy ist es mit einem Mann namens William passiert.

Die Geschichte von William und Wendy, inklusive Wendys Kampf, William in ihr Bett zu locken

Als Wendy William kennenlernte, mochten die beiden sich auf Anhieb. Mit Anfang dreißig waren sie lebenserfahren genug, um zu wissen, wann ein Mensch es wert ist, ernst genommen zu werden. Und beide waren der Überzeugung, dass ihr Gegenüber alle Voraussetzungen dafür erfüllte. William gefielen Wendys lebhafte Persönlichkeit und ihr Sinn für Humor. Wendy gefiel Williams Sinn für Humor ebenfalls, außerdem seine ruhige Würde und seine Intelligenz. Er war nachdenklich und zuvorkommend, ganz anders als die manchmal lauten und eher jungenhaften Typen, mit denen sie in letzter Zeit ausgegangen war. Am besten aber gefiel Wendy, dass William sie respektierte; eine solche Erfahrung hatte sie bisher noch nie gemacht. Er behandelte sie sehr rücksichtsvoll.

Fünf Wochen später behandelte er sie immer noch rücksichtsvoll. Mit viel Respekt. Was Wendy durchaus zu schätzen wusste. Inzwischen jedoch sehnte sie sich aber manchmal auch danach, dass William ihr endlich die Kleider vom Leib reißen und seine etwas weniger zivilisierte Seite präsentieren würde.

Doch das tat William nicht. Er zog es vor zu warten.

Ein weiterer Monat verging. Wendy wurde allmählich unruhig. Sie begehrte William, doch der hielt sich noch immer zurück. Mit der Zeit wusste sie nicht mehr, was sie tun sollte.

Eines Tages schlug er vor, über das Wochenende mit ihr aufs Land in das Cottage eines Freundes zu fahren.

Bingo! Endlich!

Von diesem Wochenende kam Wendy überglücklich zurück, und heute, zwei Jahre später, sind die beiden noch immer glücklich miteinander.

Dieses Beispiel zeigt, dass durchaus nicht alle Männer unwiderstehlich vom Sextrieb gesteuert werden.

Das klingt zu gut, um wahr zu sein ...

Gut, ich kann Ihren Ansatz verstehen. Aber die Geschichte stimmt 100prozentig. Allerdings sollte ich hier vielleicht erwähnen, dass ich in der Tat keinen weiteren Mann kenne, der sich je wie William benommen hätte. Und ich wüsste auch niemand anderen, der einen solchen Mann kennt. William ist eben die Ausnahme, wir anderen sind die Regel.

Aber ich bin zumindest ehrlich.

Rat eines Singles

1. Wenn Sie zum ersten Mal mit einem Mann ins Bett gehen, den Sie mögen, lächeln Sie, entspannen und genießen Sie.
2. Sollte sich die Sache weiterentwickeln (das heißt, dass eine Beziehung nicht mehr ausgeschlossen ist), spielt der erste Sex keine entscheidende Rolle. Machen Sie sich also nichts daraus, wenn nicht alles glattläuft. Konzentrieren Sie sich auf das Küssen und intensiven Blickkontakt.
3. Betrachten Sie Ihre erste gemeinsame Nacht eher als Möglichkeit, ihn besser kennenzulernen, denn als Gelegenheit, ihn mit sexuellen Höchstleistungen zu beeindrucken.
4. Zögern Sie nicht, egoistisch zu sein. Sagen Sie ihm, was Ihnen gefällt. Aber tun Sie es so, wie Sie es selbst gern hätten – also feinfühlig.
5. Zeigen Sie ihm, dass Sie es genießen. Das sexuelle Selbstvertrauen von Männern ist zerbrechlich, aber wenn Sie behutsam vorgehen, kann und wird das Resultat erstaunlich sein.

VII

Wie man einen One-Night-Stand mit Würde handhabt

- Was Männer wirklich von One-Night-Stands halten
- Warum Frauen sich nicht schämen sollten, Spaß daran zu haben
- Warum Frauen nicht zu viele One-Night-Stands haben sollten
- Wie man die Kontrolle über die Situation nicht verliert – vorher, währenddessen und danach

Jeder Mensch hat gern Sex. Und wenn Sie Single sind und nicht wissen, wo und wann es das nächste Mal dazu kommt, warum sollten Sie es nicht einfach tun, sobald sich die Gelegenheit ergibt (Sicherheit immer vorausgesetzt)? Zum Teufel mit den Konsequenzen, wir leben schließlich im einundzwanzigsten Jahrhundert.

Das ist die eine Perspektive. Eine andere besagt, dass sowohl weibliche als auch männliche Wesen im Grunde immer gleich sind, ganz egal, in welchem Jahrhundert sie leben. Das aber bedeutet, dass unverbindlicher Sex ganz nett sein mag (in einigen Fällen auch deutlich netter), dass aber zu viel nun einmal zu viel ist. Tief im Innern sehnen wir uns alle nach jemandem, den wir lieben und von dem wir ebenfalls geliebt werden, und unverbindlicher Sex hilft uns in Bezug auf dieses Verlangen nicht wesentlich weiter.

Die positiven Kräfte eines One-Night-Stands – der Genuss, die Katharsis nach dem Ende einer Beziehung und die Stärkung des Selbstwertgefühls – wirken in der Tat nur dann, wenn er nicht zu häufig stattfindet.

Die beiden Hauptgründe für diese Einstellung lauten folgendermaßen:

1. Jeder, der viele One-Night-Stands hat, ist mit hoher Wahrscheinlichkeit kein glücklicher Mensch und leidet unter Problemen und Schwierigkeiten, denen er mit immer mehr unverbindlichem Sex mit immer mehr verschiedenen Leuten kaum zu Leibe rücken kann.
2. Aus einem One-Night-Stand entwickelt sich nur äußerst selten eine Beziehung.

Um es ganz deutlich zu machen: Ich will hier keinesfalls moralisieren. Es käme mir nie in den Sinn, jemanden zu verurteilen, weil er unverbindlichen Sex hat. Ich möchte nur die Wahrscheinlichkeit betonen, dass die Glücksgefühle eines Menschen proportional zur steigenden Anzahl seiner One-Night-Stands sinken. Als Gegenmittel wirken One-Night-Stands sicher nicht – und das gilt sowohl für Männer als auch für Frauen.

Bemerkung:
In diesem Kapitel behandele ich Männer und Frauen gleich. Ich werde mich weder über genetische Unterschiede noch darüber auslassen, warum Männern ein One-Night-Stand vielleicht näherliegt als Frauen.

Die Alkohol-Frage – oder: Wie viele One-Night-Stands würden ohne Alkohol überhaupt stattfinden?

In Bezug auf die Kombination Alkohol und Frauen habe ich nie verstanden, ob Alkohol den Frauen die Hemmungen nimmt – will heißen, sie Dinge tun lässt, die sie tief in ihrem Innern eigentlich immer schon wollten, deren Konsequenzen sie aber im nüchternen Zustand fürchten – oder ob er sie zu Dingen verführt, die sie in nüchternem Zustand nie wagen würden. Ich glaube, ich werde das auch nie wirklich verstehen. Bei Männern gilt in den meisten Fällen die erste Variante, obwohl sie das in aller Regel nicht gern zugeben. Aber ganz gleich, ob Mann oder Frau – es ist immer einfach, die Schuld gegebenenfalls beim Alkohol zu suchen. Aber ist der Sprit die Entschuldigung oder doch der eigentliche Grund?

Wenn ein Single sich betrinkt, mit jemandem schläft und es anschließend bereut – ich meine wirklich bereut und sich nicht nur ein bisschen verlegen fühlt und so tut, als ob, um sein Gesicht zu wahren – dann rate ich ihm ganz einfach: Betrinke dich in Zukunft nicht mehr. Einfacher geht es nicht.

Eine weitere (etwas aus dem Zusammenhang gerissene) Frage: Kann Alkohol eine Entschuldigung für Untreue sein?

Nein, ich glaube nicht. In irgendeinem Stadium vor dem eigentlichen Akt des Betrügens denkt der Betrügende – ob nun betrunken oder nicht – an seinen Partner und trifft eine Entscheidung. Entweder unterlässt er es ihret- oder seinetwegen, oder er/sie geht fremd, obwohl ihm/ihr bewusst ist, dass er liiert ist. Die Tatsache, dass der Betrügende sich im Nachhinein nicht an diese Überlegung erinnert, macht den Vorgang nicht verzeihlicher. Es ist schließlich passiert. Und auch in diesem Fall gelten für Männer und Frauen dieselben Regeln.

Wie Männer über One-Night-Stands denken

Wir Männer sind von Natur aus faul. Wir lieben Abkürzungen und den Weg des geringsten Widerstands. Außerdem stehen wir auf Sex. Eine unwiderstehliche, unkontrollierbare Kraft treibt uns voran und zwingt uns, Ausschau nach willigen Frauen zu halten.

Die meisten Single-Männer betrachten einen Abend, an dem sie ausgehen, eine Frau kennenlernen und mit ihr schlafen, als gelungen. Und aus diesem Grund mögen wir One-Night-Stands. Wir haben Sex, ohne die unsichere, teure und zeitraubende Dating-Phase durchlaufen zu müssen. Alles, was man tun muss, ist, auszugehen, etwas zu trinken, ein wenig zu tanzen, ein bisschen zu reden – und schon geht die Post ab!

Gibt es etwas Schöneres?

Oh ja! Nämlich Sex mit einer Frau zu haben, die man mag. Oder sogar liebt.

Was Männer von Frauen halten, die One-Night-Stands haben

Wenn wir einen One-Night-Stand mit einer Frau haben, die wir später nie mehr wiedersehen, behalten wir sie in aller Regel in guter, wenngleich flüchtiger Erinnerung. Diese Gefühle jedoch werden sich nie so weit ausdehnen, dass wir die betreffende Dame als potenzielle feste Freundin in Betracht ziehen. (Ich kenne kein einziges Paar, dessen Beziehung die Folge eines One-Night-Stands ist, das nicht zumindest vorher schon befreundet war.) Trotzdem sehen wir die Frau nicht etwa als Nutte oder moralisch verworfen an. Die männliche Gedankenfolge dürfte eher so aussehen: »Sie lernte mich kennen und wollte schon ein paar Stunden später mit mir schlafen. Wer sollte ihr das übelnehmen?«

Kein Mann wird eine Frau dafür kritisieren, mit ihm ins Bett gehen zu wollen, es sei denn, er ist schwul und wird lieber von Männern angemacht – aber in diesem Fall hat seine Meinung hier ohnehin nichts verloren. Also auch in diesem Kontext bilden wir uns weder ein Urteil, noch moralisieren wir.

Etwas ganz anderes ist es, wenn eine Frau, die wir besonders mögen, uns von vielen One-Night-Stands in ihrer Vergangenheit erzählt.

Das hören wir gar nicht gern. Wir hassen es geradezu.

Ehe man jetzt jedoch alle Männer zu Heuchlern erklärt, möchte ich hier etwas hinzufügen: Nur sehr wenige Männer werden eine Frau nach einem solchen Geständnis negativ beurteilen. Wir sind hinterher vielleicht ein wenig knurrig, aber wir kommen damit zurecht. Die meisten von uns wollen Frauen so behandeln, wie wir von ihnen behandelt werden möchten. Das bedeutet unter anderem auch, sie nicht für Dinge zu verurteilen, die vor unserem Kennenlernen passiert sind – natürlich immer unter der Voraussetzung, dass sie uns unsere Vergangenheit ebenfalls nicht vorwerfen. Es zählt nur das Geschehen ab dem Zeitpunkt des Zusammenseins.

Das ändert selbstverständlich nichts an der Tatsache, dass wir alles andere als gern hören, dass sich unsere Herz-Dame kreuz und quer durch fremde Betten geschlafen hat. Der Grund dafür liegt aber nur in unserem männlichen Ego, nicht in der Frau.

Der One-Night-Stand: Geschichte Nr. 1

Eines Abends lernte Eddie zwei Frauen kennen, Elspeth und Emily. Einer von Eddies Freunden war mit einer Freundin der beiden zusammen. Das Trio traf sich, als beide Gruppen sich im gleichen Club begegneten. Es war schon spät, und alle waren betrunken.

Eddie war richtig ausgelassen. Er hatte sich gerade erst von seiner Freundin getrennt und große Lust, sein Glück bei Frauen erneut zu versuchen (es war also keine traumatisierende Trennung gewesen). Als er Elspeth und Emily kennenlernte, bildete er sich sofort eine Meinung über beide. Emily war bildhübsch, aber offenbar nicht gewillt, seinem Charme gleich im ersten Anlauf zu erliegen. Elspeth, die durchaus nicht unattraktiv war, konnte Emily jedoch in keiner Weise das Wasser reichen.

Aber Elspeth erwies sich als erheblich zielstrebiger als Emily.

Dreimal dürfen Sie raten, mit wem Eddie schließlich nach Hause ging.

Der nächste Morgen

Eddie erwachte früh in einem ihm fremden Bett. Elspeths Bett. Lassen wir ihn selbst zu Wort kommen: »Ich war ordentlich betrunken, o. k.? Emily war in meinen Augen eindeutig heißer und die deutlich größere Herausforderung und unter normalen Umständen wäre mein Interesse an ihr viel größer als an Elspeth gewesen. Aber Elspeth hat es mir wirklich leicht gemacht. Ich hatte eigentlich kaum mit ihr gesprochen, bis sie plötzlich mit ihrem Gesicht ganz nah vor meinem dastand. Natürlich küsste ich sie. Ich war viel zu betrunken, um an etwas anderes denken zu können. Ich habe halt den unkomplizierten Weg gewählt.«

Als Eddie am Morgen von Elspeth wegging, fühlte er sich leicht lädiert. Es hatte, wenn ich ihn richtig verstanden habe, offenbar keine größeren Dramen gegeben und der Abend war für beide ganz amüsant gewesen. Zumindest klang es so. Er hatte sich zudem ihre Nummer geben lassen und sandte ihr später am selben Tag eine SMS. »Ich wollte mich nicht mit ihr verabreden«, sagte Eddie, »aber sie ist die Freundin eines Freundes und eine nette junge Frau, ihr gebührt zumindest Respekt. Außerdem dachte ich, dass ein kleiner Scherz über unseren morgendlichen Kater ganz witzig wäre.«

Womit er sicher nicht unrecht hat.

Am Abend sandte Eddie Elspeth eine weitere SMS mit einem Witz, wie fürchterlich er sich fühle. Elspeth antwortete, dass er vielleicht besser bei ihr im Bett hätte bleiben sollen, anstatt sich so früh vom Acker zu machen. Eddie schrieb zurück, dass sie vermutlich recht hätte und dass er vielleicht schon bald in ihr Bett zurückkehren sollte (nach der SMS über das Im-Bett-Bleiben fühlte er sich ein wenig zum Flirt aufgelegt).

So weit, so gut.

Aber dann tat Elspeth etwas, womit Eddie nicht gerechnet hatte. Ihre nächste SMS lautete: »Ha ha! Du musst mich schon zu ein paar interessanten Dates ausführen, ehe du wieder dort hineinkommst.«

Worauf Eddie antwortete: »Ha ha! Wirklich schade.« Und das war's. Später beschwerte er sich bei mir: »Was hat die Frau sich eigentlich gedacht? Hat sie wirklich erwartet, ich würde sie ausführen, um wieder Sex mit ihr zu haben? Immerhin ist sie kaum drei Stunden nach unserem ersten Blickkontakt mit mir ins Bett gestiegen. Die spinnt doch! Wo liegt denn da der Sinn?«

Um es noch einmal zu verdeutlichen: Eddie hat Elspeth nicht kritisiert, weil sie so schnell zur Sache kam. Aber er konnte beim besten Willen ihre Logik nicht nachvollziehen, diese Art von Abendgestaltung sei die Vorbereitung auf »ein paar interessante Dates«. Hätten sie sich an jenem ersten Abend nur geküsst, hätte Elspeth vielleicht gar nicht so falschgelegen und Eddie hätte sie gerne einmal ausgeführt. Aber nicht nach einem One-Night-Stand.

Der One-Night-Stand, Geschichte Nr. 2: Eine ganz einfache Lektion

Und noch ein Beispiel. Eine Frau erzählte mir Folgendes: »An einem Samstagabend lernte ich in einem Club einen Mann kennen. Ich schlief mit ihm, und am nächsten Morgen ließ er sich meine Nummer geben mit dem Hinweis, er würde anrufen. Ich hörte erst am folgenden Freitag gegen elf Uhr abends wieder von ihm, als er mir eine SMS schickte mit der Frage, ob ich vielleicht irgendwo in der Nähe sei. Warum hat er nicht angerufen? Mag er mich? Soll ich mich noch einmal mit ihm verabreden? Hat er vielleicht Interesse an einer Beziehung mit mir?«

Meine Antwort darauf lautete: »Er interessiert sich nicht für dich, und du wirst niemals seine Freundin. Weil du gleich am ersten Abend mit ihm ins Bett gestiegen bist, sieht er in dir nur eine Frau, mit der man ab und zu einmal schläft. Mehr nicht. Er bringt dich ausschließlich mit Sex in Verbindung. Ich bin mir sicher, dass er dich mag, aber nur, weil ihr miteinander Sex hattet. Vielleicht findet er dich sogar hübsch, aber das ist nicht weiter ausschlaggebend. Warum er nicht an dir als Mensch interessiert ist? Ganz einfach: Er kennt deine Persönlichkeit nicht und will sie wahrscheinlich auch gar nicht kennenlernen, weil ihr bereits miteinander geschlafen habt. Und ob du dich noch einmal mit ihm verabreden sollst? Nur, wenn dir nach unverbindlichem Sex mit ihm ist, denn mehr wirst du nie von ihm bekommen.«

Wenn Sex nämlich gleich so zügig angeboten wird, ist es so gut wie unmöglich, die Situation weg vom Körperlichen ins Romantische zu kippen. Ich persönlich kenne niemanden, der ein Date mit einer Frau verabredet hätte, die gleich nach dem Kennenlernen mit ihm intim wurde. Natürlich kenne ich Paare, die am Abend ihres ersten Dates miteinander ins Bett gestiegen sind, aber keine, die bereits am Tag des Kennenlernens Sex hatten. Es gibt sicher welche, aber ich kenne kein einziges.

Grundlegende Richtlinien

Für One-Night-Stands gelten im Prinzip die gleichen Regeln wie für andere Dates auch. Sie lauten: Seien Sie selbstbewusst; zeigen Sie deutlich, was Sie wollen; seien Sie nicht schüchtern; seien Sie nicht verlegen; seien Sie ehrlich zu sich selbst. Wenn die Sache Ihnen peinlich ist, müssen Sie das Gefühl entweder überwinden oder nach Hause gehen. Wenn Sie niemanden betrügen oder ausgerechnet mit einen Mann ins Bett gehen, der mit einer engen Freundin liiert ist, gibt es nichts, dessen Sie sich schämen müssen – was immer Sie tun, ist okay. Wenn Sie Lust haben, mit einem Mann nach Hause zu gehen, Sex mit ihm zu haben und dann zu verschwinden, ist nichts dagegen einzuwenden.

Der Trick, die eigene Würde vor, während oder nach einem One-Night-Stand zu bewahren, liegt darin, zu keiner Zeit Verlegenheit oder Befangenheit zu verspüren. Das ist leichter gesagt als getan und eine der (wenigen) Gelegenheiten, wo (ein wenig) Alkohol von Nutzen sein kann, weil er Hemmungen abbaut. Trotzdem sollte man es sich nicht zur Gewohnheit machen, morgens neben Männern aufzuwachen, die eher wie Frösche als wie Prinzen aussehen.

Wie viele sind zu viel?

Das weiß ich nicht. Zahlen zählen hier nämlich nicht. Die Antwort ist stark von der Persönlichkeit abhängig und kann nur von Ihnen selbst gegeben werden. Wenn Sie zufrieden sind (ich meine wirklich zufrieden – und nicht nur sich und Ihren Freunden vormachen, es zu sein), müssen Sie nichts verändern. Wenn Sie aber nicht zufrieden sind, sollten Sie anfangen, sich anders zu verhalten.

Sollen Singles ihr Single-Leben richtig auskosten?

Selbstverständlich sollen sie das, Männlein wie Weiblein. Auskosten muss aber nicht unbedingt bedeuten, mit Krethi und Plethi in die Falle zu hüpfen. Das Single-Leben auskosten beinhaltet vielmehr das Erleben von Abenteuern, außerdem Zufriedenheit und zu tun, wozu man Lust hat, sowie sich selbst zu entdecken. Dies kann unter Umständen bestimmte sexuelle Vorlieben einschließen, aber auch auf den Spaß an Theaterspiel, Marathonlauf oder Sonnenaufgangs-Tänzen an asiatischen Stränden bezogen sein. Eigentlich auf alles, was *Sie* persönlich glücklich macht.

One-Night-Stand: Protokoll für den Morgen danach

1. Telefonnummer

Wenn Sie nach einer gemeinsamen Nacht die Telefonnummer des Mannes nicht haben möchten, ist das in Ordnung. Und wenn Sie nicht möchten, dass er Ihre Nummer bekommt, ist das ebenfalls absolut in Ordnung. Wenn er sich jedoch nicht einmal die Mühe macht, entweder Ihre Nummer zu bekommen oder Ihnen seine zu geben, ist er ein Idiot und weiß sich nicht zu benehmen.

2. Abgang

Wenn Sie nach einem One-Night-Stand zu Hause bei einem Mann aufwachen, wird er es in den meisten Fällen begrüßen, wenn Sie sich möglichst schnell aus dem Staub machen (es sei denn, er gehört zu den Supernetten und bietet Ihnen ein Frühstück oder wenigstens eine Tasse Tee an). Ich meine damit nicht, dass Sie gehen müssen, bevor Sie fertig sind (vielleicht wollen Sie sich noch einmal umdrehen, was Sie dann durchaus gemütlich und in aller Ruhe auch tun sollten). Aber die meisten Männer fühlen sich in dieser Situation ziemlich unbehaglich und verlegen, was Sie vermutlich auch nicht unbedingt glücklich macht. Ich kenne sogar einen Mann, der so tat, als sei er für 9 Uhr morgens zum Golf verabredet, um eine Frau aus seiner Wohnung zu bekommen. Er zog seine Golfklamotten an, holte die Schläger, packte alles in sein Auto und fuhr weg. Das Problem dabei war, dass er erst ihren Bus abwarten musste, ehe er wieder in seine Wohnung konnte, weil die Haltestelle unmittelbar vor seinem Haus lag. Und so wartete er an der nächsten Ecke hinter einem Busch, bis sie endlich ging. Sehr elegant! Ein anderer mir bekannter Mann lernte in einem Club eine Frau kennen, ging mit zu ihr nach Hause und schlief mit ihr. Als die junge Dame anschließend zur Toilette musste, raffte er seine Klamotten zusammen und verschwand schnurstracks aus der Wohnung, noch bevor sie das Bad verließ. Natürlich gibt es Typen, die sich so verhalten, aber die Quote ist verschwindend gering. Die meisten halten das, ebenso wie ich, für ziemlich schlechtes Benehmen.

3. Verlegen? Wie unnötig!

Bleiben Sie entspannt und cool. Wenn der Mann gut aussieht oder Sie Spaß zusammen hatten (was hoffentlich beides der Fall ist), müssen Sie sich weder verlegen noch peinlich berührt fühlen. Entspannen Sie sich. Sie haben also mit einem Mann geschlafen, an dem Ihnen liegt? Na und, was soll damit sein? Nichts. Plaudern Sie am nächsten Morgen nett miteinander, gehen Sie freundlich auseinander, und verbuchen Sie es auf das Konto Erfahrung.

Die Geschichte, die mich erröten ließ

Die Kolumne lieferte mir den perfekten Vorwand für alle möglichen Versprechungen. Ich war der Mann, der niemals Nein sagt. Ich schwor Stein und Bein, alles, immer und sogar jederzeit auszuprobieren, ganz gleich, was es sein mochte. Ich redete zwar eine ganze Menge, ließ aber keine Taten folgen. Am Ende war nicht mehr als eine Hypnose meine insgesamt verrückteste Aktion. Die machte Spaß, war allerdings vollkommen unspektakulär. Aber zunächst will ich die Geschichte des dramatischsten »Nein!« erzählen, das ich dann doch sagte.

Ich unterhielt mich auf einer Medien-Party an der Bar mit

der Frau neben mir. Sie war attraktiv – nicht umwerfend, aber attraktiv – und makellos gestylt. Mit ihren dunklen Haaren und ihrer schlanken, in ein enges schwarzes Kleid gehüllten Figur war sie nicht nur ein Hingucker, sondern schien auch Spaß am Flirten zu haben. Und sie trug einen Ehering.

Kein Problem, dachte ich, ein paar witzige Bemerkungen sind schließlich harmlos und machen einfach Spaß. Irgendwann stieß ihr Ehemann zu uns. Er stellte sich vor, und die Flachserei ging munter weiter.

Munterer als zuvor, wie ich feststellte, denn die Frau flirtete noch mehr als vorher, sie strich mir über den Arm und bedachte mich mit koketten Augenaufschlägen. Obwohl ich es merkwürdig fand, schien ihr Mann sich nicht daran zu stören. Also nahm ich an, dass sie einfach so war.

Wir unterhielten uns angeregt. Ich erzählte von meinem Leben als Single-Mann in London, und sie lachten über meine Storys auf diese selbstgefällige, etwas herablassende Art, mit der glücklich verheiratete Paare den Erzählungen von Singles zu lauschen pflegen. Wir sprachen über die Arbeit, und es stellte sich heraus, dass sie ihre eigene Firma leiteten, die in gewisser Weise mit meinem damaligen Job zu tun hatte.

Plötzlich fragte mich der Ehemann: »Möchten Sie nicht bei uns mitmachen?«

Ich war überrascht. »Das kommt ein bisschen plötzlich«, meinte ich. »Wir kennen uns gerade einmal zwanzig Minuten, und Sie wissen doch noch gar nichts über meinen Lebenslauf. Aber wer weiß, vielleicht passt es ja. Soll ich vielleicht in den nächsten Tagen einmal zu einem Gespräch in Ihr Büro kommen?«

Sie blickten sich an und grinsten.

»Nein«, sagte die Frau. Sie schob ihre Brüste gegen meinen Arm und streichelte meinen Nacken. »Das hat er nicht gemeint. Wollen Sie nicht heute Abend bei uns mitmachen? Bei uns zu Hause?«

Sie küsste mich sanft auf die Wange, und erst da fiel bei mir der Groschen. Ich wurde puterrot. Glücklicherweise war es so dunkel, dass sie es nicht sehen konnten.

»So etwas ist ehrlich gesagt nicht mein Ding«, stotterte ich und bemühte mich verzweifelt, cool zu klingen.

»Warum nicht?«, fragte die Frau und drängte sich an mich. »Gefalle ich Ihnen nicht?«

»Aber natürlich gefallen Sie mir«, erklärte ich. Ich wollte sie nicht vor den Kopf stoßen und wünschte mir sehnlichst, ein Loch würde sich im Erdboden auftun. »Es liegt an Ihrem Mann. Er ist mir ein wenig zu ... nun ja, zu männlich.«

»Oh, er ist absolut hetero«, flüsterte sie mir ins Ohr. »Ich bin es, die Sie begehrt. Er schaut nur zu.«

Ich urteile in der Regel nie in irgendeiner Form wertend über das Privatleben anderer Leute. Absolut nicht. Aber bei diesem unsittlichen Angebot fühlte ich mich ausgesprochen unbehaglich. Ich wollte nicht Teil der Sexspielchen dieses Paares sein und fühlte mich der Sache alles andere als gewachsen. Also sagte ich brav Nein danke und huschte zum Klo wie ein verängstigtes Kind.

Als ich schließlich wieder mutig genug war, mich auf die Party zu wagen, sah ich das Paar mit einem anderen Mann sprechen. Er wirkte nicht verängstigt, sondern eher zufrieden. Ich wünschte ihm im Stillen viel Glück und machte mich auf den Heimweg.

Rat eines Singles

1. Wählen Sie Ihren Partner für einen One-Night-Stand umsichtig aus – Sie sollten dabei also nicht zu betrunken sein.

2. Ihre Erwartungen sollten realistisch sein. Es geht nur um Sex, nicht um eine Beziehung.

3. Wenn Sie die Sache an irgendeinem Punkt beenden wollen, tun Sie es. Und wenn Sie wollen, dass er geht, sagen Sie es ihm. Aber bleiben Sie dabei höflich – auch Männer haben Gefühle.

4. Wenn Sie mit zu ihm nach Hause gehen, lassen Sie nichts Wichtiges dort liegen. Auch wenn das wirklich reiner Zufall war – es wird immer so aussehen, als hätten Sie es absichtlich getan.

5. Wenn er irgendetwas bei Ihnen liegen lässt, ist das okay. Wenn Sie es bemerken, während er noch da ist und Sie ihn wiedersehen möchten, sagen Sie einfach nichts. Es bietet einen guter Vorwand, Kontakt aufzunehmen – und was haben Sie schon zu verlieren?

6. Verabschieden Sie sich, bevor Sie gehen. Sie fänden es sicher auch nicht gut, wenn er ohne ein Wort einfach gehen würde, oder?

7. Wenn Sie bei Ihnen zu Hause sind und Sie möchten, dass er geht, sagen Sie es ihm.

8. Überlegen Sie nicht, ob er Ihre Wohnung ordentlich findet, wenn Sie bei Ihnen zu Hause sind. Das ist so was von egal!

9. Wundern Sie sich nicht, wenn er nie wieder von sich hören lässt.

10. Wenn er sich irgendwann spätabends wieder bei Ihnen meldet, will er nur Sex. Siehe Punkt 2.

11. Lassen Sie Vorsicht walten. Und zwar immer!

Wenn Freunde zum Liebespaar mutieren

- Warum Freunde eine Affäre haben sollten
- Warum Freunde keine Affäre haben sollten
- Wie man mit den jeweiligen Erwartungen umgehen sollte
- Warum jemand der Falsche für eine Affäre ist
- Wie Sie durch Nichtstun bekommen, was Sie wollen

Wenn zwei Freunde mehr sein wollen als genau das, ist das Ergebnis manchmal gut, manchmal schlecht, manchmal ausgezeichnet, manchmal sehr schlecht und manchmal irgendetwas dazwischen.

Ist das aufschlussreich? Vielleicht nicht gleich auf den ersten Blick.

Und stimmt es? Oh ja!

Zum Beweis meiner These werde ich wieder einmal auf wahre Geschichten zurückgreifen. Und zwar in alphabetischer Reihenfolge der von mir veränderten Namen.

Geschichte A: Das gute Ergebnis

Alice und Andrew waren seit Jahren befreundet. Sie gehörten der gleichen Clique an und sahen sich regelmäßig. Sie kamen bestens miteinander aus, und obwohl die Chemie zwischen ihnen immer stimmte, waren sie niemals gleichzeitig solo, weshalb die gegenseitigen unterschwelligen Gefühle nie zur Sprache kamen.

Doch irgendwann war es so weit, und beide waren gleichzeitig Single. Alice hatte sich von ihrem langjährigen Partner getrennt und genoss ihr Single-Dasein, als Andrews Beziehung achtzehn Monate später ebenfalls endete.

Und plötzlich veränderte sich alles und die bis dato unausgesprochene Anziehungskraft zwischen ihnen kam zur Sprache. Wer von den beiden als Erster darüber redete, weiß ich nicht – wichtig ist, dass sie es taten.

Was also geschah dann? Loderte eine leidenschaftliche Affäre auf, deren Flammen plötzlich erstickten und am Ende nichts als emotionale Trümmer hinterließen? Ähnlich einem dramatischen, zerstörerischen Ereignis, wie z. B. einem Flugzeugabsturz?

Nein.

Alles dauerte viel länger.

Alice und Andrew waren Ende zwanzig oder Anfang dreißig und damit reif genug, nicht in die Falle der Lust zu tappen, die über die Vernunft siegt. Beide hegten tiefe Gefühle für den anderen und waren überzeugt, dass daraus etwas Ernsthaftes entstehen könnte. Andrew jedoch war vorsichtig, weil seine Beziehung gerade erst beendet war. Er wollte Alice nicht zu einer Lückenbüßerin machen; dazu mochte und respektierte er sie zu sehr. Auch Alice machte sich über diesen Punkt Gedanken, denn sie wusste alles über Andrews erst kürzlich beendete Partnerschaft.

Alice und Andrew waren aufrichtig zueinander und sprachen offen über die Situation. Er glaubte, tiefe Gefühle für sie zu haben, weil er sie als etwas ganz, ganz Besonderes empfand, war aber nicht sicher, ob seine Gefühle nicht durch die erst kürzlich erfolgte Trennung beeinflusst waren.

Alice begriff den Ernst ihrer Lage, trotzdem verbrachten sie viel Zeit als Paar ohne ihre anderen Freunde miteinander, auch wenn sie nicht miteinander schliefen. Sie schafften es einfach nicht anders. In dieser Zeit verliebte sich Alice ernsthaft in Andrew. Etwa einen Monat später sagte sie ihm, dass es so nicht weiterging; sie müsse wissen, ob es für sie eine

Chance gebe, irgendwann zusammenzukommen. Und da sie sich nicht anders zu schützen wusste, erklärte sie Andrew, sie wolle ihn mindestens einen Monat lang nicht sehen.

Andrews Reaktion war vorbildlich. Er verhielt sich nicht wie ein unreifer Junge, der unbedingt dann etwas haben will, wenn man ihm sagt, dass er es nicht haben kann. Er respektierte ihre Bitte und zog sich zurück (was ihn in den Augen ihrer Freunde ausgesprochen sympathisch machte, weil er offensichtlich einfach das Richtige tat).

Andrews hehren Absichten zum Trotz durchlebte Alice ein wahres Gefühlschaos. Ihr war klar, dass sie ihn fortgeschickt hatte, damit er entschied, ob er wirklich an ihr interessiert war oder nicht. Er würde in einigen Wochen also möglicherweise mit weit geöffneten Armen auf sie zukommen, andererseits war es aber auch durchaus möglich, dass er überhaupt gar nicht auf sie zukommen würde. Für Alice ging es um alles oder nichts. Am schlimmsten aber war für sie, dass sie nichts tun konnte, um seine Entscheidung zu beeinflussen.

Obwohl sie natürlich doch etwas tat. Und dieses Etwas war ... nichts.

Nichts?

Ganz genau. Nichts.

Indem sie gar nichts tat, setzte sie ihn nämlich auch gar nicht unter Druck. Sie wirkte auf ihn weder klammernd noch verzweifelt, was kein Mann attraktiv findet. Nicht, dass sie dieses »nichts« eigens aus diesem Zweck wirklich *tat*, nein – sie verhielt sich ruhig, weil sie eine kluge, verlässliche, emotional intelligente Frau war, die sich nicht auf Spielchen einließ und ihre Würde zu wahren wusste.

Und genau aus diesem Grund konnte Andrew es nach einem Monat kaum erwarten, sie zu sehen.

Die Kunst, erfolgreich nichts zu tun

Nichts zu tun bedeutete in diesem Fall wirklich, gar nichts zu tun. Ich hoffe, Sie verstehen, was ich damit meine. Nichts zu tun war eine kluge Taktik. Andrew musste aktiv werden und sich überlegen, was er eigentlich wollte. Vielleicht keimten bei ihm auch gewisse Zweifel auf, weil sie die Möglichkeit in Betracht zog, dass er keine Beziehung mit ihr wollte. Sie war auf diese Eventualität vorbereitet, und eine solche Reife beeindruckt uns Männer, die wir so einfach gestrickte Wesen sind. Sie hatte ihre Ansichten deutlich gemacht und würde bei der Entscheidung keinen Druck auf ihn ausüben.

Der wesentliche Punkt der Angelegenheit ist folgender: Alice behielt so viel Kontrolle wie nur irgend möglich. Und sie blieb sich treu, schließlich hatte sie dafür gesorgt, dass Andrew wusste, was sie für ihn empfand. Dazu bedarf es einer gehörigen Portion Stärke und Klugheit – Züge, die wir Männer bewundern.

Ich habe ehrlich gesagt keine Ahnung, wie es Alice gelang, ihre Gefühle während dieses Monats zu zügeln und nicht Kontakt mit ihm aufzunehmen. Aber ich bewundere sie dafür zutiefst. Und vielleicht hätte Andrew sich auch für sie entschieden, wenn sie sich weniger überlegt verhalten hätte (ein Gedanke, der mir gefällt), aber das werden wir nie erfahren. Wir wissen lediglich, dass Alice eine kluge Frau ist, die die richtigen Dinge zum richtigen Zeitpunkt tat.

Und noch etwas: Die Geschichte vermittelt zeitweise den Eindruck, als wäre Alice eine kalte Schneekönigin, eine berechnende Frau ohne Gefühle. Aber ich kenne sie wirklich gut und weiß, dass das absolut nicht stimmt. Sie ist warmherzig, klug und voller Selbstachtung. Andrew behandelt sie freundlich und mit großem Respekt, die beiden sind jetzt sehr glücklich miteinander.

Und die Moral von der Geschichte?
Es gibt sie tatsächlich, diese herzensguten Männer (zumindest einen).
Manchmal muss man einfach nichts tun.

Geschichte B, Teil 1: das schlechte Ergebnis

Bob ist siebenundzwanzig und hat eine gute, ein Jahr jüngere Freundin namens Beatrice. Sie haben zusammen studiert und sind eng befreundet. An den Wochenenden gehen sie gemeinsam aus, reden miteinander über Gott und die Welt und verstehen sich ganz ausgezeichnet.

Bob und Beatrice haben nie jemals auch nur einen Kuss ausgetauscht, obwohl Bob ordentlich für Beatrice schwärmt. Er glaubt sogar, in die junge Frau verliebt zu sein. Für ihn ist jedes Treffen mit ihr eine Qual. Sie funktionieren zwar nach wie vor wie gute Freunde, er aber wünscht sich mehr. Sehr viel mehr.

Hat Beatrice ihm jemals ein Zeichen gegeben, dass sie ähnlich für ihn empfindet? Bob ist sich nicht sicher. Sie freut sich immer, ihn zu sehen, trifft sich gern mit ihm und scheint die Zeit mit ihm zu genießen. Bedeutet das etwas? Bob weiß es nicht.

Armer Bob.

Monatelang quält sich Bob mit der Frage, was er tun soll. Alle seine Freunde wissen, wie es ihm geht und glauben, dass Beatrice nicht interessiert ist. Beatrice' Freunde wissen es vermutlich auch und glauben vermutlich dasselbe. Aber niemand sagt dem armen Kerl klipp und klar, was er machen soll. Alle halten es für unwahrscheinlich, dass Beatrice sich auch in Bob verliebt, und jeder will ihm die Enttäuschung ersparen, aber andererseits ertragen seine Freunde es kaum noch, ihn so unglücklich zu sehen, zumal kein Ende des lieblosen Fegefeuers, durch das er wandelt, in Sicht ist. Auch für sie ist die Situation alles andere als einfach.

Bob hat währenddessen zwar Beziehungen mit anderen Frauen, ist aber immer nur halbherzig dabei und macht nach einiger Zeit Schluss, weil keine von ihnen Beatrice ist und sich somit in seinen Augen auch nicht mit ihr messen kann.

Was also sollte Bob tun?

Bob suhlte sich länger in seinem Unglück, als gut für ihn war, er wurde immer frustrierter und unglücklicher, bis er sich eines Tages schließlich, *endlich*, doch zu einem positiven Schritt entschloss. Er gestand Beatrice seine Gefühle. Meiner Ansicht nach war es das einzig Richtige. Für ihn war es nämlich wichtig, endlich zu erfahren, wie Beatrice zu ihm stand, um sich entweder in eine heiße Liebesbeziehung stürzen oder sich von seinen Gefühlen verabschieden zu können.

Und was geschah?

Beatrice war nicht interessiert, und Bob musste sich einem Neuanfang stellen.

Und schon wieder: Armer Bob!

Geschichte B, Teil 2: Das »schlechte« Ergebnis hat auch seine guten Seiten

Wie bitte? Was kann denn an dieser Geschichte noch »gut« sein? Immerhin leidet Bob an gebrochenem Herzen!

Gute Frage.

Aber die Antwort ist noch besser.

Jawohl, Bob leidet an gebrochenem Herzen. Aber gebrochene Herzen heilen mit der Zeit, und indem Bob Beatrice seine Gefühle offenlegte, setzte er den Heilungsprozess in Gang.

Zunächst einmal übernahm er endlich die Kontrolle über die Situation (da ist es wieder!), und zwar so weit, wie es ihm überhaupt möglich war. Gefühle kann man nun einmal nicht uneingeschränkt kontrollieren, aber Bob tat in der für ihn sehr schwierigen Situation genau das Richtige. Er konnte endlich beginnen, über Beatrice hinwegzukommen, weil er akzeptieren musste, dass es zwischen ihm und Beatrice nie eine Liebesbeziehung geben würde. Punkt. The End. Der Vorhang fällt. Sie würden nie zusammenkommen.

Natürlich war das für Bob sehr hart, aber es war auf jeden Fall besser, als ewig so weiterzumachen wie zuvor.

Und dreimal dürfen Sie raten, was ein paar Monate später passierte?

Richtig. Er lernte eine Frau kennen. Eine Frau, die sich als die Richtige herausstellte.

Und deswegen hat mein Beispiel trotz allem eine »gute« Seite.

Bob war mutig, kämpfte um das, was er wollte, stellte sich den Tatsachen, als er zurückgewiesen wurde und lebte sein Leben auf positive Art weiter.

Und die Moral von der Geschichte:
Wenn Sie jemanden sehr gernhaben, aber nicht wissen, ob er das Gleiche fühlt wie Sie, ist es viel besser, sich eine negative Antwort abzuholen und darüber hinwegzukommen, als besessen weiter zu warten.

Geschichte C: das ausgezeichnete Ergebnis

Calvin und Clementine lernten sich über die Arbeit kennen. Jahrelang waren sie gute Freunde. Clementine war seit langer, langer Zeit mit einem Mann liiert (das sind in diesem Fall neun Jahre – alles, was länger als ein Jahr dauert, wird in meinem Buch als lang bezeichnet), Calvin weniger lange in verschiedenen Beziehungen zu Hause. Während all dieser Jahre standen Calvin und Clementine sich nah.

Eines Tages trennte sich Clementine von ihrem Partner und stellte bald fest, dass ihre Gefühle für Calvin tiefer gingen, als sie gedacht hatte. Auch Calvin war gerade wieder einmal Single – der Moment war gekommen.

Irgendwann raffte Clementine ihren ganzen Mut zusammen und beschloss, Calvin zu sagen, wie es um ihre Gefühle stand (Applaus von meiner Seite!). Sie legte ihm ihr ganzes Herz zu Füßen – und bekam es gleich wieder zurück. Calvin erklärte ihr, er sei nicht interessiert und sie sei für ihn eine gute Freundin, mehr aber auch nicht.

Clementine hatte an dieser Antwort verständlicherweise schwer zu knacken und bat Calvin um eine Kontaktpause, weil es ihr zu schwerfiel, sich unter diesen Umständen weiter mit ihm zu treffen. Calvin war einverstanden. Er mochte Clementine sehr und wollte nicht der Grund dafür sein, dass sie noch mehr litt, als sie es ohnehin schon tat (er fühlte sich schuldig an ihrem Schmerz).

Nach etwa drei Wochen Funkstille passierte er mit dem Auto einen Park, in dem er einige Monate zuvor einen wunderbaren, sonnigen Nachmittag mit Clementine verbracht hatte. Die Erinnerung brachte ihn zum Lächeln.

Doch seine Laune änderte sich schlagartig, als sich vor das Bild des friedlichen, warmen Sommernachmittags plötzlich das von Clementine an ihrem letzten gemeinsamen Tag schob, der Moment, als sie ihn zur Tür brachte, nachdem er all ihre Hoffnungen auf eine Beziehung zerstört hatte. Er sah ihr Gesicht vor sich, sah, wie sie mühsam die Tränen zurückhielt und kaum in der Lage war, ihn anzusehen.

Die beiden Erinnerungen wirbelten für einen Moment durch Calvins Kopf, und als sie schließlich zur Ruhe kamen, war es, als hätten die Teilchen eines Puzzles sich wie von selbst zusammengefügt.

»Was habe ich bloß getan?«, dachte Calvin. »Was zum Teufel habe ich getan? Was, wenn es längst zu spät ist?« Fast hätte er sein Auto zu Schrott gefahren.

Es galt, keine Zeit zu verlieren. Viel zu viel war schon verstrichen.

Calvin rief Clementine an und fragte, wo sie sei.

»Zu Hause«, sagte sie.

Also normalerweise ein Weg von zehn Minuten.

Drei höchstgeschwindigkeitsüberschreitende Minuten später klingelte er bei ihr.

Clementine öffnete die Tür und ... okay, er hat mir nicht erzählt, was dann geschah, denn Calvin ist ein Gentleman. Aber man kann es sich denken, denn acht Monate später hielt Calvin um Clementines Hand an, und heute sind sie glücklich verheiratet.

Ich liebe diese Geschichte.

Und die Moral von der Geschichte:
Manchmal werden Märchen eben doch wahr.
Es kann sich lohnen, ein Risiko einzugehen.

Geschichte D: das ganz schlechte Ergebnis

Derek und Doris lernten sich auf der Arbeit kennen. Doris hatte einen Freund und war eine sehr ernste Frau. Derek war zwei Jahre jünger als Doris und ein Spaßvogel. Sie mochten sich und kamen gut miteinander aus.

Eines Tages trennte sich Doris von ihrem Freund, und Derek widmete ihr mehr Aufmerksamkeit. Eine andere Art von Aufmerksamkeit als bisher – eine, die seine Absichten deutlich machte.

Nachdem Doris einen Gewissenskonflikt erfolgreich bewältigt hatte, gingen sie mehrfach miteinander aus. Doris wusste zwar, dass ihre Beziehung noch nicht allzu lange zurücklag, aber Derek war ein netter Kerl. Immerhin pflegten sie seit Jahren eine enge Freundschaft, also konnte sie ihm trauen, oder?

Nein.

Etwa drei Wochen später, nachdem Doris und Derek ein

paar Nächte miteinander verbracht hatten, beschloss Derek, dass er doch kein Interesse an Doris hatte. Doris war wütend, verletzt und enttäuscht. Warum hatte Derek sich so verhalten?

Unglücklicherweise gehörte Derek zu den Männern, die entweder noch nicht ganz trocken hinter den Ohren sind oder das Interesse verlieren, sobald sie eine Frau erobert haben. Vielleicht hat er es bewusst getan (mit anderen Worten: Er verfolgt eine Frau so lange, bis sie seinen Avancen nachgibt, um sich dann rasch der nächsten Frau zuzuwenden), oder er ist einfach so, ohne zu wissen, warum. Ich nehme an, er gehört zur zweiten Kategorie, denn mir erschien er durchaus nicht hinterhältig, sondern eher ein wenig windig. Vielleicht war er auch einfach nur zu jung und voller Bindungsangst, um das Geschehen zu begreifen.

Ich fürchte, viele Männer sind so. Doris hatte einfach Pech, in diese Falle zu tappen.

Wie man die Falle vermeidet

Hundertprozentig sicher kann man natürlich nie sein, aber es gibt ein paar Indikatoren, auf die Sie achten sollten, wenn Sie überlegen, ob aus einer Freundschaft zu einem Mann mehr werden soll. Es handelt sich bei den folgenden Zeichen wie so oft nicht um Beweise, sondern lediglich um nützliche Indikatoren.

Es sind deren drei: Alter, Vorgeschichte und Instinkt.

Alter: Ist er jung? Ist er Anfang oder Mitte zwanzig oder zumindest ein paar Jahre jünger als Sie? Wenn die Antwort auf eine dieser Fragen »Ja« lautet, gehört er zur Altersgruppe der unzuverlässigen Typen. Behalten Sie ihn lieber als Freund, und machen Sie ihn nicht zu Ihrem Liebhaber.

Vorgeschichte: Hatte er noch nie eine längere Beziehung? Hat er erst vor Kurzem eine solche beendet? Oder war er in seinem Erwachsenenleben niemals für längere Zeit solo? Wenn die Antwort auf eine dieser Fragen »Ja« lautet, rate ich Ihnen von einer Beziehung mit ihm ab.

Instinkt: Dieser Punkt ist ein bisschen verzwickt, wie schon Doris feststellen musste. Was sagt Ihnen Ihr Instinkt über ihn? Ist er ein netter Kerl? Meint er, was er sagt? Haben Sie das Gefühl, ihm trauen zu können? Wenn die Antwort auf eine dieser Fragen »Ja« lautet, ist er möglicherweise *nicht* einer dieser Männer, vor denen Sie sich hüten sollten. Allerdings nur möglicherweise.

Was wäre geschehen, wenn Doris sich diese drei Fragen zu Derek gestellt hätte, ehe sie sich auf ihn einließ? Sie hätte in allen drei Fällen das Kästchen mit »Ja« angekreuzt. Er war gefühlt zum ersten Mal seit seinem achtzehnten Geburtstag Single und mit seinen vierundzwanzig Lenzen zwei Jahre jünger als sie. Beides sind schlechte Voraussetzungen. Allerdings mochte und vertraute sie ihm. Trotzdem: Mit zwei eindeutigen Warnzeichen hätte sie ihre Freundschaft besser als solche behalten.

Die genannten Argumente sind allerdings Grund zu der Annahme, dass Derek Doris nicht mit Absicht schlecht behandelt hat. Er ist eher ein Hampelmann denn ein Fiesling; er will die Frauen eigentlich nicht mies behandeln, tut es unabsichtlich dann aber doch. Er glaubte zu wissen, was er wollte – nämlich Doris –, aber irgendetwas in ihm zwang ihn fortzulaufen, als sich eine feste Bindung andeutete.

Ein junger Mann dieses Alters, ohne hinreichende Erfahrung im Bereich Singledasein, hört mit ziemlicher Sicherheit eine innere Stimme sagen: »Du findest bestimmt noch eine Bessere.« Derek wusste, dass Doris eine wunderbare Frau war, doch dann meldete sich dieser nagende Gedanke in seinem Unterbewusstsein, den er zwar nicht einordnen konnte, der aber so hartnäckig war, dass er sich lieber zurückzog. Und dieser Gedanke war nicht mehr als die Fantasie, dass irgendwo auf dieser Welt ein Supermodel auf ihn wartete.

Wie Männer erwachsen werden (oh ja, das geht!)

Wenn Männer älter werden, lernen sie die Realität von ihren Träumen zu unterscheiden. Wäre Derek zwei Jahre älter gewesen als Doris und hätte also vier Jahre mehr Erfahrung gehabt, wäre ihm vielleicht klar geworden, dass man Frauen wie sie nicht einfach so auf der Straße findet. Vielleicht hätte er dann nicht gezögert, sie zu seiner festen Freundin zu machen, ehe ein anderer auf die Idee käme.

Aber er war zu jung und zu wenig weise, um den Wert dessen einschätzen zu können, was vor ihm lag.

Selbst wenn Doris *tatsächlich* ein Supermodel gewesen wäre, hätte das nicht viel geändert, denn Derek hatte in dieser Phase seines Lebens einfach noch nicht genug Frauen kennengelernt, um Doris als wirklich tolle Frau einschätzen zu können.

So etwas geschieht immer wieder. Mir ist es auch passiert. Nicht, dass es da etwas zu bereuen gäbe, aber auch ich habe mich mit Frauen eingelassen und habe beim ersten Anzeichen auf Ernsthaftigkeit das Weite gesucht. Diese Erfahrung macht jeder Mann irgendwann einmal. Wir können nichts dafür und sind deshalb keine schlechten Menschen, es ist lediglich ein Zeichen, dass wir noch nicht wirklich erwachsen sind.

Für Frauen, die durch dieses Verhalten verletzt worden sind, ist mein Erklärungsversuch sicher weit entfernt von tröstlich. Aber so funktionieren wir Männer nun einmal. Manchmal werden Männer von ihren eigenen Gedanken veräppelt, ohne etwas dagegen tun zu können.

Eines aber sollten Sie sich unbedingt merken: *Wenn Ihnen*

so etwas passiert, ist es nicht Ihre Schuld. Sie sind völlig in Ord-nung. Es ist sogar so, dass Sie ein solches Verhalten als Kom-pliment verbuchen dürfen, weil er Ihnen genau genommen nämlich zu verstehen gibt, dass Sie die Art von Frau sind, mit der er eigentlich gerne lange zusammengeblieben wäre – nur, dass er Sie *gerade jetzt* nicht treffen möchte.

(Wenn Ihnen das allerdings immer und immer wieder pas-siert, ist es *doch* Ihre Schuld, Sie müssten dann anfangen, mit einem anderen Typ Mann auszugehen. Wie Sie das anstellen, darüber reden wir in einem anderen Kapitel.)

Doris zum Zweiten

Doris ließ sich nicht hinreißen, Derek zu hassen. Sie verstand ihn. Doch das änderte nichts an den Folgen, mit denen sie zu kämpfen hatte. Sie fühlte sich enttäuscht und gekränkt, und das ausgerechnet in einer Lebensphase, wo sie ohnehin sehr, sehr verletzlich war. Und so verging eine lange Zeit, ehe sie sich wieder auf jemanden einließ. Eine sehr lange Zeit. Was wirklich schade ist, weil Doris eine wirklich faszinierende Frau ist.

Eigentlich hätte sie Dereks Verhalten nicht derart verletzen dürfen. Vielleicht hat sie ihn wirklich verstanden, aber was es ihr so schwer gemacht hat, über ihn hinwegzukommen, war die Tatsache, dass es nichts wirklich *Persönliches* war. Derek hätte in dieser Lebensphase jede Frau, die er kennenlernte, so behandelt. Aber Doris nahm die Zurückweisung persönlich, was sie nicht hätte tun sollen, weil sie das nicht war.

Bei einem Verhalten wie dem von Derek geht es immer mehr um den Mann und seinen jeweiligen Gemütszustand als um die Frau. Jedenfalls in 99 Prozent aller Fälle. Vergessen Sie das nicht. Es geht nicht um Sie. Nur um ihn.

Die andere Art Typ Mann

Derek ist nicht absichtlich ausgezogen, um Doris um den Finger zu wickeln und dann weiterzuziehen, nachdem er seinen Spaß hatte. Aber es gibt Männer, die sich grundsätzlich so verhalten. Leider ist es ausgesprochen schwierig, sie herauszufiltern oder ihnen das Handwerk zu legen, vor allem, wenn Gefühle im Spiel sind, die Sie verletzlich machen.

Wenn Sie also an der Einstellung eines Mannes zweifeln, halten Sie nach den oben beschriebenen Alarmzeichen Ausschau, zum Beispiel was seine Vorgeschichte in Liebesdingen betrifft. Männer sind wie Leoparden – sie wechseln ihr Revier nur selten. Und außerdem sollten Sie hellhörig werden, wenn jemand zu glatt und zu selbstsicher daherkommt (dann sollten wirklich sämtliche Alarmglocken läuten).

Eine Sache allerdings trifft immer zu, ganz gleich, ob der Kerl ein Hampelmann ist wie Derek oder ein Mistkerl wie so viele andere: *Es ist nichts Persönliches.* Machen Sie sich also keine Vorwürfe. Verschwinden Sie aus seinem Dunstkreis, und schreiten Sie fort. Lernen Sie aus Ihren Fehlern. Und was immer Sie auch tun, lassen Sie nicht zu, dass das Verhalten eines einzigen Idioten Sie davon abhält, jemanden kennenzulernen, der kein Hampelmann oder Mistkerl ist. Es gibt sie noch, die netten Kerle.

Wie schon gesagt – etwas Ähnliches ist schon vielen Frauen passiert und wird, so leid es mir tut, auch weiterhin geschehen. Aber jetzt wissen Sie ja, wie Sie sich schützen können.

Und die Moral von der Geschichte:
Männer können ziemliche Idioten sein. Vor allem junge Männer. Seien Sie also klug.

Und noch etwas – etwas, mit dem Sie sich in jeder Lebenslage besser fühlen

Die folgende Geschichte habe ich Doris erzählt, um sie aufzumuntern. Ob es gewirkt hat? Nicht wirklich. Aber zumindest wusste sie danach, dass es jemanden gibt, der es noch schlechter getroffen hat als sie.

Also:

Jeder hat im Zusammenhang mit seinen Dates eine Lieblings-Katastrophengeschichte. Ich habe im Verlauf der Zeit schon viele davon gehört, aber keine kommt auch nur ansatzweise an das im Folgenden beschriebene Desaster heran. Außerdem zeigt sie, dass sich Frauen fast so schlecht benehmen können wie Männer. Oder sogar noch schlechter. Wenn Sie weiterlesen, wissen Sie auch, warum.

Mein Freund Ben lernte Beth über gemeinsame Freunde kennen, und es funkte sofort zwischen ihnen. Sie trafen sich ein paarmal und verbrachten eine fantastische Zeit miteinander. Einige Wochen später blieben sie regelmäßig auch nachts zusammen, und es schien, als bahnte sich eine ernsthafte Beziehung an.

Eines Tages nahm Ben Beth zur Party eines Freundes mit. Ben kannte nicht gerade viele Leute dort, aber die Gesellschaft war nett, Ben wollte seinen Freund wieder einmal treffen und dabei einen angenehmen Abend mit seiner Freundin verbringen – Beth hatte sich inzwischen als seine feste Freundin etabliert.

Die Party fing gut an. Sie nahmen ein paar Drinks und lernten nette Leute kennen. Beth sprach dem Alkohol vielleicht ein bisschen zu sehr zu, doch Ben machte sich darüber keine Gedanken. Es ist immer nur eine Frage der Zeit, ehe man sich das erste Mal vor seiner neuen Liebe blamiert. Ben musste lächeln, weil Beth offenbar in dieser Hinsicht vor ihm auf der Zielgeraden war.

Gegen 23 Uhr ging Ben neue Getränke besorgen und ließ

Beth in Gesellschaft einiger ihrer neuen Bekannten zurück. Als er Minuten später zurückkam, ertappte er sie dabei, wie sie einen der Kerle abknutschte. Ben reagierte ruhig und schob die Aktion auf den Alkohol. Er tippte ihr auf die Schulter und reichte ihr das Glas. Beth dankte ihm höflich, trank und fuhr dann fort, den anderen Mann zu küssen. Ben war so schockiert, dass ihm nichts anderes einfiel, als einfach nur dazustehen und zuzuschauen. Wenige Minuten später gingen sie zusammen nach Hause.

Nein, nicht Beth und Ben, sondern Beth und der andere.

Ich möchte mir gar nicht vorstellen, wie Ben sich gefühlt haben muss. Beth verbrachte die Nacht mit einem anderen Mann, und Ben ging allein und gedemütigt nach Hause. Aber das war noch nicht alles. Während der folgenden Wochen rief Beth ununterbrochen bei Ben an, bat ihn um Verzeihung, erklärte, sie schäme sich ihres Verhaltens und es würde auch bestimmt nie wieder vorkommen. Ben kanzelte sie ab und sagte völlig zu Recht, sie solle bleiben, wo der Pfeffer wächst. Ganz ehrlich – wie konnte sie überhaupt davon ausgehen, nach einem derartigen Ausrutscher noch eine zweite Chance zu bekommen?

Das einzig Gute an dieser unschönen Story – und damit das einzig Positive, das ich persönlich darin sehen kann – ist der Umstand, dass es nicht mich getroffen hat. Also: Wenn das nächste Mal eines Ihrer Dates unerfreulich endet, denken Sie an Ben, und seien Sie dankbar, nicht in seinen Schuhen zu stecken. Sollte Ihnen das nicht helfen, dann weiß ich auch nicht.

Zu guter Letzt

Ich hätte ein ganzes Buch mit Geschichten über missglückte Techtelmechtel zwischen ehemaligen Freunden füllen können. Außerdem hätte ich locker zig Bücher mit Geschichten über missglückte Techtelmechtel zwischen Fremden füllen können. Das Prinzip ist in beiden Ausgangssituationen allerdings das gleiche: Zwei Menschen fangen etwas miteinander an, und es klappt nicht. Ganz einfach.

Welchen Nutzen hatten Freundinnen während meines Singledaseins für mich?

Um ganz gemein ehrlich zu sein: Bis ich Charlotte auf der Hochzeit eines Freundes kennenlernte, fast keinen. Im Gegenteil. Sie machten alles noch viel schlimmer.

Natürlich gab es Zeiten, in denen ich es einfach nur cool fand, Single zu sein. Mir gefielen die Unabhängigkeit und das aufregende Gefühl, nicht zu wissen, was als Nächstes geschehen würde und ob und wann ich jemanden kennenlernen würde.

Aber es gab durchaus auch Zeiten, wo es nicht so viel Spaß machte. Ich erinnere mich da an eine ganz besonders schwierige Woche. Sie begann mit dem Anruf einer Freundin, Anne, ebenfalls Single.

Wir schwatzten ein wenig von alten Zeiten, als sie plötzlich sagte: »Humfrey, willst du mein Back-up sein? Ich habe mir gerade eine Episode von *Friends* angeschaut, in der alle vereinbaren, einander zu heiraten, wenn sie in zehn Jahren noch Singles sind. Und mir ist aufgefallen, dass ich keine entsprechende Option in der Hinterhand habe, und dann bin ich auf dich gekommen.«

Merkwürdigerweise ging sie davon aus, dass ihr Vorschlag mir schmeicheln könnte.

Aber da hatte sie sich geschnitten.

Mein Stolz war verletzt, und zwar aus zwei Gründen. Erstens taugte ich in ihren Augen offensichtlich nur als Backup, und zweitens schien Anne davon auszugehen, dass ich in zehn Jahren immer noch Single sein könnte. Wirklich nett, wenn Freunde einem so grundlegend vertrauen! Und so zog ich ihr den Zahn – ich bin nicht bereit, jemandes Back-up zu sein.

Zwei Tage später war ich auf die Geburtstagsparty eines Freundes eingeladen. Es war ein wirklich angenehmer Abend, niemand schlug über die Stränge. Plötzlich kam eine Frau auf mich zu und sagte: »Ich habe gerade erfahren, dass Sie der letzte Single hier in dieser Gruppe sind. Ich dachte, ich komme mal rüber und rede mit dir. Ich bin nämlich auch Single.«

Sie war eine attraktive, junge Frau – hochgewachsen und blond – und hätte eine sehr angenehme neue Bekanntschaft werden können. Ich habe nämlich Hochachtung vor Frauen, die von sich aus auf Männer zugehen. Aber dieses Mal war es anders.

Sie hatte mich nur angesprochen, weil ich Single war! Ich fühlte mich einfach nicht in der Stimmung, nur über diese Dinge zu reden – warum hat sie es nicht auf unverfänglichere Weise versucht? Vielleicht hätte mir an einem anderen Tag ihre Anmache sogar gefallen, aber in diesem Fall war das Timing einfach nicht gelungen.

Wie man die zukünftige Mrs H. bestimmt NICHT kennenlernt

Erinnern Sie sich an B, den schrecklichsten Mann der Welt? Nun, nachdem meine Laune nach den beiden eben beschriebenen Ereignissen auf den Nullpunkt gesunken war, fasste ich den Entschluss, einen Abend mit ihm auf die Rolle zu gehen. Zwar erwartete ich nicht, irgendwelche Frauen kennenzulernen (ich befand mich in einer Phase, in der ich in Sachen Flirt nicht besonders optimistisch war), aber ich war sicher, dass es wenigstens lustig werden würde.

Nach einigen Drinks begann B eine Unterhaltung mit zwei Frauen, die ich hier Frau Eins und Frau Zwei nennen will. B interessierte sich offensichtlich für Frau Eins und schien von mir zu erwarten, dass ich mich um Frau Zwei kümmerte, während er die andere umgarnte. Obwohl Small Talk mit einer Frau nicht gerade das war, was ich mir für diesen Abend vorstellte, fügte ich mich meinem Schicksal. Schließlich hätte er das Gleiche auch für mich getan.

Und dann entdeckte ich etwas Tolles: Ich brauchte Frau Zwei gar nicht anzubaggern. Sie trug einen Verlobungsring, und so konnten wir uns einfach nur nett unterhalten, ohne dem Druck des gegenseitigen Taxierens ausgeliefert zu sein, ob man für ein Date/Schäferstündchen/Ehe/Was-auch-immer infrage kam.

B und Frau Eins amüsierten sich prächtig, während Frau Zwei und ich schier endlos plauderten. Ich fragte sie nach ihrem Verlobten, und sie erzählte mir, wie sie sich kennengelernt hatten und so weiter.

Ich überspringe die Zeit bis zu dem Augenblick, als unsere Unterhaltung wirklich interessant wurde. Und zwar nach folgendem Satz von Frau Zwei: »Unser Hauptproblem besteht darin, dass er wochenlang auf Dienstreise ist.«

»Muss ganz schön schwierig sein«, bemerkte ich.

»Das ist es. Natürlich telefonieren wir regelmäßig. Aber das, was mir wirklich fehlt, bekomme ich nicht am Telefon.«

Und jetzt wird es wirklich spannend …

Sie blickte mir tief in die Augen und sagte: »Aber du könntest es mir geben. Wärst du eventuell an einer lockeren Gelegenheitsbeziehung interessiert? Nur Sex, sonst nichts.«

Wenn Sie dieses Buch aufmerksam gelesen haben, wissen Sie, dass ich eine eiserne Regel befolge, was liierte Frauen betrifft: Tu es nicht! Niemals!

Wenn Sie nicht mehr wissen, warum, führen Sie sich noch einmal zwei ganz bestimmte Geschichten in dem Kapitel zu Gemüte, in dem ich auch über Den Fatalen Fehler geschrieben habe. Mein Entschluss, so etwas nie wieder geschehen zu lassen, stand felsenfest; für die Frau bestand nicht die geringste Aussicht auf ein Abenteuer mit mir. Als ich es ihr sagte, schien sie schockiert zu sein. Offenbar war ihr Vorschlag noch nie abgelehnt worden.

Es überrascht sicher nicht, dass das Gespräch in der Folge nicht mehr so flüssig lief wie zuvor. Glücklicherweise beschlossen B und Frau Eins, zusammen noch in einen Club zu gehen, was Frau Zwei und mir die Chance bot, getrennt nach Hause zu verschwinden, ohne ihm Probleme zu bereiten. Aber sie gab nicht auf.

Am folgenden Tag besuchte mich Frau Zwei auf Facebook und gab mir zu verstehen, dass ihr Angebot noch bestünde, falls ich meine Meinung inzwischen geändert hätte. Ich nahm es nicht an.

Was wäre, wenn …?

Sie verstehen sicher, warum ich mich nicht auf Frau Zwei einließ – ich wollte keinesfalls schon wieder in eine verfahrene Situation geraten. Inzwischen wusste ich, dass ich keine Frau haben wollte, die ein Päckchen mit sich herumschleppte. Und ein Verlobter ist ein verdammt großes Paket.

Rückblickend allerdings frage ich mich, was passiert wäre, wenn ich Frau Zwei ein paar Monate früher kennengelernt hätte, als mir kurze Abenteuer noch genügten. Hätte ich ihr damals ebenfalls einen Korb gegeben? Einer tollen Frau, die mir unverfänglichen, lockeren Gelegenheitssex anbot?

Möglicherweise nicht. Nein, ich sollte besser sagen: Mit ziemlicher Sicherheit nicht. Und was wäre dann geschehen? Wäre es mit Frau Zwei und mir immer so weitergegangen? Oder hätte ihr Verlobter mich vielleicht ausfindig gemacht und mir mit einer rostigen Zange alle Fingernägel einzeln herausgerissen? Keine Ahnung. Aber wie auch das Ende ausgesehen hätte – ich bin sicher, es wäre nicht ohne Komplikationen abgelaufen.

Ich bin froh, dass ich abgelehnt habe.

Schlussfolgerung

Bedingt durch die Eigenart des Dating-Prozesses (man küsst eine ganze Reihe von Fröschen, ehe man den Prinzen oder die Prinzessin findet) gibt es erheblich mehr Geschichten von missglückten Techtelmechteln als von ewiger Liebe. Und das gilt sowohl für die Romanze zwischen zwei Leuten, die sich seit dem Sandkasten kennen, als auch für das Paar, das sich nach ein paar Wodka und Red Bull zu viel um ein Uhr morgens lüstern auf einer verschwitzten Tanzfläche aneinanderreibt.

Im Allgemeinen spielt der Hintergrund keine Rolle, und auch das Spektrum der möglichen Resultate ist begrenzt: Entweder es klappt, oder es klappt nicht.

Aus diesem Grund würde ich niemandem von einem Date mit einem Freund abraten. Allerdings sollten Sie es nur tun, wenn Sie glauben, dass etwas Ernstes daraus werden könnte. Sich auf ein sexuelles Abenteuer mit einem Freund einzulassen, obwohl Sie genau wissen, dass nie mehr daraus werden wird, halte ich für keine gute Idee, weil sich einer der beiden Beteiligten mit Sicherheit irgendwann verliebt. Man lässt sich auf die Sache ein, weil man sich gerade einsam fühlt oder langweilt oder weil es leicht ist, auf diese Weise zu unkompliziertem Sex zu kommen (das ist häufig ein Beweggrund des Mannes, es sei denn, er ist schon lange heimlich in die Frau verliebt). Wenn Sie den Verdacht hegen, in diese Konstellation geraten zu sein, suchen Sie so schnell wie möglich das Weite. Je länger es dauert, desto selbstverständlicher wird er Sie weiter so behandeln und desto schmerzhafter ist das Ende für Sie. Und ein Ende wird die Sache irgendwann haben, dessen können Sie sich sicher sein. Sollten Sie diejenige sein, die darin nur die Möglichkeit für schnellen Sex sieht, hören Sie auf, Ihren Freund auszunutzen. Es ist einfach nicht fair.

Wenn sich ein Date mit einem Freund allerdings zu etwas

Ernsthaftem entwickelt, kann daraus eine wunderbare Beziehung werden. Und für diesen Preis sollten Sie das Risiko eingehen.

Zusammenfassend fällt auf, dass zwei der vier von mir beschriebenen möglichen Szenarien nicht ausschließlich negativ ausgingen. Was heißt das für uns? Es heißt, dass ich in der Einleitung zu diesem Kapitel absolut recht hatte: Manchmal funktioniert es, Freundschaft in mehr zu verwandeln, manchmal aber auch nicht.

Wenn Sie allerdings meine eigene Story von Dem Fatalen Fehler aus Kapitel zwei hinzuziehen, verschiebt sich das Ganze eher in die Richtung, dass es nicht funktioniert. Das aber trifft, wie ich bereits sagte, auf fast alle Dating-Arten zu.

Schlusswort

Zu der Zeit, als ich meine Kolumne schrieb, wurde ich manchmal von Lesern bezüglich konkreter Ratschläge für ihre Dates angemailt. Irgendwann beschloss ich, mich einmal eine Woche lang als Dating-Berater zur Verfügung zu stellen, um zu sehen, ob sich interessantes Material böte. Ich erhielt Dutzende Zuschriften mit allen möglichen Fragen (ein armer Kerl bat sogar um juristische Hilfestellung, wie er seine ihm entfremdete Frau und sein Kind daran hindern könne, ohne ihn auf die andere Seite der Weltkugel zu ziehen). Doch die mit Abstand häufigste Frage – etwa 80 Prozent der gesamten Ausbeute – lautete folgendermaßen: »Lieber Humfrey, es gibt da jemanden, den ich sehr nett finde, allerdings weiß ich nicht, ob es auf Gegenseitigkeit beruht. Was soll ich tun?«

Wenn man alle Beispiele zusammenzählt, die ich in diesem Kapitel aufgezählt und bei allen möglichen Gelegenheiten erlebt habe, komme ich zu dem Schluss, dass man der betreffenden Person sagen sollte, was man empfindet (es sei denn, sie ist verheiratet, hat einen Haufen Kinder oder sogar beides).

Mein Argument lautet: Haben Sie keine Angst vor dem Risiko. Natürlich kann es in die Hose gehen. Vielleicht bricht es Ihnen das Herz, wenn ein Mann, den Sie seit Jahren aus der Ferne anhimmeln, Ihnen einen Korb gibt. Aber ist das nicht allemal besser, als in dauernder Unsicherheit zu leben? Ist es nicht vernünftiger, alles zu versuchen und Schiffbruch zu erleiden, als gar nichts zu tun?

Oh ja, das ist es!

Seien Sie mutig, und kämpfen Sie um das, was Ihnen am Herzen liegt. Wenn es funktioniert und Sie und Ihr Freund sich auf eine lange, glückliche Beziehung freuen dürfen, ist das doch die schönste Belohnung und das Risiko allemal wert.

Sollte es nicht klappen, haben Sie es wenigstens versucht. Lassen Sie sich nicht in die Schublade mit der Art von Menschen einordnen, die sich aus Angst vor Misserfolg nichts trauen. Das ist nämlich kein Leben. Nicht im Bereich der Liebe und auch nicht anderswo.

Warnung (Schlusswort Teil zwei)

Was ich eben gesagt habe, bedeutet nicht, dass man durch die Weltgeschichte laufen und jedem Mann, der auch nur im Ansatz infrage kommt, seine unsterbliche Liebe gestehen sollte. Sie erinnern sich vielleicht, dass nichts zu tun auch eine gute Taktik ist. Entscheiden Sie mit Hilfe Ihrer Vernunft, was angemessen ist.

Rat eines Singles

1. Wählen Sie die Freunde, mit denen Sie sich auf ein sexuelles Techtelmechtel einlassen, sehr sorgfältig aus.
2. Behandeln Sie Ihre Freunde nicht schlecht.
3. Seien Sie immer ehrlich.
4. Seien Sie mutig, und nehmen Sie Risiken in Kauf – der potenzielle Lohn ist beeindruckend.
5. Wenn es nicht funktioniert, setzen Sie alles daran, die Freundschaft zu retten.

Warum einer Fantasie nachjagen?
Mr. Right ist der Falsche

- Warum Traummänner nie die Erwartungen erfüllen
- Warum Männer sich immer anders darstellen, als sie wirklich sind
- Warum ein richtiger Mann nicht vorgibt, jemand zu sein, der er nicht ist
- Woran man eine Fälschung erkennt

Die Lektüre des nächsten Absatzes vermittelt vielleicht den – falschen – Eindruck, ich wüsste nicht, dass es in diesem Buch um das Thema Dating geht. Ich kann Sie nur bitten, Geduld mit mir zu haben, denn es ist durchaus nicht so, dass ich den Verstand verloren habe. Dahinter steckt eine bestimmte Absicht. Die irgendwann auch hervortritt.

Als ich vor vier Jahren mein Unternehmen gründete, bot sich mir eine außergewöhnliche Gelegenheit. Ein Geschäftsführer brauchte meine Hilfe und bot mir im Gegenzug eine Teilhaberschaft an. Wenn er mit seinen Prognosen richtiglag, würde mich die Teilhaberschaft innerhalb von nur zwölf Monaten zum mehrfachen Millionär machen. Weil ich zu diesem Zeitpunkt händeringend Aufträge brauchte, die mich auch längerfristig ernähren konnten, ergriff ich die Gelegenheit beim Schopf.

Um eine lange und schmerzhafte Geschichte kurz zu machen: Ich verdiente absolut nichts. Nicht einen müden Penny. Genau genommen verlor ich sogar Geld. Die sogenannte Firma ging nämlich sang- und klanglos bankrott.

Als ich zum ersten Mal von der angeblich so einmaligen

Gelegenheit hörte, hatte ich zum einen keinerlei Erfahrung in der Businesswelt (etwas wie diese Firma hatte ich noch nie zuvor gesehen) und war andererseits fast schon verzweifelt auf der Suche nach einer solchen Tür, die sich öffnete. Logisch, dass ich viel zu schnell zugriff und mich verpflichtete, ohne die Situation zu analysieren und ohne die entsprechenden Warnsignale zur Kenntnis zu nehmen.

So, und jetzt übertragen wir das Ganze vom Berufsleben auf das Liebesleben. Können Sie mir noch folgen? Ich spreche hier über menschliches Verhalten und speziell von unserer Reaktion in Momenten, in denen wir ganz besonders verletzlich sind.

Es gibt nämlich durchaus eine Verbindung zu Mr. Right: So, wie die angebliche »Gelegenheit« mir schmackhaft gemacht wurde, präsentieren sich manche Männer und Frauen bei Dates so, wie sie eigentlich gar nicht sind. Die Person, der sie sich präsentieren, kauft Ihnen die Illusion ab, weil die neue Liebe geradezu perfekt auf ihre aktuellen Bedürfnisse zugeschnitten scheint.

So etwas geschieht immer wieder. Ich habe aus dem Bankrott der Firma etwas gelernt, das durchaus auch auf das Liebesleben übertragen werden kann: Wenn etwas (oder jemand) zu schön ist, um wahr zu sein, dann ist es (er/sie) meistens auch nicht wahr!

Allerdings – und das sollten Sie im Hinterkopf behalten – stellen sich die meisten Leute, Männer wie Frauen, nicht absichtlich falsch dar. Es geht also zumeist nicht um absichtliche Täuschung, es gibt auf dieser Welt viel mehr ehrliche, aber missverstandene Menschen als Hochstapler.

Das entsprechende Beispiel gebe ich gleich, zunächst aber muss ich etwas beichten. Es tut mir wirklich leid, das sagen zu müssen, aber ich irre mich manchmal. All den zahlreichen persönlichen und von Freunden übermittelten Erfahrungen zum Trotz habe ich manchmal tatsächlich unrecht.

Ich weiß, was Sie jetzt denken: Wenn nicht einmal der Autor eines Buches, das die Geheimnisse männlichen Verhaltens lüften soll, seine Geschlechtsgenossen immer versteht, welche Hoffnung bleibt dann? Keine? Nun, das nicht gerade. Ein *bisschen* bleibt schon noch. Eigentlich sogar recht viel.

Sie müssen allerdings akzeptieren, dass überall da, wo Menschen und ihre Gefühle beteiligt sind, eine hundertprozentige Sicherheit nicht gewährleistet werden kann. Ich kann nicht mehr tun, als Geschichten zu erzählen, Ihnen meine Meinung dazu zu sagen und zu hoffen, dass Sie daraus lernen. Der Rest ist eine Art Glücksspiel, für das ich Sie so fit wie möglich machen will.

Also, wie war das mit meinem Irrtum? Und warum ist diese Geschichte wichtig?

Als ich mich (einmal?) irrte – okay, vermutlich ist es schon mehrmals passiert

Meine Freundin Chloe wurde von einer Freundin zu einem Blind Date mit einem Mann geschickt, der sich erst kurz zuvor aus einer langen Beziehung gelöst hatte. Chloe beschloss, alle diesbezüglichen Warnsignale zu ignorieren, und zwar aus mehreren Gründen: Erstens hatte sie schon seit vielen Monaten kein Date mehr gehabt, und zweitens behauptete ihre Freundin, der Mann sei sehr nett und längst über seine Ex hinweg. Chloe vertraute ihrer Freundin, und als sie mich in meiner Eigenschaft als Mann um meine Meinung bat, riet auch ich ihr, hinzugehen (ich wusste, dass sie schon lange nicht mehr ausgegangen war und dachte, dass ein Abend mit einem Mann – mit irgendeinem Mann – ihr guttun würde).

Und so ging Chloe zu ihrem Date. Ich gab ihr nur noch einen Rat, nämlich den, vorsichtig zu sein und sich nicht gleich Hals über Kopf zu verlieben – in der Vergangenheit war sie stets leicht entflammt. »Nimm dir erst einmal Zeit herauszufinden, was für eine Art Mensch er ist, und gib ihm auch Zeit, dich kennenzulernen, und zwar nicht nur sexuell«, lautete die Quintessenz meiner Weisheit. Und auf ihre Weise war sie tatsächlich vorsichtig, denn sie schlief erst nach dem vierten Date mit ihm.

Erst beim vierten Date mit jemandem zu schlafen ist nicht unklug – weder im Allgemeinen noch in diesem Beispiel. Eher im Gegenteil. In Chloes Fall war der Mann aufmerksam, freundlich, umsichtig und schien sie zu mögen.

Und doch machte Chloe einen Fehler.

Der Mann, mit dem Chloe ausging, wollte schon beim zweiten Date mit ihr schlafen. Das muss nicht unbedingt ein schlechtes Zeichen sein, könnte es doch bedeuten, dass er sich nur für den Sex interessiert, aber auch – und das schien hier wahrscheinlicher –, dass er sich in sie verliebt hatte und einfach nicht mehr warten konnte (schließlich ist er ein Mann). Chloe lehnte ab mit den Worten: »Noch nicht. Du musst dich noch bis zum vierten Date gedulden.« Dieser zweite Satz war ihr Fehler und wurde ihr zum Verhängnis. Sie hätte einfach nur »Noch nicht« sagen sollen; indem sie aber einen Zeitpunkt für den ersten Sex festlegte, gab sie das Spiel aus der Hand. Von diesem Zeitpunkt an wusste er, dass er sie nur noch zweimal ausführen musste, um mit ihr zu schlafen. Ob bewusst oder unbewusst (vielleicht reagierte er auch unterbewusst): Der Nervenkitzel und die Spannung der Jagd verblassten sofort, obwohl der Sex doch noch gar nicht stattgefunden hatte.

Aber das war Chloe damals nicht bewusst.

Nach jedem der drei Dates berichtete Chloe mir von den Geschehnissen, und ich stimmte ihr zu, dass der Mann anscheinend wirklich anständig war. Er rief sie regelmäßig an, war aufmerksam, schrieb SMS, die besagten, er könne nicht erwarten, sie wiederzusehen – und das alles, ohne dass sie Sex gehabt hatten. Falls es hier in irgendeiner Weise um ein Spielchen ging, dann spielte der Kerl es perfekt.

Zumindest dachten wir das.

Nach dem vierten Date verbrachten sie die Nacht miteinander, und alles lief fantastisch. Sie gingen an einem Donnerstagabend aus. Beide hatten sich den nächsten Vormittag freigenommen, um länger im Bett bleiben zu können. Chloe war aufgedreht und sehr glücklich, und ich freute mich darüber, sie richtig beraten zu haben.

Aber ich hatte mich grundlegend geirrt. Abgesehen von einigen SMS in den Tagen darauf hörte Chloe nie wieder von diesem Mann.

Handelt es sich hier um den klassischen Fall des Mannes, der sich gerade lange genug mit einer Frau beschäftigt, bis er das bekommt, was er will – nämlich Sex –, und dann weiterzieht? Das dachte ich zuerst und verfluchte den Kerl innerlich, weil er Chloe so schlecht behandelt hatte. Typisch Mann, sagte sie und zudem alle ihre Freundinnen, ein sexbesessener, egomaner, liebloser Mistkerl. Und ich konnte nichts darauf erwidern, hatte er uns doch alle in Verruf gebracht.

In Wirklichkeit jedoch war die Sache nicht ganz so einfach. Einige Wochen später besuchte Chloe sein Profil auf Facebook (aus mir unerfindlichen Gründen hatte er sie nicht als Freundin gelöscht), wo sie Fotos von ihm und seiner Exfreundin bei einem Mittagessen, drei Tage nach seinem und Chloes viertem Date, fand. Im Beziehungsstatus war zudem keine Rede mehr von Ex, die beiden waren wieder zusammen.

Rückblickend waren die Warnsignale überdeutlich: Chloe war allein und wünschte sich einen Partner. (Dass sie verzweifelt nach einem suchte, möchte ich nicht behaupten, weil das gemein wäre – aber sie war auf jeden Fall unglücklich und glaubte, eine Beziehung könnte daran etwas ändern. So etwas ist immer gefährlich!) Der Mann hingegen stand vor der Lücke in seinem Leben, die seine Exfreundin hinterlassen hatte. Chloe passte sich schnell und leicht in diese Lücke ein. Sie wollte jemandes Freundin sein, und er wollte, dass jemand diese Rolle spielte. Seine Aufmerksamkeit führte in Kombination mit ihrer Einsamkeit dazu, dass sie sich auf die falsche Weise stützten (also eher auf einen Beziehungspfeiler anstatt auf einen Besser-Kennenlern-Pfeiler), und das zudem noch viel zu früh. Als seine Ex schließlich wieder bei ihm auftauchte, stellte er fest, dass Chloe nicht mehr als ein temporärer Ersatz gewesen war. Die Ex war die Richtige, und daher kehrte er zu ihr zurück.

Und so stellte sich mein erster Gedanke – dass es noch viel zu früh für ihn sei, sich mit einer Frau zu verabreden (was ja auch Chloe gleich zu Beginn befürchtet hatte) – als absolut richtig heraus.

Haben Sie meine Worte über Instinkt noch im Ohr? Unser Instinkt hatte uns gewarnt, doch wir ignorierten ihn, weil der Mann so perfekt schien. Welch großer Fehler!

War er ein Mistkerl?

Ich nehme an, einige Leute würden ihn durchaus so bezeichnen, doch so einfach ist das gar nicht. Der Mann hat Chloe nicht absichtlich irregeführt, daher finde ich ein zu hartes Urteil auch nicht angemessen. Er war weder bösartig noch berechnend (er hatte nicht geplant, mit ihr zu schlafen und dann weiterzuziehen). Alles, was er gesagt und getan hat, war aufrichtig gemeint. Er glaubte wirklich, sie zu mögen, und vielleicht auch an den Anfang einer Beziehung. Seine Motive waren zweifellos gut. Letztendlich aber verletzte er Chloe dann aber doch, weshalb die Frage, ob er ein Mistkerl ist oder nicht, eigentlich irrelevant ist.

Und wenn er doch ein Mistkerl war?

Wir können den Gedanken zu Argumentationszwecken natürlich einmal durchspielen und sagen, dass jemand, der sich wie ein Mistkerl verhält, auch einer ist. Wenn wir das allerdings voraussetzen, ist eigentlich jeder Mann ein Mistkerl oder zumindest in der Lage, einer zu sein, auch ich. Wenn aber jeder Mann ein solcher Mistkerl ist, wozu sollte man sich dann noch mit ihnen verabreden? Das muss dann ja auch nicht sein.

Bezeichnen wir ihn also nicht als Mistkerl. Bleiben wir bei unserem Glauben, dass er eigentlich ein netter Kerl ist, den meine Freundin zufällig an einem Tiefpunkt seines Lebens aufgegabelt hat. Das kommt schon eher hin. Und weil wir jetzt wissen, dass Traummänner die in sie gesetzten Erwartungen nie erfüllen, suchen wir weiter nach dem Guten sowohl in diesem einen als auch in allen anderen Männern. Es ist da. Nur eben nicht immer.

Dem richtigen Mann einen Schritt näher

Etwa um die gleiche Zeit, als die Geschichte mit Chloe passierte, kam mir durch meine Bekannte Catherine eine weitere Enttäuschung zu Ohren. Sie lernte einen netten Mann kennen und ging etwa zwei Monate lang mit ihm aus. Sie verstanden sich wirklich gut, aber er machte keinerlei Anstalten, der Sache einen ernsteren Anstrich zu geben und sich offiziell zu einer Beziehung zu bekennen. Irgendwann beschloss Catherine, dass sie lange genug gewartet hatte, und trennte sich von ihm.

Ich kann mich noch genau an ihre Worte erinnern: Sie sagte, er wolle nicht »alle Eier ins gleiche Nest legen«. Ihr trauriges Gesicht, voll von Enttäuschung und verletztem Stolz darüber, nicht das richtige Nest gewesen zu sein, brannte sich in mein Gedächtnis, weil in einer ähnlichen Situation auch ich der Mann sein könnte, der eine Frau bitter enttäuscht. Natürlich täte ich das nicht absichtlich, aber das glaube ich auch nicht von dem Mann, der Catherine unglücklich machte. Das Ergebnis jedoch ist das Gleiche: Catherine war am Boden zerstört.

Ich weiß übrigens sehr genau, dass es nicht immer die

Frauen sind, die verletzt werden (zahlreiche Männer haben das schon erlebt), aber in diesem Buch geht es um die männliche Sichtweise. Und in meiner Eigenschaft als Mann erinnere ich mich an Catherines Gesichtsausdruck.

Warum erzähle ich diese traurigen Geschichten?

Ich erzähle diese Geschichten, um auf etwas Wichtiges hinzuweisen. Hier zum Beispiel stellt sich die Frage, ob Chloe oder Catherine sich hätten anders verhalten können. Die Antwort darauf lautet: Nein.

Und das, so fürchte ich, ist die grausame Realität. Obwohl keine der handelnden Personen etwas Falsches oder einen Riesenfehler gemacht und sich weder egoistisch noch gemein verhalten hat, wurde letztendlich jemand verletzt. Dates können eine heftige Sache sein, und zwar sowohl für Männer als auch für Frauen. Enttäuschungen sind quasi vorprogrammiert.

Wenn Sie eine solche erleben, kann ich Ihnen nur raten, zu bedenken, dass dieser Fehltritt Sie wieder ein Stück näher an den Richtigen heranbringt.

Außerdem sind Sie beim nächsten Mal natürlich etwas erfahrener und mit Sicherheit klüger. Werden Sie aber bitte nicht zynisch oder pessimistisch. Es gibt wirklich nette Männer, und früher oder später werden Sie einen kennenlernen. Geben Sie nicht auf, und üben Sie sich in Geduld.

Männer sind zu nichts zu gebrauchen, Teil 1.797.456.999.246 …

Zu Beginn dieses Buches habe ich irgendwann einmal gebeichtet, dass Männer zu nichts zu gebrauchen sind. Natürlich wussten Sie das längst, aber ich möchte, dass Sie wissen, dass ich es auch weiß und – das ist mir sogar noch wichtiger – bereit bin, offen darüber zu sprechen.

Das folgende Beispiel ist ein echter Knaller.

Ich habe diese Story übrigens schon in meiner Kolumne verwertet und dabei so getan, als sei sie mir persönlich passiert (meine Verleger fanden es immer besser, wenn die Geschichten mir und nicht meinen Freunden passierten). Umso erfreuter bin ich, jetzt endlich die Gelegenheit zu haben, die Sache klarzustellen.

Oh ja, ich habe durchaus schon die eine und/oder andere Dummheit begangen. *Diese* hier allerdings nicht.

Einer meiner Freunde – ich will ihn hier einmal Tom nennen – lief einer Frau über den Weg, mit der er an der Uni einmal ein Techtelmechtel gehabt hatte. Sie hieß Teresa. Fünf Jahre später gefiel sie ihm immer noch, und daher schlug er vor, sich auf einen Drink zu treffen. Vorab noch eine Bemerkung zu Tom: Er ist ausgesprochen intelligent, erfolgreich, witzig und sieht zudem noch gut aus. Also ein echt netter Kerl und ganz bestimmt keiner, der dumme Sachen macht.

Zumindest wirkt er so.

Ich erzähle diese Geschichte, um Ihnen zu verdeutlichen, dass alle Männer – selbst die, die auf dem Papier geradezu perfekt sind – nicht vor monumentalen und irrwitzigen Blödheiten gefeit sind. Der ideale, perfekte Mann existiert nämlich nicht. Er kann gar nicht existieren, weil wir alle nur Menschen sind und unsere Ecken und Kanten haben. Genau wie Tom.

Eine Woche nach ihrem zufälligen Treffen saßen Tom und Teresa in einer Bar im Londoner Süden. Tom wohnte ganz in der Nähe der Location, aber an jenem bewussten Abend war er ziemlich spät dran und musste das Rad nehmen, um noch rechtzeitig zu ihrer Verabredung zu kommen. Er schaffte es, und alles lief problemlos.

Sogar mehr als problemlos. Der Abend war wirklich toll. Teresa war solo, und die Chemie zwischen ihnen stimmte noch immer. Sie tranken ziemlich viel und fingen an, sich abzuknutschen. Schließlich schlug Tom vor, zusammen nach Hause zu gehen, und Teresa lud ihn in ihre Wohnung ein. Sie verließen die Bar, und Teresa winkte ein Taxi herbei. Sie wohnte nur etwa zehn Autominuten von der Bar entfernt. Alles lief wie am Schnürchen.

Nun, vielleicht doch nicht ganz.

Denn just in diesem Augenblick meldeten sich Toms männliche Dummheitsgene zu Wort. Anstatt zusammen mit Teresa ins Taxi zu steigen, weiterzuknutschen und in Teresas Wohnung sofort ins Bett zu hüpfen, fiel Tom ein, dass er sein Fahrrad nicht die ganze Nacht vor dem Pub stehen lassen wollte. Es war abgeschlossen, und das Viertel war kein sonderlich heißes Pflaster, aber er wollte es nun einmal nicht zurücklassen. Jetzt mal im Ernst – was hat der Kerl sich dabei gedacht?

Was er als Nächstes tat, trotzt jeder Logik. Die einzig vernünftige Erklärung sind die bereits erwähnten Dummheitsgene.

Tom beschloss, sein Fahrrad mit zu Teresa zu nehmen. Allerdings wusste er nicht, wo sie wohnte. Und lud er das Rad etwa in den Kofferraum des Taxis? Oh nein, das fand Tom blöd. Er hatte eine viel bessere Idee: Er würde Teresas Taxi mit dem Fahrrad folgen. Ja, Sie haben richtig gelesen! Dem *Taxi* mit dem *Fahrrad* folgen!

Sie können sich sicher denken, was geschah. Anbei ein kleiner Tipp: Ein Taxi ist schneller als ein betrunkener Mann auf einem Fahrrad.

Teresa stieg also in ihr Taxi, während Tom loszog, um sein Fahrrad zu holen. Er fummelte am Schloss herum, das schließlich aufging, stellte sich hinter das Taxi und gab dem Fahrer ein Zeichen, dass er losfahren könne.

Schon eine Minute später hatte er den Wagen aus den Augen verloren. Nach der ersten Kurve hatte er ihm noch folgen können, doch nach der zweiten waren plötzlich zwei Taxen vor ihm, und Tom hatte nicht die geringste Ahnung, in welchem Teresa saß (es war dunkel und er betrunken). Als dann plötzlich beide Autos davonschossen, war es ohnehin egal.

Aber noch war nicht alles verloren. Tom hatte Teresas Nummer in seinem Handy gespeichert.

Jetzt lasse ich Tom selbst zu Wort kommen, der da sagt: »Ich radelte gemächlich die Straße entlang und hatte keine Ahnung, wo ich hinmusste. Also griff ich in die Tasche, holte mein Handy hervor und wollte eben Teresas Nummer wählen, als eine Unebenheit auf der Straße mich ins Schwanken brachte. Nach anderthalb Flaschen Wein und mit nur einer Hand am Lenker tat ich mich schwer, das Gleichgewicht zu finden. Das Schwanken verstärkte sich.

Kurz vor dem drohenden Fall griff ich mit der anderen Hand an den Lenker. Dabei fiel mein Handy auf die Straße. Als ich das Rad wieder unter Kontrolle hatte, kehrte ich um und suchte nach meinem Telefon. In diesem Augenblick raste ein Taxi vorbei und erwischte es voll mit dem Vorderrad. Das Handy war nur noch Schrott und Teresas Nummer dahin.«

Und das war's. Aus Tom und Teresas neu entflammter Leidenschaft wurde nichts. Benebelt und unglücklich radelte Tom nach Hause. Oh ja, Männer können ganz schön blöd sein!

Tom und Teresa – eine letzte Bemerkung

Drei Jahre später hörte Tom noch einmal von Teresa, und zwar über gemeinsame Freunde.

Teresa hatte gerade einen berühmten Rugby-Spieler geheiratet.

Armer Tom.

Mr. Big existiert nicht

Von Toms Beispiel inspiriert, möchte ich mich an all jene Frauen wenden, die in unserer realen Welt auf einen Mann wie Mr. Big aus *Sex and the City* warten. Hört auf damit! Ihr vergeudet eure Zeit. Diesen Mann gibt es nicht. Er existiert vielleicht auf Bildschirmen und in Zeitschriften, aber diese Bilder sind nichts als Fantasie. Der Mann ist nicht echt. Die Vorstellung von einem hundertprozentigen Alphamännchen, das alles unter Kontrolle hat, ist ein Trugschluss.

Tut mir leid, Sie enttäuschen zu müssen.

Nein, es tut mir überhaupt nicht leid. Hinter meiner Kritik an Frauen, die nach dem perfekten Mann Ausschau halten, steckt eine wichtige Erkenntnis: Immer wieder beschweren sich Frauen, dass sie unter dem Druck stehen, jemand zu sein, der sie nicht sind, und ich kann es ihnen in unserer Zeit nicht einmal verübeln. Überall werden wir mit Superwoman konfrontiert – einer hingebungsvollen Mutter, wunderbaren Ehefrau und erfolgreichen Karrieristin, vereint in einer schlanken, schönen und vollendet gestylten Frauenfigur.

Aber diese Frau existiert nicht, ebenso wenig wie Mr. Big. Ich kann einfach nicht glauben, dass die Wahrnehmung dieser Superfrauen der Wirklichkeit entspricht. Irgendwo in der Kette wird jemand oder etwas vernachlässigt. Entweder ist es der Ehemann, oder die Kinder, oder – noch viel wahrscheinlicher – die Frau selbst, weil sie nicht mehr die Zeit und die Kraft hat, sich mit den Menschen, die sie liebt, und von denen sie geliebt wird, zu freuen oder die Frau zu sein, die sie selbst gern wäre, anstatt nach der zu streben, die man von ihr erwartet. Wie auch immer – so mustergültig ist wirklich niemand, und ich kann mir gut vorstellen, dass die Bilder dieser Superfrauen den Frauen des 21. Jahrhunderts das Leben schwer machen.

Wichtig ist aber auch der Hinweis, dass wir Männer diesem Druck unrealistischer Erwartungen ebenfalls ausgesetzt sind, vor allem als Single. Wie Frauen werden auch Männer mit Bildern männlicher Perfektion bombardiert, die für einen Normalo nicht erreichbar sind. Ob es ein Model mit Sixpack auf einer Reklametafel oder die große Liebe von Carrie Bradshaw ist – so sind wir nicht, und so werden wir auch nie sein.

Zusammenfassend können wir feststellen, dass weder die perfekte Frau noch der perfekte Mann existiert. Wenn Sie also Single sind und nach einem solchen Exemplar Ausschau halten, lassen Sie es lieber sein. Und wenn Sie mit einem Mann ausgehen, der auf den ersten Blick perfekt scheint, überlegen Sie noch mal! Er ist es nämlich nicht. Er mag ein liebevoller, guter und aufrichtiger Mann sein, aber er ist nicht perfekt. Das ist niemand. Das soll nicht heißen, dass es keine wunderbaren und ganz besonderen Menschen gibt. Die gibt es durchaus, und irgendwann werden Sie einen finden. Aber Perfektion im Stile von Mr. Big oder Superwoman ist eine Illusion. Sie existiert nicht.

Erlauben Sie mir noch eine Bemerkung, ehe Sie mich jetzt zum Pessimisten machen, weil ich das Gerede über Perfektion zum Mythos abstempele: Auch wenn es keine perfekten Menschen gibt, so gibt es mit Sicherheit Menschen, die für einen anderen Menschen perfekt sind. Es gibt Paare, deren Qualitäten und Fehler sich gegeneinander aufwiegen und die sich gerade dadurch ergänzen, bei denen der eine den anderen zu einem stärkeren, ja sogar besseren Menschen werden lässt, Paare, die gemeinsam etwas ganz Besonderes sind. Wer also nach dem perfekten Partner sucht, sollte noch einmal überlegen und stattdessen nach dem *für ihn* perfekten Partner suchen.

Geld macht nicht glücklich …

Aber das hält gewisse Leute nicht davon ab, dem Hype um diese nicht existenten Übermenschen Glauben zu schenken. Häufig sind diese imaginären Typen auch noch stinkreich, dabei ist Geld nicht selten Grund einer großen Unzufriedenheit, wenn nämlich die finanziellen Ansprüche einer Person nicht zum Bankkonto ihres Partners passen.

Der folgende Erfahrungsbericht beschreibt, wie die Geldbesessenheit seiner Exfreundin einen meiner Freunde sehr unglücklich machte. »Als wir uns kennenlernten, war ich Berufsanfänger und hatte nicht viel Geld. Ich arbeite für eine Zeitschrift in einem jener fröhlich-kreativen Berufe, wo die Leute ihre Jobs zwar lieben und gern ausführen, in denen man aber erst einigermaßen gut verdient, wenn man die Karriereleiter schon ein gutes Stück hochgeklettert ist.

Mit Anfang, Mitte zwanzig sprang ich morgens begeistert aus dem Bett, weil ich mich so sehr auf meine Arbeit freute. Ich arbeitete in meinem Traumberuf und hätte es nicht besser treffen können. Ich hatte extremes Glück und wusste das. Nur wenige Leute sind in ihrem Job so zufrieden. Aber ich war bei Weitem nicht reich.

Nach der Universität fand meine Ex einen Job in der Werbeabteilung einer Investment-Bank. Sie gehörte zu jenen Frauen ohne Karriereplan, die einfach irgendeinen Job annehmen, von dem sie leben können. Sie war intelligent, also war der Job entsprechend gut. Sie erledigte ihn zur Zufriedenheit ihres Chefs, und alle waren glücklich.

Aber zeitgleich fingen die Probleme zwischen uns an. Sie war umgeben von sehr, sehr reichen Männern und von Frauen, die entweder selbst viel Geld verdienten oder schlicht versuchten, sich einen dieser reichen Typen als Ehemann zu angeln.

Die ersten Anzeichen ernsthaften Ärgers tauchten während einer Unterhaltung über unser Urlaubsziel auf, als ich sagte, dass meine Finanzen nicht für die Orte reichten, die ihre Kollegen besuchen würden. Sie antwortete: »Ich wollte, du wärst ein Banker.« Damals war mir die Bedeutung dieser Bemerkung nicht klar. Ich hielt es für einen jener Sätze, die einem schon einmal entschlüpfen, wenn man frustriert ist. So etwas ist mir auch schon einmal passiert.

Doch im Lauf der Zeit häuften sich diese Ereignisse. So ließ sie ab und an fallen, dass Banken Leute meines Alters (ich war damals etwa sechsundzwanzig) durchaus noch als Trainees einstellten und dass es für einen Berufswechsel, so ich ihn denn wollte, noch nicht zu spät sei. Aber ich wollte meinen Beruf nicht wechseln, ich liebte meinen Beruf noch immer und war auch erfolgreich, aber der große Durchbruch zum ganz großen Geld war mir noch nicht gelungen. Ich war noch jung, und zu meiner Verteidigung (noch heute nehme ich die Verteidigungshaltung an, obwohl es viele Jahre her ist) sei hier vorgebracht, dass in meinem Job die wenigsten Leute vor ihrem dreißigsten Geburtstag den Durchbruch schaffen.

Irgendwann verstand ich, was mit ihr los war. Mir war plötzlich klar, dass sie meine Arbeit ablehnte, weil damit keine Millionen zu verdienen waren. Sie verstand nicht, was ich daran so liebte und warum es mir gefiel, einen Großteil meines Lebens damit zu verbringen. Das Einzige, was sie interessierte, war meine Gehaltsabrechnung.

Ich erinnere mich an die Chance, einen großen Artikel in einer sehr berühmten Zeitschrift platzieren zu können. Für mich bedeutete das eine ungeheure Auszeichnung und den Höhepunkt meiner bisherigen Karriere. Als ich ihr begeistert davon erzählte, fragte sie nur, wie viel der Artikel einbringen würde. Ich nannte ihr das Honorar. Sie schnaubte und sagte: »Das ist doch nichts, worauf du stolz sein kannst.« Für mich war das eine Menge Geld, für einen Banker jedoch vermutlich nicht mehr als ein Trinkgeld im Schickimicki-Lokal. Und außerdem hatte ich für diesen Artikel Blut und Wasser geschwitzt.

Ich glaube, das war der Moment, als es in meinem Kopf »klick« machte, denn als sie mich anpflaumte, zerplatzte mein Stolz über die tolle Auszeichnung wie eine Luftblase. Warum gönnte sie mir meine Freude nicht? Obwohl ich meine Arbeit liebte und sie gut machte und obwohl ich sie und ihre Freunde mit immer neuen Geschichten unterhielt, war sie nicht glücklich, weil sie mich lieber reich gesehen hätte. Irgendwann wurde mir bewusst, dass meine Gefühle und Ambitionen für sie erst an zweiter Stelle kamen.

Und dann hatte ich die Nase voll. Sie fragte mich einmal zu oft, wann in meiner Gehaltsabrechnung endlich eine sechsstellige Summe auftauchen würde. Ich hatte das Gefühl, dass sie mich nicht verstand, dass sie nicht begriff, was ich aus meinem Leben zu machen versuchte, und – was noch schlimmer war – dass sie sich nicht darum scherte, was ich mir für mich selbst wünschte. Ich trennte mich von ihr und verspürte danach nicht den Hauch von Reue. Nicht ein einziges Mal.

Das ist inzwischen ein paar Jahre her. Meine Karriere hat den erhofften Verlauf genommen. Ich liebe meinen Job noch immer wie am ersten Tag. Die harte Arbeit hat sich ausgezahlt. Nach einer ganzen Reihe von Glücksfällen, die hauptsächlich damit zu tun hatten, dass ich zur richtigen Zeit dem richtigen Vorgesetzten begegnet bin, habe ich mir einen Namen gemacht. Die Belohnung folgte auf dem Fuß.

Ob ich manchmal den Wunsch habe, meine Ex wiederzusehen und ihr zu sagen, wie gut es mir geht und wie glücklich ich bin? Manchmal schon. Trotzdem werde ich es nicht tun, denn das i-Tüpfelchen kommt noch: Ich bin jetzt mit einer unglaublich tollen Frau zusammen. Ich würde alles für sie tun. Sie versteht, was ich durchgemacht habe, um dahin zu kommen, wo ich jetzt bin. Und ich glaube felsenfest daran, dass sie mich auch dann noch lieben würde, wenn ab morgen alles schiefginge.

Eine solche Liebe habe ich mir immer gewünscht.«

Epilog

Die Ex meines Freundes wünschte sich den Mr. Big aus *Sex and the City*. Was sie bekam, war Mr. Coole-Londoner-Zeitschrift, einen guten, klugen und ehrgeizigen Mann. Der jedoch genügte ihr nicht. Sie vertrieb ihn. Ich nehme an, dass sie das später bitter bereut hat.

Wo ist die Verbindung zu den Traummännern?

Natürlich verstehe ich, dass Frauen sich ein bequemes Leben wünschen. Auch wir Männer wollen unser Dasein nicht in Armut fristen, aber es ist uns zuwider, als Scheckbuch mit Penis behandelt zu werden. Ein bisschen mehr sind wir schon.

Viel zu viele Frauen wünschen sich einen reichen Traummann – als wäre Geld ein Unterpfand für Glück (natürlich sind nicht alle Frauen so, aber leider viel zu viele). Diesen Frauen möchte ich Folgendes sagen: Ich verstehe Ihr Bedürfnis nach finanzieller Sicherheit und der Möglichkeit, die schönen Dinge des Lebens zu genießen. Aber bitte lassen Sie sich vom Geld nicht den Blick auf wichtigere Aspekte des männlichen Charakters verstellen, die da zum Beispiel wären Freundlichkeit, Sinn für Humor oder Fantasie.

Abgesehen davon: Wollen Sie sich wirklich kaufen lassen? Wenn ein Mann den Eindruck hat, er müsse Sie dadurch beeindrucken, dass er mit Geld um sich wirft, ist das nicht gerade die beste Grundlage für eine Beziehung. Wie real kann eine Freundschaft sein, wenn sie auf der Frage gründet, wie viel der betreffende Mann für Sie auszugeben bereit ist? Und wie viel Respekt bringt er Ihnen und sich entgegen, wenn er weiß, dass es nur Geld braucht, um Sie für sich zu gewinnen?

Der Druck auf Männer

Allerdings muss ich hier auch eine Einschränkung machen: Es sind nicht nur Frauen, die Männer unter Druck setzen. Wir machen es selbst auch. Ob das an unserem Ego oder am Konkurrenzdenken liegt, weiß ich nicht – aber es gibt Männer, die sich selbst im Streben nach materiellem Reichtum ununterbrochen antreiben, obwohl es weder sie selbst glücklich macht noch die Menschen, die ihnen nahestehen.

Ein Freund von mir hat zum Beispiel eine Frau, die er sehr liebt, ein süßes Kind, einen tollen Job und noch dazu ein wunderschönes Haus. Trotzdem ist er nicht rundum glücklich. Warum? Weil er meint, unbedingt genauso viel verdienen zu müssen, wie seinerzeit sein Vater, um damit heute seiner Frau und dem Kind jeden Wunsch erfüllen zu können – und nicht einfach nur das, was sie brauchen. Der Vater meines Freundes war ein sehr reicher Mann; es sind also große Fußstapfen, in die er treten will. Das bereitet ihm Sorge, und ich halte das für falsch.

Ich bin ohne Vater aufgewachsen (er starb an Krebs, als ich noch sehr klein war) und versuche ständig, meinem Freund klarzumachen, dass seine Frau, das Kind und alle zukünftigen Kinder sich wahrscheinlich einfach nur wünschen, dass er bei ihnen ist und sie liebt. Mehr nicht.

Je älter ich werde, desto besser verstehe ich all das. Ein Freund nach dem anderen heiratet und bekommt Kinder. Ich selbst habe inzwischen zwei Patenkinder (Noah und Oliver) und verstehe jetzt, wie sich mein Vater gefühlt haben muss, als ihm klar wurde, dass er aus dem Leben seiner drei Kinder für immer verschwinden würde (wir waren damals erst fünf, vier und ein Jahr alt). Erst kürzlich, auf der Hochzeit meiner ältesten Schwester Rachel, wurde mir bewusst, dass er ebenso viel verloren hat wie wir. Meine Mutter, meine jüngere Schwester Sarah und ich geleiteten Rachel durch den Mittelgang der Kirche zum Altar, und ich hielt die Rede. Meinem Vater ist so viel entgangen, und zwar nicht nur an diesem Tag, sondern an allen anderen Tagen unseres Lebens: das Lachen, die Tränen, die Erleichterung, die Zufriedenheit und der Stolz, aber natürlich auch der Stress und die Sorgen, eben alles, was zum Leben gehört. Noah ist jetzt drei Jahre alt, aber für mich sind diese Jahre wie im Flug vergangen. Vor diesem

Hintergrund relativieren sich die fünf Jahre, die mein Vater mit Rachel hatte.

Was ich damit sagen will? Nun, wir Männer werden älter, erwachsener und lernen dazu. Heute sind meine Pläne und Ziele für die Zukunft ziemlich einfach: Mehr als alles andere wünsche ich mir eine glückliche Familie. Alle anderen Träume sind zweitrangig.

Aber wie Sie sehen konnten, setzen auch Männer sich unter Druck. Wir wollen gute Ehemänner und Väter sein. Wir wollen Ernährer und Beschützer und am besten noch emotional stark sein (obwohl wir ja seit Neuestem auch ab und zu weinen dürfen) und unsere Familien sowieso nie im Stich lassen. Wir sind vielleicht nicht »perfekt«, aber die meisten von uns geben ihr Bestes. Wir setzen uns selbst unter Druck, damit es unserer zukünftigen Familie gut geht.

Den meisten Männern machen diese Aussichten Angst, trotzdem freuen sie sich darauf. Zumindest mir geht es so. Und auch Single-Männer denken über diese Dinge nach.

Rat eines Singles

1. Der perfekte Mann existiert nicht.
2. Der Mann, der für Sie perfekt ist, existiert sehr wohl.
3. Geld spielt keine Rolle, solange Sie nicht an der Armutsgrenze leben.
4. Männer denken an die Zukunft.
5. Ein Mistkerl bleibt nicht für immer ein Mistkerl.

Wie man Mistkerle meidet

- Wie Sie vermeiden, eine weitere Kerbe in seinem Bettpfosten zu werden
- Warum es unmöglich ist, einen Mistkerl zu zähmen
- Wie man sich präsentiert
- Wie man ihn behandelt

Fassungslos. Irritiert. Verwirrt.

Das sind nur drei Worte zur Beschreibung meiner Gefühle, wenn ich von Frauen höre, die ihre Finger nicht von Mistkerlen lassen können. Vielleicht sollte man noch »erstaunt« hinzufügen. Ich kann einfach nicht verstehen, warum sich Frauen unwiderstehlich zu Männern hingezogen fühlen, die sie schlecht behandeln.

Offenbar steckt eine recht unkomplizierte psychische Grundkonstellation dahinter (die, wie man mir sagte, auch auf Männer zutrifft, denen Frauen auf der Nase herumtanzen), aber ich bin kein Psychologe und werde mich hüten, mich in die Geheimnisse der weiblichen Seele zu vertiefen. Stattdessen werde ich versuchen, Ihnen zu erläutern, wie die Unfähigkeit, Mistkerlen zu widerstehen, aus männlicher Sicht wirkt.

Ich kenne eine attraktive, intelligente Frau, die zwei Jahre lang mit einem Kerl ausging, der in jeder Hinsicht ein Vollidiot war. Er war unzuverlässig, egoistisch, hatte keine Ziele, und an Intelligenz mangelte es ihm auch. Er benahm sich flegelhaft und gemein, behandelte sie erschreckend schlecht (soviel ich weiß, ging er auch fremd) und fand sich obendrein auch noch ganz toll. Er schien allen Ernstes zu glauben, dass er so ziemlich das Beste war, was einer Frau passieren konnte. Aber er täuschte sich. Und wie!

Trotz all dieser negativen Seiten brachte irgendetwas diese Frau dazu, diesen Spinner anzuhimmeln. Ich habe keine Ahnung, woran das lag, und werde es wohl auch nie erfahren. Ich habe es nie verstanden, weder damals noch heute. Ich möchte Ihnen gerne erläutern, wie es mir damit ging (nein, ich war nicht persönlich an ihr interessiert), und einfach einmal ein paar Fragen über den Trottel aufführen.

War er attraktiv?

Nein.

War er freundlich?

Nein.

War er witzig?

Nein.

War er interessant?

Nein.

War er ihren Freunden sympathisch?

Nein.

War er *seinen* Freunden sympathisch?

Nein.

Hat er ihr Leben in irgendeiner Weise bereichert?

Nein (obwohl er vielleicht gut im Bett war – danach habe ich sie nie gefragt).

Und jetzt möge mir bitte jemand verraten, warum sie bei ihm blieb! Ich kapiere es einfach nicht – selbst wenn er der tollste Liebhaber der Welt war. Aus diesem Grund stehen am Anfang dieses Kapitels die Worte »irritiert« und »verwirrt«.

Glücklicherweise geht es in diesem Buch um Männer und nicht um Frauen. Ich muss also lediglich akzeptieren, dass sich manche Frauen zu Männern hingezogen fühlen, die sie schlecht behandeln, und werde Ihnen zuliebe Antworten auf die Fragen suchen, warum Mistkerle überhaupt so mistig sind und was Frauen dagegen tun können.

Was geht im Kopf eines Mistkerls vor?

Als Teil meiner Recherchen zu diesem Buch stellte ich ein paar handverlesenen Freunden eine Reihe von bohrenden, manchmal schwierig zu beantwortenden Fragen (wir Männer scheuen uns häufig davor, uns zu öffnen, daher erscheinen uns viele Fragen schwierig). Viele der Antworten habe ich unter den jeweiligen Themen bereits aufgeführt, aber darüber hinaus war eine Antwort so ehrlich und so gut formuliert, dass ich sie hier zusammen mit der entsprechenden Frage komplett abdrucken möchte. Sie ist meinem Freund Dan C. zuzuschreiben, der Frauen über eine außerordentlich lange Zeit seines Lebens sehr, sehr schlecht behandelte. Meine Frage lautete: *Hast du je eine Frau schlecht behandelt und es später bereut?*

Woraufhin er antwortete:

»Ich glaube, im Leben eines jeden Mannes gibt es den Punkt – üblicherweise so etwa Mitte zwanzig –, an dem ihm aus den unterschiedlichsten Gründen die ganze Dating-Sache schwer auf den Keks geht. Mit vierundzwanzig war ich abgeblitzt (unzählige Male), hatte mich verliebt (mehr als einmal), hatte gute und schlechte Beziehungen durchlebt, lange und kurze, mich mit Zimperliesen und Drogenabhängigen verabredet, und irgendwann ging mir auf, dass sich mein Verhalten plötzlich veränderte. Ich wurde mit jeder Frau anmaßender oder – seien wir ehrlich – rücksichtsloser.

Ich machte es mir zur Gewohnheit, zwei Freundinnen gleichzeitig zu haben. Leider muss ich gestehen, dass ich mich dabei weder irgendwie toll noch besonders männlich fühlte. Eher ein bisschen erbärmlich und manchmal leicht amüsiert, wie ein Kind, das sich beim Zeitschriftenhändler heimlich einen eigentlich für Erwachsene bestimmten Comic anschaut. Es ist mir auch passiert, dass beide Freundinnen gleichzeitig anriefen, die eine auf dem Handy, die andere auf dem Festnetz. Ich habe mit beiden parallel telefoniert und dann nach dem Fußball im Pub vor Freunden damit geprahlt. Allerdings erklärte mir daraufhin ein etwas verbitterter Mann aus Sheffield, der selbst geschieden war, dass er mein Verhalten keineswegs cool finde, sondern dass ich mich wie ein ausgemachtes Arschloch benehme.

Doch die ernüchternde Kritik zog keine Veränderung nach sich. Ich behandelte die Frauen immer schlechter. In Clubs machte ich Frauen an, knutschte mit ihnen rum, und wenn gegen Ende des Abends ein gewisses Versprechen in der Luft lag, flüsterte ich ihnen ins Ohr, was ich von ihnen hielt. Und meine Worte waren alles andere als schmeichelhaft. Belassen wir es dabei.

Den absoluten Tiefpunkt erreichte ich eines Abends, als ich mit ein paar Kumpeln ausging und eine süße Frau an der Bar ansprach. Sie war einundzwanzig, und in ihrem Gesicht lag der Ausdruck, den man so oft bei Erstsemestern findet: große, weit aufgerissene, kornblumenblaue Augen, die mit vorgeblichem Zynismus die Umwelt betrachten. Wir tranken, tanzten, tranken weiter. Sie orderte Tequila Shots, was immer ein ganz guter Indikator für das Ende des Abends ist – meistens ein Absturz.

Mein Absturz kam am nächsten Morgen gegen sechs. Ich wollte die Frau unbedingt loswerden, hievte meine kläglich verkaterten Überbleibsel aus dem Bett und rief ein Taxi. Es war Sonntagmorgen und bitterkalt in Brighton. Ich rüttelte meine Bettgenossin wach und erklärte ihr, ihr Taxi warte vor der Tür. Ich freute mich auf einen netten Vormittag im Bett, ein ausgiebiges Frühstück und später ein fröhliches Treffen mit meinen Freunden. Wie es der armen Frau zu dieser unchristlichen Zeit ging, war mir ziemlich egal.

Während sie sich anzog, hörte ich sie schnaufen. Sie warf mir einen langen, mitleidigen Blick zu. In ihrem Gesicht fand ich nicht das geringste Anzeichen von Ärger, den ich eigentlich erwartet hatte und für den ich sogar Verständnis gehabt hätte. Da war nur dieser Blick, als ob ich ihr unendlich leidtäte. Die Frau, an deren Namen ich mich an diesem Morgen nicht einmal mehr erinnerte, kritzelte hastig etwas auf ein Blatt Papier, das sie neben meinen PC legte. Ich las es erst, nachdem sie gegangen war. Ohne sich zu verabschieden.

»Ich hoffe, du hörst vor der nächsten Frau auf, dich selbst zu hassen«, stand da. Ich wollte den Zettel schon meinen Mitbewohnern zeigen, als plötzlich der Groschen fiel. Sie hatte recht. Ich hatte sie wie Dreck behandelt.

Ich dachte lange über ihren Satz nach und tue es eigentlich noch heute. Sie hat mich damit bis ins Mark getroffen, weil es stimmte. Mein Selbstwertgefühl tendierte gen null. Es ist heute noch immer nicht toll, aber damals war es noch unterhalb des Kellerniveaus. Ich aber verbarg dieses Manko hinter dem potenten Gehabe des Komasäufers und dadurch, dass ich Frauen wie Wegwerfartikel behandelte. Plötzlich wurde mir klar, dass ich die Frauen, mit denen ich ausging, nur aus einem Grund hasste: Ich hasste mich selbst.

Inzwischen bemühe ich mich, insgesamt netter zu sein. Ich bin noch lange nicht am Ende des Weges angekommen und kann manchmal noch ziemlich verärgert, unhöflich und echt gemein sein. Aber zumindest weiß ich jetzt, warum ich so bin. Und immer, wenn ich auf der Straße einen Kerl sehe, der seine Freundin anschnauzt, weiß ich genau, was da los ist.

Ich glaube, Frauen sollten sorgfältig darauf achten, ob ein Mann sich selbst leiden kann, ehe sie die Sache weiter vorantreiben. Sie müssen aber sehr genau hinsehen, weil Männer ihren Selbsthass ausgezeichnet verbergen können. Vertraut mir, Leute. Ich weiß, wovon ich rede.«

Die Wurzeln von Dan C's Bosheit

Als ich diesen Beitrag las, beeindruckte mich insbesondere Dan C's Selbsteinschätzung. Es gibt nicht viele Männer, die sich selbst gut genug kennen, um dermaßen präzise und aufrichtig über ihre Persönlichkeit sprechen zu können. Hinzu kommt, dass Dan C. ein guter Freund von mir ist, den ich mag und respektiere; ich fand es daher schwierig, mir vorzustellen, dass er sich überhaupt jemals so benommen hat. Wie aber wurde aus diesem anständigen Kerl überhaupt ein Mistkerl? Oder anders herum: Wie wurde aus diesem Mistkerl überhaupt ein anständiger Kerl?

Während der Mistkerl-Phase kam Dan C's Seelenleben nicht zur Ruhe. Im Vorfeld war er mehrmals von Frauen verletzt und gedemütigt worden, und diese Erfahrungen machten ihn misstrauisch. Hinzu kamen die damalige unsichere berufliche Situation sowie ein kompliziertes Familienleben, das Krisen und Selbstzweifel nach sich zog. Diese Kombination ist aber nicht nur magenschädlich, sondern sowohl für die Betroffenen als auch für die Menschen, die ihnen nahestehen, sehr gefährlich. (Das können Sie unbesehen glauben – ich kenne die Problematik nur allzu gut).

Für Dan C. lief es darauf hinaus, dass er Minderwertigkeitskomplexe entwickelte. Er verdiente nicht viel Geld, seine beruflichen Träume zerschlugen sich, und außerdem konnte er die von ihm begehrte Frau nicht bekommen. Für seinen Frust fand er zwei Ventile: Alkohol und Frauen. Und im Lauf der Zeit wurde aus ihm, wie er selbst zugegeben hat, ein besonders übler Mistkerl.

Doch heute ist er das nicht mehr. Er bemüht sich ernsthaft, netter zu sein, und wird sich erst wieder auf eine Frau einlassen, wenn er sie wirklich mag. Er ist einige Jahre älter und klüger und dazu noch gesetzter; er reift zum Mann.

Männer sind wie Wein – je reifer, desto besser

Ebenso wie Dan C. habe auch ich eine Phase mit beruflichen Sorgen durchgemacht, in der ich nicht wusste, in welche Richtung das Leben mich führen würde. Ich befürchtete, meine Zeit zu verschwenden, nie irgendwo anzukommen, alle, die mich liebten, zu enttäuschen, niemals in der Lage zu sein, eine Familie zu ernähren, und als armes, einsames Überbleibsel zu enden. Ich glaube, in solchen Momenten lernt ein Mensch, was Angst ist. Es war zumindest die stressigste Zeit meines Lebens.

Um mir Mut zu machen, rief ich mir immer wieder folgende Zeilen aus *Sonnencreme* von Baz Luhrmann ins Gedächtnis:

»Fühlen Sie sich nicht schuldig, wenn Sie nicht wissen, was Sie mit Ihrem Leben anfangen sollen. Die interessantesten Leute, die ich kenne, wussten mit 22 auch nicht, was sie mit ihrem Leben anfangen sollten. Einige der interessantesten 40-Jährigen wissen es immer noch nicht.«

Dies und das Verfolgen der Serie *Entourage* (eines der besten Formate, das ich je im Fernsehen gesehen habe) führten dazu, dass meine Lebenseinstellung trotz allem einigermaßen positiv blieb.

In dieser Zeit wollte ich niemandem nahekommen. Ohne meine Freunde, männlich wie weiblich, sowie meine Familie wüsste ich ehrlich nicht, wo ich heute stünde. Aber während mir meine Freunde und meine Familie wichtiger waren (und sind!), als ich es je auszudrücken vermag, fand sich weder in meinem Kopf noch in meinem Herzen Platz für eine Romanze. Ich glaube, es lag daran, dass ich nicht noch verletzlicher werden wollte, als ich ohnehin schon war. Meine Zukunft stand bereits auf dem Spiel – da wollte ich mein Herz lieber aus der Schusslinie halten.

Ich ging zwar mit Frauen aus, wusste aber im Voraus, dass nichts Ernstes passieren würde. Es lag nicht an ihnen, sondern daran, wie ich mich fühlte – ich war weit entfernt von dem glücklichen, entspannten, auf sich selbst vertrauenden Menschen, der ich so gern gewesen wäre. Ich war beim ersten Kennenlernen bezüglich meiner Absichten immer aufrichtig, doch obwohl die Frauen wussten, dass keine Chance auf eine

Beziehung bestand, verliebten sie sich, was alles viel komplizierter machte, als mir lieb war. Und obwohl ich offen gewesen war, fühlte ich mich schuldig, weil ich ihnen Schmerz zugefügt hatte.

Damals – es war kurz nach meinem dreißigsten Geburtstag – fühlte ich mich wie ein unvollendetes Werk und wurde in der Folge zu jemandem, den man durchaus als Mistkerl beschreiben könnte. Zwar log ich nicht und führte auch niemanden an der Nase herum, aber ich war egoistisch und gefühlsmäßig unnahbar.

Doch ich wuchs an meinen Schwierigkeiten, lernte mich selbst immer besser kennen, und irgendwann Anfang dreißig hatte ich das Gefühl, auf dem richtigen Weg zu sein. Ich hatte mehr Vertrauen in das, was ich tat und ruhte mehr in mir selbst. Ein großer Teil dieser neuen Zufriedenheit lag in meiner Arbeit begründet. Seit meinem Uni-Abschluss ist meine Arbeit mehr für mich gewesen als lediglich die Möglichkeit, Geld für den Bierkonsum des nächsten Monats zu verdienen, ich konnte mich noch nie nur um des Verdienstes wegen für einen Job verdingen, weil ich mich einer Arbeit nämlich nur dann wirklich widmen kann, wenn ich begeistert davon bin.

Das war schon immer eine meiner Schwächen, aber glücklicherweise fand ich irgendwann meine Bestimmung, konnte mich für meine Arbeit begeistern und wurde glücklicher, als ich viele Monate lang gewesen war.

Schon kurz darauf hörte ich auf, ein Mistkerl zu sein.

Dan C. und ich lernten, uns selbst zu lieben – wie niedlich!

Spaß beiseite: Ich habe durch diese Erfahrung gelernt, dass die alte Weisheit, man müsse erst sich selbst lieben lernen, ehe man andere lieben kann, Wort für Wort stimmt. Ich werde darauf später noch einmal zurückkommen, aber ich möchte sie hier schon erwähnen, damit Sie bemerken, dass dieser Prozess sowohl bei Männern als auch bei Frauen stattfindet. Interessant ist, dass es zwar fraglos positiv für einen Menschen ist, sich selbst lieben zu lernen, dass aber niemand mit dem Vorgang zu tun haben will, ehe er nicht das Ende des Lernprozesses erreicht hat. Und auch das trifft auf Menschen beiderlei Geschlechts zu.

Mistkerl Nummer drei – ein prima Kerl

Gordon war immer schon ein netter Kerl. Er hatte ernsthafte Beziehungen, viele weibliche Freunde und ging nicht fremd. Er war ein glücklicher Mensch.

Doch plötzlich änderte sich alles.

Nacheinander gingen mehrere Beziehungen in die Brüche, und Gordon hatte das Gefühl, von den jeweiligen Frauen schlecht behandelt worden zu sein. Die Vorfälle schwächten sein Selbstvertrauen. In Verbindung mit seinem Alter – er war ungefähr fünfundzwanzig und dabei, sich beruflich hochzuarbeiten – wurde aus Gordon ein Spieler. Er schlief sich kreuz und quer durch alle Betten und hatte belanglose Techtelmechtel mit Frauen, die er wer weiß wo aufgabelte. Da er clever, witzig und sehr angenehm ist, fiel ihm das Aufreißen nicht schwer.

Genau wie Dan C. und ich aber baute auch Gordon Mauern um seine Seele. Niemand konnte ihm wirklich nahekommen. Und genau diese distanzierte, aber im Grunde nette Persönlichkeit führte dazu, dass jede Frau, mit dem er ausging, sich in ihn verliebte – Frauen können Mistkerlen nun einmal nicht widerstehen.

Für diese Frauen war Gordons Herz eine Burg, die es zu erobern galt. Dabei hatten sie nur ein Problem: Gordon war absolut nicht bereit, die Tore zu öffnen.

Und genau das ist ein Mistkerl – eine Burg mit starken, hohen Mauern. Eine Frau kann nur hinein, wenn der Bewohner im Innern der Burg beschließt, die Tore zu öffnen. Die Chancen, den Burgbewohner zu *überzeugen*, die Tore zu öffnen, sind verschwindend gering. Zwar werden sie irgendwann wieder aufgemacht, aber erst dann, wenn es dem Burgherrn passt. Er muss sich bewusst oder unbewusst dafür entscheiden.

Sie allerdings haben nicht die geringste Chance, die Tore zu einem Ihnen genehmen Zeitpunkt zu öffnen. Das hat nichts mit Ihnen persönlich zu tun – ich bin sicher, Sie sind entzückend –, sondern liegt ausschließlich in der Funktionsweise von Männern begründet. In manchen Lebensphasen sind wir nicht erreichbar, ganz gleich, wer an unsere Tore klopft. Niemand darf rein.

Fakt ist, dass fast alle Mistkerle irgendwann erwachsen werden. Aber Sie können sie nicht dazu zwingen.

Wenn sich die Tore schließlich öffnen

Ebenso wie Dan C. ist auch Gordon ein intelligenter, netter, reifender Mensch. Wenn er irgendwann seine Tore wieder öffnet, kann sich die Frau, die er willkommen heißt, wirklich glücklich schätzen. Er wird sie gut behandeln, weil er im Grunde ein guter Mensch ist.

Daher gilt für uns alle drei: Wir waren Mistkerle, doch in Wirklichkeit sind wir nicht so. Die Zeit wird es zeigen, sobald wir bereit sind, jemanden auf unsere Burg zu lassen.

So, und jetzt Schluss mit Burgen.

Schauen wir uns noch einmal den letzten Absatz aus Dan C's Geschichte an, in dem er Frauen rät, die Finger von Männern zu lassen, die kein Selbstwertgefühl haben. (Hier geht es um wirkliche Defizite. Gewisse Unsicherheiten hat jeder mal.) Ich halte das für sehr vernünftig.

Wie aber können Sie feststellen, ob ein Mann in diese Kategorie gehört? Wenn Sie davon ausgehen, dass es nicht allein eine Frage des Alters ist (bei jemandem, der sich mit Ende dreißig immer noch wie ein Mistkerl benimmt, liegt es mit Sicherheit nicht am Alter), sollten Sie nach zwei Warnzeichen Ausschau halten. Finger weg, wenn er

1. keinerlei Selbstbewusstsein hat oder
2. zu viel Selbstbewusstsein zeigt.

Einen Mann mit zu wenig Selbstbewusstsein sollten Sie prinzipiell meiden, weil er sein könnte wie Dan C. in seinen schlimmsten Zeiten. Ein Mann mit zu viel Selbstbewusstsein hingegen kompensiert vermutlich irgendetwas, das heißt, sein überdimensioniertes Ego ist nur Show. Und Sie wollen doch nicht wirklich mit einem Schauspieler zusammen sein, oder?

Die mistigsten Mistkerle

Es ist nicht immer leicht, aus dem ersten Blick Rückschlüsse auf das Selbstvertrauen des Gegenübers zu ziehen. Meistens ist es sogar unmöglich. Den im Folgenden beschriebenen Weg aber können Sie bei allen Männern einschlagen – auch bei denen, die Sie wirklich um jeden Preis meiden sollten.

Ich rede hier von Männern, die Frauen einfach nur aus einer Laune heraus manipulieren, Männer, die nur auf Sex aus sind. Für sie ist nur wichtig, dass eine Frau sie mag; damit plustern sie ihr Ego fast bis zum Platzen auf. Emotionale Kollateralschäden interessieren sie nicht. Solche Männer ziehen aus Jux und Tollerei alle Register, um Frauen verliebt zu machen, sehen sie aber doch nur als Eroberung.

Ehe Sie jetzt aber panisch werden und beschließen, für immer solo zu bleiben oder lesbisch zu werden: Diese Sorte Mann ist eher selten. Aber es gibt sie. Und Sie werden wissen, dass Sie auf eines dieser Exemplare getroffen sind, weil sie sich durch die Art, wie sie Sie behandeln, verraten.

Warnsignale – wie erkennt man einen Mistkerl?

Taucht er Sie in Wechselbäder der Gefühle und ist mal heiß und mal kalt? Ignoriert er Ihre Nachrichten und lässt Sie angespannt warten, ob und wann er sich wieder meldet? Und antwortet er dann plötzlich wieder, will Sie unbedingt treffen, und zwar so schnell wie möglich? Wenn das zutrifft, ist er ein Mistkerl und spielt nur mit Ihnen. Ich rede natürlich davon, dass er sich absichtlich unnahbar und distanziert gibt, nicht etwa davon, dass er einmal einen Tag keine SMS schickt (das ist ein anderer Typ Mann). Wenn er ein derart berechnendes Verhalten an den Tag legt, schießen Sie ihn in den Wind. Von ihm können Sie nichts Gutes erwarten.

Das Gleiche gilt, wenn er Ihnen immer wieder erklärt, wie toll er Sie findet, Ihnen zugleich aber unmissverständlich zu verstehen gibt, dass er keine Freundin will. Ein solcher Kerl ist Gift für Sie! Sehen Sie zu, dass Sie rechtzeitig Land gewinnen. Weh tun wird es so oder so.

Was Sie tun können

Ganz einfach: Nehmen Sie dieses Verhalten nicht einfach hin, Sie haben etwas Besseres verdient. Ein Mann sollte Sie respektvoll behandeln – tut er das nicht, steigen Sie aus dem Spiel aus. Und zwar ohne Widerruf. Gehen Sie nicht mehr mit ihm aus, schicken Sie ihm keine SMS, rufen Sie ihn nicht an, und gehen Sie nicht dran, wenn er Sie anzurufen versucht. Und was noch viel wichtiger ist: Schlafen Sie nicht mit ihm, auch nicht unverbindlich. Sie sind für ihn nicht mehr als eine warme, weiche, duftende Kuscheldecke.

Merke: Ein Mann, der Sie wirklich mag und nicht gerade ein absoluter Dünnbrettbohrer ist, behandelt Sie mit Respekt.

Schlimme Dinge, die Mistkerle tun

Sollten Sie je einem Mistkerl über den Weg gelaufen sein, hoffe ich, dass er nicht so schlimm war wie die folgenden fünf.

Mistkerl 1: Er wachte eines Morgens nach einer heftigen Partynacht mit einem dicken Schädel und wenigen Erinnerungen an die Geschehnisse des Abends auf und schlurfte in die Küche, wo seine Mitbewohner gerade Tee und Toast zubereiteten. Er plauderte mit ihnen, als eine Frau in der Tür auftauchte. Höflich stellte er sich vor, seine Kinderstube sollte keinesfalls unter seinen Kopfschmerzen leiden. Sie schaute ihn entsetzt an. »Wir haben letzte Nacht miteinander geschlafen«, schleuderte sie ihm ins Gesicht, ehe sie nach ihrer Tasche griff und fluchtartig die Wohnung verließ.

Mistkerl 2: Er ging zu einem Blind Date mit einer Frau, die sich sinnlos betrank – und zwar so heftig, dass er ihre Mitbewohnerin anrufen musste, um sie nach Hause zu bringen. Die Mitbewohnerin brauchte dazu allerdings die Hilfe des Mistkerls Nummer 2. Als sie die betrunkene Dame schließlich ins Bett verfrachtet hatten, dachte er, dass er nichts zu verlieren hatte, und versuchte sein Glück bei der Mitbewohnerin. Es funktionierte. Als er sich am nächsten Morgen davonschleichen wollte, kam die betrunkene Blind-Date-Frau just in diesem Augenblick aus ihrem Zimmer. »Was machst du hier?«, fragte sie. Seine Gedanken überschlugen sich. »Ich hielt es nicht für richtig, in deinem Bett zu schlafen und habe auf dem Sofa übernachtet.« Das betrunkene Blind Date lächelte ihn an. Sein ritterliches Verhalten beeindruckte sie. »Wie wäre es dann jetzt?«, schlug sie vor. Eine Stunde später schlich sich der Mistkerl Nummer 2 unter tausend Vorsichtsmaßnahmen aus dem Haus. Natürlich wollte er keinesfalls von der Mitbewohnerin entdeckt werden.

Mistkerl 3: Während eines Urlaubs mit seiner ahnungslosen Freundin ließ Mistkerl Nummer 3 nur allzu gern seine Blicke umherschweifen. Der Anblick so vieler Bikinischönheiten war zu viel für ihn. Eines Abends pulverisierte er ein paar Schlaftabletten und würzte damit das Essen seiner Freundin, und schon wenig später wurde diese sehr müde. Kaum war sie ins Land der Träume geglitten, eilte er auch schon in die nächste Bar und ließ seinen Charme spielen. Nach dem tatkräftigen Besuch einer Frau in einem Zimmer eines anderen Hotels kehrte er zu seiner Freundin zurück, ehe sie überhaupt bemerkte, dass er ausgegangen war. In der folgenden Nacht wiederholte er das Spielchen. Und in der nächsten Nacht ebenfalls.

Mistkerl 4: Dass er mit seiner Partnerin zusammenlebte hinderte unseren Mistkerl Nummer 4 nicht daran, seinen beiden Lieblingshobbys nachzugehen – sich fit zu halten und mit anderen Frauen zu schlafen. Er lernte eine Frau kennen, die nur fünf Jogging-Minuten von ihm entfernt wohnte. Wenn er Lust hatte, sie zu besuchen, erklärte er seiner Freundin, er gehe eine Stunde laufen, rannte die fünf Minuten zur Wohnung der Frau, blieb fünfzig Minuten dort und joggte wieder nach Hause. Danach musste er sich erst einmal ausruhen.

Mistkerl 5: Der Mistkerl Nummer 5 und seine Freundin planten eine große Reise. Um Geld dafür zu sparen, beschlossen sie, zu den Eltern der Freundin zu ziehen. Der Mistkerl Nummer 5 musste immer erst mittags zur Arbeit, während seine Freundin und ihr Vater das Haus schon am Morgen verließen. Die Mutter allerdings arbeitete nicht, und so verbrachten der Mistkerl Nummer 5 und sie die Vormittage zusammen. Einen Zeitvertreib zu finden fiel ihnen nicht schwer.

Eine andere Art Mistkerl, oder: Eine Freundin hat die Stirn, mir Vorwürfe zu machen, nachdem sie sich einen Korb geholt hat (das hängt davon ab, auf wessen Seite Sie stehen)

Eine gute Bekannte schickte mir kürzlich eine E-Mail mit einer Geschichte über einen Mann, den sie kennengelernt hatte: »Vor einigen Tagen fuhr ich morgens mit der U-Bahn zur Arbeit. Mir gegenüber saß ein Mann in einem grauen Anzug (typischer City-Look). Als die Frau, die neben ihm saß, aufstand, um auszusteigen, ruckte der Zug, und sie fiel heftig auf seinen Schoß. Beide waren ziemlich verdutzt, aber er verhielt sich sehr nett und beruhigte sie, weil ihr die Situation schrecklich peinlich war.

Nur wenige Minuten später passierte einer schwangeren Frau genau das Gleiche. Sie stand auf und fiel auf seinen Schoß. Ich kicherte, suchte seinen Blick und platzte hervor: »Wow, Ihnen fallen die Frauen ja gleich reihenweise in den Schoß!« Er grinste und erwiderte: »Tja, was soll ich dazu sagen?« Und wir lächelten uns weiter an.

Als ich schließlich aussteigen musste, reichte er mir die Hand und half mir aufzustehen, um »sicherzugehen, dass ich nicht auch noch falle«. Er begleitete mich aus der U-Bahn-Station und fragte, ob er mich – so wörtlich – »bei einem Drink auffangen« könne. Wir gingen miteinander aus. Es war ein wirklich netter Abend, dem viele SMS und Anrufe folgten. Bis es plötzlich aufhörte. Als wäre er von der Erdoberfläche verschwunden.

Ich nehme an, dass er entweder fünf Kinder irgendwo im Ausland hat, oder dass ich einfach nicht sein Typ bin. Jedenfalls habe ich seit zwei Wochen nichts mehr von ihm gehört. Zu Beginn war er ein Gentleman, der später zum Trottel mutierte, wie leider so viele Männer. Seufz!

Das Interessante an dieser Geschichte ist, dass ich ihn nur wegen einer deiner Kolumnen angesprochen habe. Genau genommen ist es also deine Schuld.«

War es wirklich meine Schuld?

Ein bisschen vielleicht schon. Möglicherweise hätte sie nicht so mit ihm geflirtet, wenn sie wiederum nicht die Story meiner verbockten Anmache in der U-Bahn gekannt hätte (Sie erinnern sich doch sicher an das erste Kapitel). Daher muss ich eine gewisse Teilverantwortung für ihr Verhalten übernehmen.

Wirklich interessant aber ist, wie meine Freundin das Verhalten dieses Mannes interpretiert, weil die Analyse punktgenau zutrifft. Entweder fand er sie nach anfänglicher Begeisterung wirklich nicht mehr toll, oder er war schon anderweitig gebunden (allerdings tippe ich eher auf eine Freundin als auf fünf Kinder im Ausland).

Die zweite Erklärung, die mit der Freundin, ist allerdings deutlich wahrscheinlicher. Wenn ein erstes Date wirklich gut gelaufen ist, aber kein zweites folgt, ist der Grund dafür meistens ein Partner.

Ich vermute, dass er meine Freundin zu einem Zeitpunkt kennenlernte, als er leichte Zweifel an seiner Beziehung hegte. Vielleicht faszinierte ihn auch die Romantik der ersten Begegnung oder die Tatsache, dass sie, immerhin eine sehr attraktive Frau, ihr Interesse an ihm sehr deutlich zeigte. Und daher beschloss er, sich mit ihr zu treffen.

Was nun das Date selbst angeht, so hat es ihm wahrscheinlich auch gefallen. Aber gegen Ende des Abends, als es darum ging, meine Bekannte zu küssen, wollte er den Flirt dann doch lieber nicht zu weit gehen lassen.

Es war ziemlich blöd von ihm, überhaupt mit meiner Freundin auszugehen, aber wir müssen ihm zugutehalten, dass er die Situation nicht hat eskalieren lassen.

Und wo bleibt meine Freundin dabei? Hätte er sie anrufen und ihr erklären müssen, wo das Problem lag? Vielleicht. Aber das Einfachste (und Männer lieben nun mal die einfachste Lösung) war, den Kontakt einfach abzubrechen. Ich gehe davon aus, dass er ihre Nummer löschte, denn sie hat tatsächlich nie mehr von ihm gehört.

Ist er deshalb ein schlechter Mensch?

Nun ja, er hat sich nicht gerade einwandfrei verhalten, aber wenn ich den Verlauf richtig interpretiere, dann hätte er deutlich mehr Unheil anrichten können. Und wenn dies die Definition für einen Trottel ist, dann war er wirklich einer.

Ich selbst halte mich zwar nicht unbedingt für einen Trottel, aber auch bei mir gab es Zeiten, in denen ich mich so oder so ähnlich verhalten habe. Ich glaube, jeder Mann, der sich selbst gegenüber ehrlich ist, muss zugeben, sich schon das eine oder andere Mal ein wenig dubios verhalten zu haben.

So ging beispielsweise mein Freund Robbie kurz nach dem Ende einer Beziehung für kurze Zeit mit einer Frau namens Rona aus. Sie hatten drei oder vier Dates, bis ihm klar wurde, dass er Rona zwar ganz nett fand, mehr aber auch nicht. Er brach den Kontakt also ab.

Ist er deshalb ein Feigling? Vielleicht. Aber ein Trottel? Eher nicht. Immerhin hörte er auf, sie anzurufen, ehe die Sache zu ernst wurde – also ehe sie miteinander schliefen.

»Typisch Mann!«, höre ich Sie schimpfen. Aber so einfach ist das nicht. Hätte er nach dem vierten Date tatsächlich zu Rona sagen sollen: »Lassen wir das, ich stehe nicht so auf dich«? Wäre das nicht zu grausam gewesen? Ich denke schon. Weniger feige, sicher, aber sehr gemein. Er hat sich damals entschlossen, lieber feige als gemein zu sein. Und zu seiner Verteidigung sei gesagt, dass er nicht mit ihr geschlafen hat, obwohl er es hätte tun können.

Wie dem auch sei: Zwei Monate später rief Rona ihn an, weil sie sich ärgerte, dass er sie so sang- und klanglos absorviert hatte. Sie fragte Robbie geradewegs nach den Gründen für den plötzlichen Kontaktabbruch. Er blieb die Antwort schuldig, weil er immer noch nicht gemein sein wollte.

Daraufhin bot sie ihm einen Ausweg an. »Du warst sicher noch nicht bereit für eine neue Beziehung, nicht wahr?«

»Nein«, sagte er, »ich war noch nicht so weit. Bitte entschuldige mein schlechtes Benehmen.«

»Schon gut, das verstehe ich«, erklärte Rona. »Aber du hättest es mir sagen sollen.«

Nach dem Gespräch fühlte sie sich gut, obwohl Robbie gelogen hatte. Ist Robbie deshalb ein Feigling und ein Trottel? Zunächst hörte er auf, sie anzurufen, und dann log er, als sie nach dem Grund fragte – ja, ich glaube schon. Aber ebenso wie der Mann, den meine Freundin im Zug kennenlernte, hätte sich Robbie sehr viel unangenehmer verhalten können.

Seltsamerweise ist es doch so: Hätte er Rona damals angelogen und ihr erklärt, dass er noch nicht bereit für eine neue Beziehung sei, anstatt einfach den Kontakt abzubrechen, hätte er genau das Richtige getan. Sein einziger Fehler war, zu spät zu lügen. Das ist zwar eine merkwürdige Logik, aber in diesem Fall ergibt sie einen Sinn.

Es ist nicht unmöglich, einen Mistkerl zu zähmen

Nein, unmöglich ist es nicht, aber sehr, sehr schwierig. Es bedarf dazu kaltherziger Geduld und der Fähigkeit, sich selbst etwas zu versagen, was Sie eigentlich unbedingt wollen – Zeit mit ihm. Und natürlich bedarf es einer gehörigen Portion Glück, denn Ihr Versuch muss zeitlich mit seiner Bereitschaft zusammenfallen, die Mistkerl-Phase zu überwinden.

Wenn Sie also den Verdacht hegen, in den Bann eines Mistkerls zu geraten (sobald Sie in diese Richtung denken, ist es vermutlich ohnehin schon geschehen), ziehen Sie sich sofort zurück. Zögern Sie keine Sekunde, bloß weil Sie glauben, Ihr Instinkt könnte Sie vielleicht täuschen. Vertrauen Sie ihm – Ihr Instinkt nimmt unterbewusste Schwingungen sofort wahr und gibt sie Ihnen als Impuls weiter, denn er ist die Summe der Vernunft und des Wissens, die Sie sich im Verlauf Ihres Lebens angeeignet haben. Hören Sie auf ihn. Er ist stärker, als Sie glauben (und wenn Sie mir nicht glauben, führen Sie sich *Blink!: Die Macht des Moments* von Malcolm Gladwell zu Gemüte).

Aber zurück zu den Mistkerlen. Vertrauen Sie also Ihrem Instinkt. Wenn er Ihnen zur Vorsicht rät, gehen Sie die Sache langsam an. Überlassen Sie dem Mann die Arbeit, er soll die Verabredungen organisieren, und lassen Sie die Sache keinesfalls über eine nette Freundschaft hinausgehen, bevor Ihr Instinkt Ihnen signalisiert, dass der Kerl dazu bereit ist. Dieser Prozess dauert vielleicht Monate, vielleicht findet er auch niemals statt. Aber es ist Ihre einzige Chance, einen Mistkerl zu zähmen. Wenden Sie sich den grundlegenden Dingen zu. Verwehren Sie ihm das, was er sich wünscht (nämlich den leichten Zugang zu Ihnen), denn man kann einen Mann nur vom Wert des Gewünschten überzeugen, wenn man es ihm verwehrt.

Das bedeutet allerdings nicht, dass Sie nicht fröhlich oder freundlich und nett zu ihm sein sollen. Auf eine halbherzige Beziehung allerdings sollten Sie unbedingt verzichten. Sie wollen diesen Mann kennenlernen, wenn er seine Mistkerl-Phase überwunden hat, nicht wenn er mittendrin steckt. Was auch geschieht – vertrauen Sie ihm nicht. Nie. Denn es ist so gut wie sicher, dass der Mistkerl Sie enttäuscht.

Die goldene Regel

Diese goldene Regel ist auf alle Mistkerle anwendbar, ganz gleich, ob sie der Kategorie des Schon-bald-aus-der-Phase-Herauswachsenden oder der des überzeugten Spielers entspringen: Wenn er keine Verpflichtungen eingeht, behandeln Sie ihn wie einen Mistkerl. Schmeißen Sie aus Ihrem Leben. Und wenn Sie das nicht schaffen, dann schmeißen Sie ihn wenigstens aus Ihrem Bett.

Einmal Fußabtreter, immer Fußabtreter (zumindest für ihn)

Ich habe Ihnen ja bereits erklärt, dass ein und derselbe Mann sich von einer Woche zur anderen grundlegend ändern kann (sobald er zum Beispiel beschlossen hat, ein neues Kapitel aufzuschlagen, ist er für eine Frau der netteste Mann der Welt, wo er für eine andere zuvor noch ein Mistkerl war).

Aber da ist noch etwas, das ich nicht verschweigen möchte: Wenn ein Mann erst einmal anfängt, Sie schlecht zu behandeln, ist es nicht nur wahrscheinlich, sondern geradezu sicher, dass Sie für ihn nie etwas anderes sein werden als jemand, den er schlecht behandeln kann. Und deshalb wird sich zwischen Ihnen niemals etwas Besonderes entwickeln. Eine zweite Chance wird es für Sie nicht geben. Ich weiß, das klingt hart, aber ich will einfach ehrlich sein. Wenn Sie einem Mistkerl gestattet haben, Sie zu schikanieren, und sich dann in der Hoffnung zurückziehen, er kehre eines Tages als perfekter Freund zu Ihnen zurück, haben Sie die Rechnung ohne den Wirt gemacht. Das wird nicht geschehen.

Es tut mir leid, wenn ich damit ein paar Ihrer Träume zum Platzen gebracht habe, aber so ist es nun einmal. Wenn eine Frau einmal ihre geheimnisvolle Aura verloren hat, ist sie für immer verschwunden. Zumindest meiner Erfahrung nach. Und mir fällt auch niemand ein, der etwas anderes behauptet. Oder doch?

Nein, niemand.

Zurück zur bewährten, vertrauten Geschichte

Und wieder einmal kehren wir zu unseren guten, alten Grundsätzen zurück: Es gibt nur einen Weg, einen Mistkerl zu einer Verhaltensänderung zu führen und wirklich gut zu Ihnen zu sein: Stürzen Sie nicht auf ihn ein. Lernen Sie ihn wie einen Freund kennen, aber schlafen Sie nicht mit ihm, bevor er Sie nicht wirklich davon überzeugt hat, bereit für eine ernsthafte Beziehung zu sein. Wenn er nur Sex, aber keine Verpflichtungen will, halten Sie sich von ihm fern. Seien Sie einfach nicht da, wenn er Sie will. Versuchen Sie, so cool wie irgend möglich zu agieren, was nicht etwa bedeutet, ihm die kalte Schulter zu zeigen, als vielmehr nicht ständig und überall dort zu sein, wo er sie gerne hätte. Ignorieren Sie sexuelle Avancen am Telefon. Machen Sie sich nicht zur »Frau mit gewissen Vorzügen«, da sind Sie nämlich gewiss nicht die einzige.

Wenn Sie allerdings selbst nicht mehr als unverbindlichen Sex mit Ihrem Mistkerl haben wollen, dann gehen Sie nach Belieben auf seine Telefonate ein, und amüsieren Sie sich mit ihm, wann immer Sie wollen. Daran ist überhaupt nichts auszusetzen. Außer, dass es die ohnehin schon winzige Chance noch verringert, dass dieser Mistkerl je zu Ihrem festen Freund mutiert.

Auch Männer haben Gefühle

Freundschaften mit Mistkerlen können sehr lustig sein. Sie wissen ja inzwischen, dass Mistkerle keine schlechten Menschen sind. Ein Mistkerl ist häufig nur ein prima Kerl, der eine bestimmte Phase durchmacht, in der Sie allerdings durchaus eine wunderbare platonische Freundschaft aufbauen können. Wenn Sie aber eine romantische Beziehung mit ihm aufbauen möchten, müssen Sie an dieser Stelle vorsichtig sein, sobald er seine Probleme mit Ihnen erörtert, weil Sie für ihn dadurch in die falsche Rolle gleiten. Sie dürfen keinesfalls zur Vertrauensperson werden, zu der Freundin, die ihm in diesen schwierigen Zeiten beisteht. Wenn Sie die Frau sind, die ihm zuhört und durch die er sich besser fühlt (was *keinesfalls* einen gelegentlichen Beischlaf beinhaltet), werden Sie mit Sicherheit nicht die Frau sein, bei der er am Ende landet. Er wird Sie immer mit dieser Lebensphase in Verbindung bringen, und zwar eher mit den Problemen als mit dem glücklichen Ende.

Wenn dieses Gefühl in Bezug auf einen Mann auftaucht, an dem Sie ernsthaft interessiert sind, ziehen Sie sich sofort zurück. Lassen Sie sich von ihm bloß nicht in eine Art Pseudo-Romanze hineinziehen.

Ich kann dieses Kapitel über Mistkerle nicht abschließen, ohne noch einmal auf B zurückzukommen. Er ist der Prototyp des Mistkerls, ununterbrochen auf der Suche nach Frauen für ein Date. Er lernt sie kennen, geht mit ihnen aus, schläft ein- oder zweimal mit ihnen und zieht weiter. Manchmal ist sein Verhalten geradezu amüsant (einmal ließ er sich zum Beispiel auf Geschlechtskrankheiten untersuchen und schleppte auf dem Heimweg an der Bushaltestelle gleich eine Frau ab), aber je länger diese Phase dauert, desto weniger komisch ist sie – und zwar sowohl für ihn als auch für die Frauen, die er kennenlernt. Trotzdem glaube ich, dass auch er eines Tages erwachsen wird, denn eigentlich ist B ein Mann wie jeder andere auch.

Was B betrifft, so habe ich eine Theorie. Ich halte ihn für extrem unsicher. Er baggert Frauen nicht nur einfach an, um sich zu amüsieren (obwohl das natürlich dazugehört), sondern auch, um sich zu beweisen, dass er es kann. Diese Theorie habe ich ihm sogar schon einmal eröffnet – wollen Sie seine Antwort hören? »Du magst recht haben, aber das ist mir egal. Ich bin glücklich.«

Der Mann, den Sie wollen

Sie wollen einen Mann, der das dringende Bedürfnis hat, sich bei Ihnen zu melden. Einen Mann, der immer Lust hat, mit Ihnen zu reden und sich in jeder freien Minute mit Ihnen trifft. Einen Mann, der nicht einmal im Traum darauf käme, sich unnahbar und distanziert zu geben, weil es ihm wichtig ist, dass Sie genau wissen, was er für Sie empfindet. Er möchte, dass Sie sich seiner Gefühle sicher sind, damit auch Sie sich sicher genug fühlen, sich auf Gefühle für ihn einzulassen. Sie wollen einen Mann, der Ihnen Gutes tun will, weil Sie in ihm eine fröhliche, positive und optimistische Lebenseinstellung wecken. Einen Mann, der Sie so liebt, wie Sie geliebt werden möchten. Das ist der Mann, den Sie wollen. Solche Männer existieren durchaus. Und ich muss es wissen, weil ich trotz meines Zynismus und zeitweiligen Mistkerl-Verhaltens einer geworden bin.

Warum bekommen nette Männer dann die Frau nicht? Warum nicht? Los, raus mit der Sprache! Warum nicht?

Der übelste Grund, aus dem eine Frau nicht an einem Mann interessiert ist, lautet: Er ist zu nett. Betrachten Sie diese Aussage einmal aus unserem Blickwinkel: Wir lernen eine Frau kennen, die wir sehr sympathisch finden. Und gerade weil wir sie sympathisch finden, beschließen wir, so viel wie möglich richtig zu machen. Wir rufen also regelmäßig an, nehmen ihre Schuhe und ihre Frisur bewusst wahr und loben sie entsprechend, wir hören ihr sogar zu, wenn sie spricht – verhalten uns also genau so, wie alle Frauen sich das angeblich wünschen.

Für uns bedeutet das, unsere ursprünglichen Verhaltensmuster komplett über Bord zu werfen – wie zum Beispiel einmal vierzehn Tage überhaupt nicht anzurufen, ihr in betrunkenem Zustand am Telefon unsittliche Anträge zu machen und darauf zu bestehen, dass wir immer noch andere Frauen anbaggern können, unter dem fadenscheinigen Vorwand, dass »wir noch nicht über eine feste Beziehung geredet haben«. Aber so behandelt man keine Frau, die einem am Herzen liegt. Wenn also eine ganz besondere Frau daherkommt, tun wir es nicht. Stattdessen sind wir nett.

Aber hilft uns das, diese Frau auch zu bekommen?

Mitnichten.

Ein Beispiel: Eine meiner Freundinnen, Steph, ging mehrmals mit einem klugen, gut aussehenden Mann aus. Sie war auf der Suche nach einem festen Freund, und er benahm sich wie ein Gentleman. Perfekt? Nicht ganz. Bis zum vierten Date tat er all die netten, oben beschriebenen Dinge und sogar noch mehr, rief sie zum verabredeten Zeitpunkt an, organisierte ihre Treffen usw. Kurz gesagt, er spielte keine Spielchen. Er hielt große Stücke auf sie und ließ sie das wissen. Sie jedoch fand ihn plötzlich zu verlässlich und zu fürsorglich, und anstatt die Qualitäten dieses anständigen, gutmütigen Menschen zu genießen, wurde er für Steph zum langweiligen Schlappschwanz.

Eines Tages fuhr er zu einem Junggesellenabschied nach Prag und schickte ihr mehrere Textnachrichten über die wunderbare Architektur und die fantastischen Brücken. Das brachte das Fass zum Überlaufen. Steph erzählte mir später, ihr wäre es lieber gewesen, wenn er ihr Bilder von tschechischen Stripperinnen geschickt hätte, gepaart mit einem Bericht über die grandiosen Lapdance-Bewegungen.

Möglicherweise hätte ihm das mehr Ecken und Kanten verliehen und vielleicht dazu geführt, dass auch sie ihn schätzen lernte.

Entschuldige, Steph, aber das ist Quatsch. Was hätte er denn tun sollen? Dich absichtlich schlecht behandeln, damit du ihn toll findest? Warum, so fragte ich sie, willst du, dass er das tut? Ihre Antwort machte mich richtig wütend. »Wenn jemand so leicht zu haben ist, ist er die Mühe nicht wert«, erklärte sie mir, ohne mit der Wimper zu zucken. Wie viele Beziehungen mögen wohl aus derart erbärmlichen Gründen den Bach runtergegangen sein? Vielleicht war er auch nur das männliche Pendant des Unglücks-Elchs? Darüber könnte man mal nachdenken.

Liebe Frauen, hört auf damit, eine Sache zu sagen und eine

andere zu tun. Sagt nicht, dass ihr anständig behandelt werden wollt und beschwert euch dann, wenn es so ist. Gebt den netten Männern eine Chance. Ihr seid es doch, die etwas verpassen!

Aber auch Mistkerle verlieben sich. Und wenn das geschieht, erwischt es sie ebenso heftig wie jeden anderen. So erging es mir nach einer langen Phase ohne jegliches Interesse für eine Beziehung, weil ich nicht bereit dazu war, als ich plötzlich eine Frau kennenlernte, die meine Einstellung völlig veränderte.

Verpassen Mistkerle durch ihr Verhalten die richtige Frau?

Ich glaube nicht. Ich habe jedenfalls keine verpasst. Wenn ich auf meine Single-Jahre zurückblicke, wünsche ich mir nicht, ich hätte mit einer Frau ein engeres Verhältnis gehabt.

Um ganz aufrichtig zu sein: Wenn ich eine Sache in meinem Liebesleben bereue, dann ist es die, dass ich bis zum Auftauchen von Freundin X gegen Ende meines Studiums keine längere Beziehung – sagen wir so ein, zwei Jahre – hatte. Es wäre sicher schön gewesen, denn die Erinnerungen an solche Beziehungen sind oft wunderbar und sehr fröhlich. Aber aus irgendeinem Grund – meine Schuld, nehme ich an – hielten meine Beziehungen nie länger als drei Monate.

Aber B hat meines Wissens eine Frau verpasst, und zwar seine allererste Freundin. Sie trennten sich, ehe sie ihr Studium an der Universität aufnahmen, wo B hoffte geradezu massenweise Frauen wie seine Ex zu treffen. Ich habe sie nie kennengelernt, aber wenn man ihm Glauben schenken mag, war sie so süß und hübsch, wie eine Frau überhaupt nur sein kann. Und seit dieser Zeit sucht er nach einer Freundin, die ihr das Wasser reichen kann. Interessant.

Das ganze Kapitel in zwei Zeilen zusammengefasst

Wenn Sie befürchten, nicht mehr als eine weitere Kerbe in seinem Bettpfosten zu sein, gehen Sie.

Rat eines Singles:

1. Wenn ein Mann unzuverlässig ist, kann man ihn in jeder Hinsicht als Mistkerl bezeichnen.
2. Wenn Sie jemanden verdächtigen, ein Mistkerl zu sein, seien Sie auf der Hut.
3. Mistkerle bleiben nicht für immer mistig.
4. Dulden Sie nicht, dass ein Mistkerl Sie schlecht behandelt.
5. Mistkerle können gute Freunde werden.

XI

Wie Sie seine Vergangenheit ruhen lassen und Ihre eigene aufpolieren

- Warum ein Mann mit Vergangenheit nicht unbedingt gemieden werden muss
- Warum er eigentlich nichts über Ihre Vergangenheit wissen will, aber trotzdem fragt
- Was Sie ihm sagen sollten und was besser nicht
- Wie man verhindert, dass die Vergangenheit beider die Gegenwart und die Zukunft beeinträchtigt

Manche Männer fühlen sich absolut sicher und stellen sich, ohne mit der Wimper zu zucken, der Vergangenheit ihrer Freundin. Meist sind dies entweder Männer, die alles wissen, denen es aber egal ist (und die häufig sogar darüber lachen), oder Männer, die gar nicht erst fragen, weil alles, was vor der gemeinsamen Zeit passiert ist, sie sowieso nicht tangiert. Bei diesen Herren handelt es sich um die coolen, ruhigen und gefassten Typen am einen Ende des Spektrums.

Weit von diesen entfernt am anderen Ende befinden sich dann die Kerle, die sich ununterbrochen damit beschäftigen, was ihre Herz-Dame vor dieser Beziehung gemacht hat und mit wem sie es gemacht hat, die sich mit Bildern ihrer Angebeteten in ekstatischer Umarmung mit anderen Männern quälen. Eine derartige Besessenheit führt häufig zu Eifersucht und dem Gefühl der Bedrohung, was sowohl für den Mann als auch für die jeweilige Frau nicht gerade angenehm ist.

Glücklicherweise sind die meisten Männer irgendwo in der Mitte zwischen diesen beiden Extremen angesiedelt. In den meisten Fällen beunruhigt uns die Vergangenheit unserer Freundin nicht sonderlich, nur dann und wann flackert einmal eine Unsicherheit auf. Diese Gefühle werden häufig von Vorfällen ausgelöst, bei denen wir uns unsicher oder unglücklich fühlen, die aber nicht notwendigerweise mit unserer Freundin zusammenhängen.

Das alles lässt sich darauf zurückführen, dass diese Frau uns sehr viel bedeutet und es uns gegen den Strich geht, dass irgendein anderer Mann ihr schon einmal in irgendeiner Weise nahegekommen ist – ganz gleich, ob es etwas Ernstes war oder nicht. Und dann fühlen wir uns schon einmal eifersüchtig, unsicher und irgendwie bedroht. Männer, die eher zur Eifersucht tendieren, fragen sich vielleicht, wie der Sex mit dem anderen Mann abgelaufen ist, und quälen sich mit Einzelheiten. Und, wenn sie eine eher wilde Vergangenheit durchlebt hat – gefiel ihr diese Zeit vielleicht besser als die Zeit mit ihrem Freund?

Diese Überlegungen bringen einen verunsicherten Mann auf die Frage, ob der Beziehungs-Sex diese Frau wirklich befriedigt. Und so fragt er sich, wie wird die Frau sich wohl fühlen, wenn sie eine Weile zusammen sind und netten, intimen Paar-Sex haben? Wird er ihr genügen können? Waren ihre früheren Liebhaber besser im Bett als er? Findet sie ihr Liebesleben langweilig? Wäre sie vielleicht lieber mit einem anderen Mann zusammen?

Das ist natürlich das Worst-Case-Szenario (sozusagen kurz vor dem Wahnsinn), und auch nur wenige Männer denken so, außer sie sind betrunken und suhlen sich in Selbstmitleid. Die meisten wissen, dass solche Gedanken zu nichts führen und zudem noch dumm sind, weil die Frau doch wohl nur bei ihnen ist, weil sie das will. Im Übrigen hat jeder Mensch eine Vergangenheit, und was auch immer in dieser Vergangenheit geschehen sein mag – es hat diese Frau zu dem Menschen gemacht, den wir heute lieben. Wozu sich also aufregen? So oder so ähnlich denken wir meistens.

Der folgende Punkt ist wichtig in Bezug auf die Eifersucht

und Unsicherheit von Männern, spitzen Sie also die Ohren. Die Unsicherheit eines Mannes hängt nicht davon ab, mit wie vielen anderen Sie schon geschlafen haben – es ist ihm egal, ob es vier oder vierhundert waren. Wichtig ist die Tatsache, dass Sie überhaupt schon einen anderen Mann geliebt haben.

Wenn Sie also eine sehr schillernde Vergangenheit haben und Ihr Mann sich darüber aufregt, sollten Sie keinesfalls Asche auf Ihr Haupt streuen und alles bereuen, denn *Sie tragen keine Schuld an dem, was er empfindet.* Wichtig ist Ihr Verhalten nach Ihrem Kennenlernen, nicht das davor; das sollte er verstehen. Wenn Sie ihn mögen und er sich Gedanken um Ihre Vergangenheit macht, helfen Sie ihm einfach dabei, sich besser zu fühlen. Sagen Sie ihm, dass Sie jetzt mit ihm zusammen sind, dass Sie ihn lieben, dass mit ihm alles viel besser ist als vorher, dass Sie glücklich sind und sich keinesfalls in die Zeit zurücksehnen, in der Sie sich mit ganzen Rugby-Teams verabredet haben (falls es so war). Trösten Sie ihn. Behandeln Sie ihn einfach so, wie Sie gern behandelt werden würden, wenn Sie in seiner Haut steckten und seine Gefühle ertragen müssten.

Was in seinem Kopf vorgeht

Wir alle wissen, dass die meisten Frauen schon vor uns Beziehungen hatten (wir sind ja schließlich nicht blöd); wie sich das allerdings mit unserer Sicht einer »idealen« Frau vereinbaren lässt, ist schwer zu sagen. Einerseits ist der Gedanke, dass meine Freundin – oder die Frau, die ich gern zur Freundin hätte – schon mit anderen Männern geschlafen hat, der blanke Horror, auch wenn das lange vor unserer Zeit war. Andererseits möchte kein Mann mit einer Jungfrau ausgehen. Eine erfahrene Frau, die Spaß und Interesse an Sex hat, ist in der Tat viel attraktiver, nicht zuletzt, weil sie ihrem neuen Freund die Chance bietet, von ihren Vorlieben und ihrer Erfahrung zu profitieren. Diese Gefühle stehen einander natürlich diametral entgegen, was die Sache für uns nicht einfach macht. Es klingt verrückt, aber wir wünschen uns eine Jungfrau und eine Sexgöttin zugleich, vereint in einem weiblichen Körper.

Wirft man die beiden Extreme allerdings in die Waagschale, wird sie sich immer zugunsten der erfahrenen Frau neigen.

Manchmal urteilen wir aber doch

Leider muss ich zugeben, dass wir in einigen Fällen Frauen doch nach ihren Taten in der Vergangenheit beurteilen. Wenn auch nicht besonders häufig. Im Augenblick fallen mir nur zwei Beispiele ein, von denen ich eines selbst erlebt habe.

Das Beispiel ohne meine Beteiligung

Mein Freund Bill lernte eine Frau kennen, in die er sich sehr schnell verliebte. Sie passten ausgezeichnet zusammen, und nach einigen Wochen war er sehr glücklich und zufrieden über den Verlauf der Dinge. Er hatte das Gefühl, dass sich etwas richtig Ernstes anbahnte.

Eines Abends erzählte er einem Freund von dieser Frau. Der Freund fragte Bill nach dem Namen seiner Freundin.

Bill nannte den Namen.

Bills Freund verstummte.

Bill fragte seinen Freund, was los sei.

Bills Freund meinte, das spiele keine Rolle.

Bill erklärte, dass es offenbar doch eine Rolle spiele und stellte dieselbe Frage noch einmal.

Bills Freund sagte, es *dürfe* keine Rolle spielen.

Bill erwiderte, er wolle selbst entscheiden, was eine Rolle

spiele und ob es eine Rolle spielen dürfe. Er fragte zum dritten Mal.

Bills Freund atmete tief durch und sagte, was los war: Vor einigen Jahren hatten sich zwei ihrer gemeinsamen Freunde mit dieser Frau bei einem flotten Dreier vergnügt.

Aber, wiederholte Bills Freund, das *dürfe* keine Rolle spielen.

Bill widersprach. Es spielte eine Rolle.

Und Bill machte Schluss mit ihr.

Bill tat mir unendlich leid, die Situation war für ihn ein wahrer Albtraum. Statt rosarot sah er nur noch Sternchen. Er erzählte mir, dass er diese Frau unendlich gernhatte, sie aber nicht anschauen konnte, ohne dass das Bild mit ihr und seinen beiden Kumpels auftauchte. Nur zur Klarstellung: Er machte ihr keine Vorwürfe wegen des flotten Dreiers, er konnte nur nicht mit einer Frau zusammen sein, bei der ihm beim bloßen Anblick Bilder seiner zwei Freunde in eindeutiger Position mit ihr durch den Kopf gingen.

Hätte Bill erst einige Monate später von diesem Abenteuer erfahren, zu einem Zeitpunkt, an dem er gefühlsmäßig wirklich gebunden und nicht nur verliebt war, wäre die Sache vielleicht anders ausgegangen. Möglicherweise wäre ihm dann die stabile Beziehung zu einer geliebten Frau im Hier und Jetzt wichtiger gewesen als ein einmaliger Ausrutscher in der Vergangenheit. So, wie ich Bill kenne, wäre es wohl so gekommen. Weil er aber in diesem frühen Beziehungsstadium davon erfuhr, erwies sich die Eröffnung als tödlich für alles, was sich hätte entwickeln können. Schade eigentlich!

Aber wie sagte Bill so schön? »Was hätte ich denn machen sollen? Wie hätte ich darüber hinwegkommen sollen? Wie hätte ich vergessen können, was sie getan hat? Natürlich weiß ich, dass sie mich nicht betrogen hat, und eigentlich gab es auch gar nichts zu verzeihen, aber ich war wütend auf sie, obwohl das natürlich nicht fair ist. Ich hasste sie für das, was sie getan hatte, und meine Kumpels hasste ich auch. Und mich selbst hasste ich erst recht dafür, weil ich ihnen eigentlich unrecht tat, denn schließlich hatte keiner der Beteiligten mir unrecht getan.

Trotzdem brachte ich es nicht fertig, weiter mit ihr zusammen zu sein. Wie soll man sich in einer solchen Situation verhalten? Am liebsten hätte ich nie davon erfahren. Trotzdem: Ich hätte darüber hinwegsehen müssen. Sie war Single, und ich kann ihr nicht für etwas böse sein, was lange vor unserer Zeit passiert ist. Es ist völlig idiotisch, dass ich ihr deswegen Vorhaltungen mache.

Das Problem liegt darin, dass sie es mit zweien meiner Freunde gemacht hat. Stell dir vor, wir wären irgendwann einmal alle gemeinsam ausgegangen. Wie hätte ich mich zum Beispiel auf meiner Geburtstagsparty gefühlt, bei der alle drei anwesend wären? Oder wenn wir eines Tages geheiratet hätten? Ich konnte das einfach nicht.«

Ich habe keine Ahnung, was ich an Bills Stelle getan hätte. Ich halte mich zwar für einen modernen Mann, der nicht über Menschen urteilt, und zudem für durchaus liberal, aber wenn ich herausfinden würde, dass eine Frau, die ich gerade näher kennenlerne, vor Jahren einen Dreier mit zwei meiner engsten Freunde gehabt hätte – ich glaube, darüber käme ich auch nicht hinweg. Wahrscheinlich ginge es mir wie Bill: Bei ihrem Anblick müsste ich immer daran denken.

Die Sache läge anders, wenn ich die beiden Bettgespielen nicht kennen würde. Klar, dass ich nicht gerade Luftsprünge machen würde (die Unsicherheit wäre allerdings mein Problem, nicht ihres), aber ich fände es wohl nicht so schlimm, dass ich sie fallen ließe.

Bei zwei engen Freunden aber ändern sich die Voraussetzungen. Und doch: Wenn ich die Frau liebe, würde ich sie wahrscheinlich bei mir halten, denn die alte Geschichte ist doch im Vergleich zu dem, was zwischen uns wächst, ziemlich irrelevant.

Schluss mit den Spekulationen, das alles sind schließlich

nur Vermutungen. Tatsache ist, dass mir eine ähnliche Situation nie wieder untergekommen ist. Es war Pech, sowohl für Bill als auch für die Frau. Vor allem für sie tut es mir leid. Was hatte sie denn verbrochen? Gar nichts. Ihr einziger Frevel war eine wilde Nacht ein paar Jahre zuvor. Und doch verlor sie dadurch eine möglicherweise großartige Beziehung. Manchmal ist das Leben nicht fair.

Das Beispiel mit meiner Beteiligung

Vor einiger Zeit, ich war seit ein paar Monaten solo, versuchten gute (weibliche) Bekannte, mich mit ihren Single-Freundinnen zu verkuppeln. Damals war ich einer der wenigen Single-Männer um die dreißig, und sie wollten mich gerne in einer glücklichen Beziehung sehen. Ich war ihnen zwar dankbar für ihre guten Absichten, doch nach einer gewissen Zeit fühlte ich mich allmählich wie ein Sozialfall (wenn Sie einer der wenigen Singles im Umfeld sind, wollen plötzlich alle mit Ihnen über Ihr Liebesleben oder den Mangel an selbigem reden). In der folgenden Geschichte geht es allerdings um einen Verkupplungsversuch, bei dem es nicht einmal dazu kam, dass ich die betreffende Dame überhaupt kennenlernte.

Kurze Unterbrechung für ein paar schnelle Tipps zum Verkuppeln von Leuten

1. Wenn Sie versuchen, eine Ihrer Freundinnen mit einem Ihrer männlichen Bekannten zu verkuppeln, beschreiben Sie ihm die Frau niemals als »birnenförmig und vernünftig«. Mir wurde eine Frau mal so beschrieben. Es kam nie zu einem Treffen.
2. Wenn ein Mann ein Foto der Frau sehen will, mit der er verkuppelt werden soll, bezichtigen Sie ihn nicht lautstark

der Oberflächlichkeit, und verweigern Sie ihm daraufhin keinesfalls das Treffen. Das ist einfach nur lächerlich, obwohl es mir auch schon passiert ist. Natürlich will man wissen, wie sie aussieht! Wollen Sie das nicht?

Zurück zu meiner missglückten Verkupplung

Eine Freundin (es sind fast immer Frauen, die ihre männlichen und weiblichen Freunde zu verkuppeln suchen) erzählte mir von einer Bekannten, die »perfekt« zu mir passe.

Die nimmt den Mund ganz schön voll, dachte ich, und das führt meistens zu nichts. Aber immerhin hörte ich ihr zu.

Die Frau sei total nett, eine heiße Nummer, intelligent und so weiter und so fort – wie zu verkuppelnde Frauen eben beschrieben werden. Mit Ausnahme der »Birnenförmigen und Vernünftigen«.

Aber, so fügte meine Bekannte hinzu, die Frau sei auch »ziemlich wild«.

Hm, dachte ich, das ist eher ungewöhnlich. Aber eben auch interessant. In den meisten Fällen werden die Frauen ja eher als »perfekte Ehefrau« denn als »ziemlich wild« etikettiert.

»Ach, tatsächlich?«, hakte ich nach. »Erzähl mal mehr von ihr.«

Ich erfuhr, dass sie oft ausgeht.

Gut.

Sie ist ziemlich laut.

Auch gut.

Sie ist sehr intelligent.

Noch besser.

Sie ist ausgesprochen witzig.

Super.

Das klang in der Tat recht vielversprechend.

Schließlich wurde mir ihr Foto zugemailt, und damit war die Entscheidung gefallen – diese Frau wollte ich unbedingt kennenlernen. Vielleicht war es gar nicht so übel, verkuppelt zu werden.

Aber dann erreichte mich, quasi als Nachhut, folgende E-Mail: »Ach ja, vor ein paar Monaten war sie Backstage beim Konzert von (hier müssen Sie gedanklich den Namen eines berühmten amerikanischen Rappers einfügen, dessen Name aus rechtlichen Gründen hier nicht stehen darf) und hat ihm einen geblasen.«

Wie bitte? Du versuchst, mich mit dieser Frau zu verkuppeln und erzählst mir eine solche Geschichte? Spinnst du?

»Ich dachte, Männer stehen auf diese Dinge«, sagte meine Freundin. »Frauen, die ein bisschen wild sind – du weißt schon.«

Also, eine gewisse Wildheit gefällt uns durchaus. Diese gehört aber nicht dazu.

Mein Interesse an der Frau wurde also keineswegs angefacht, sondern erlosch von einer Sekunde auf die andere. Wenn es ihrer Vorstellung von einem gelungenen Abend entspricht, amerikanischen Rappern sexuelle Genüsse zu verschaffen, kann ich ihr das nicht zum Vorwurf machen. Wenn ich so berühmt wäre wie dieser Kerl und obendrein noch Single, würde ich mich mit Sicherheit auch an den Legionen von Frauen erfreuen, die Tag für Tag an meinem Tourbus Schlange stehen.

Aber ich bin nun einmal nicht er, und die Enthüllung legte einen Schalter um. Wollte ich wirklich mit einer Frau verkuppelt werden, die, wie die Boulevardpresse es formulieren würde, mit diesem Rapper eine heiße Sex-Nummer schob?

Nein.

Wie Bill nach dem flotten Dreier seiner Freundin würde ich beim Anblick der Frau vermutlich immer an diesen Sänger denken. Und zwar schon sofort bei unserem ersten Treffen.

Könnte sich unter diesen Umständen überhaupt etwas zwischen uns entwickeln?

Nein.

Wenn allerdings Ihre persönliche sexuelle Vorgeschichte genug Stoff für eine lange, spannende Lektüre bietet, brauchen Sie sich an dieser Stelle keine Sorgen zu machen. Die hier geschilderten Geschichten sollen lediglich zeigen, dass Männer eine Frau nur dann für vergangene Sünden verurteilen, wenn die Umstände außergewöhnlich sind. Wenn Sie mir nicht glauben, dann lassen Sie sich die Bemerkung eines meiner Freunde über seine Partnerin und ihre bewegte Vergangenheit auf der Zunge zergehen: »Manchmal bin ich schon ein bisschen eifersüchtig, aber ich glaube, das geht jedem ab und zu so. Ich werde nicht zulassen, dass die Vergangenheit der Frau, die ich liebe, unser jetziges Leben beeinflusst, denn sie hat weder etwas mit mir noch mit uns als Paar zu tun.

Sie war früher ein bisschen wild – na und? Wir haben jetzt eine wundervolle Beziehung. Ich vertraue ihr vollkommen und möchte mein weiteres Leben mit ihr verbringen. Ich liebe sie als den Menschen, der sie heute ist – und der ist sie nur durch ihre Vergangenheit geworden. Natürlich sind ihre wilden Zeiten nicht unbedingt mein Lieblingsthema, trotzdem würde ich mir niemals von etwas so Unbedeutendem, das zudem nichts mit meinem Leben zu tun hat, weder mein Glück noch meine Partnerschaft zerstören lassen. Diese Nächte waren mit Sicherheit wirklich toll, aber für mich zählt nur das, was wir heute haben. Unsere Zukunft ist mir wichtiger als Dinge, die vor unserem ersten Treffen passiert sind.«

Nebenbei bemerkt: Seine eigene Vergangenheit war, verglichen mit ihrer, ausgesprochen zahm.

Die Sache funktioniert übrigens auch andersherum. Die Schwester einer meiner Bekannten verliebte sich in einen Mann, der ihr mit großer Offenheit erzählte, er habe vor ihr mit neunzig anderen Frauen geschlafen. Und zwar manchmal sogar mit zweien oder dreien gleichzeitig. Im Anfang störte sie diese Information ein bisschen. Als sie aber drei Jahre später heirateten, schien sie ihr absolut nichts mehr auszumachen.

Es gibt keinen Grund zu der Annahme, dass die kleinen Sünden der Vergangenheit Ihre Gegenwart oder Zukunft beeinflussen.

Das allerdings soll kein Freibrief sein, sich permanent kreuz und quer durch alle Betten zu schlafen, ich glaube nämlich nicht, dass das irgendeinen der Beteiligten glücklich macht, ob männlich oder weiblich. Eine gewisse Mäßigung ist hier meiner Meinung nach nicht unbedingt von Nachteil. Regelmäßiger, unverbindlicher Sex ist meiner Meinung nach in unglücklichen, betrunkenen und/oder einsamen Momenten nur ein Ersatz für echte Zuneigung.

Die Frage aller Fragen: Was sollen Sie ihm sagen?

Für mich ist die Antwort ganz einfach. Sie mögen mich für idealistisch halten, aber wenn jemand, in den Sie sich ernsthaft verliebt haben, Ihnen eine Frage stellt, sollten Sie ehrlich antworten. Sagen Sie die Wahrheit. Natürlich schmerzt die Wahrheit manchmal, aber ich finde, Partner sollten sich nicht anlügen. Es kann passieren, dass man unangenehme Dinge zu hören bekommt, aber darum geht es nicht. Ehrlichkeit ist so viel wichtiger als der kurzfristige Ärger über die Anzahl der Leute, mit denen der Partner oder die Partnerin geschlafen hat. Im Ernst: Wenn jemand in einer Beziehung nicht mit der Wahrheit über die Vergangenheit des anderen umgehen kann, ist das sein Problem (und das sage ich, obwohl ich bekennend eifersüchtig bin). Wenn es irgendetwas gibt, das Sie nicht wissen wollen, dann stellen Sie die Frage erst gar nicht.

Irgendjemand hat einmal gesagt, dass ein Mann höchstens der zehnte Liebhaber einer Frau sein will und dass eine Frau daher bezüglich ihrer Vergangenheit besser nicht unbedingt die Wahrheit sagen sollte. Ich halte das für Unsinn. Sagen Sie einfach die Wahrheit. Kein vernünftiger Mann wird eine Frau nur deshalb ablehnen, weil sie vor ihm mit zu vielen anderen

Männern geschlafen hat. Und sollte er es tun, hat er sie ohnehin nicht verdient.

Daher lautet die Regel: Im Zweifel immer die Wahrheit sagen.

Auch die folgende Geschichte kreist um dieses Thema. Eine Frau namens Rebecca lernt bei der Arbeit Mr. Right kennen. Er lädt sie ein und sie gehen mehrfach miteinander aus. Alles läuft wunderbar. Einige Monate später entdeckt sie bei ihm zu Hause ein Foto von ihm mit einem seiner Freunde. Sie glaubt diesen Freund zu kennen und fragt nach seinem Namen. Und in der Tat stellt sich heraus, dass sie ihn kennt. Sie war zwei Jahre zuvor einige Zeit mit ihm zusammen. Sein Name ist Mr. Wrong.

Mr. Right bemerkt sofort die Veränderung in Rebeccas Blick, als Mr. Wrongs Name fällt. Ihm ist klar, dass etwas nicht stimmt, und er fragt nach. Rebecca sagt ihm die Wahrheit – dass sie und Mr. Wrong etwa ein halbes Jahr lang zusammen waren, ungefähr anderthalb Jahre bevor sie Mr. Right kennenlernte.

Mr. Right reagiert ziemlich enttäuscht, denn Mr. Wrong ist sein ältester Freund und mit ihm zusammen aufgewachsen. Auch Rebecca ist enttäuscht. Nicht nur, dass sie Mr. Right aus der Fassung gebracht hat – den besten und nettesten Mann seit langer Zeit –, sondern weil sich zudem herausstellt, dass Mr. Wrong Mr. Right niemals von ihr erzählt hat. Obwohl die beiden von Kindesbeinen an befreundet sind, hält Mr. Wrong Rebecca offensichtlich nicht einmal für wichtig genug, sie seinem besten Kumpel gegenüber nach sechs Monaten Dating zu erwähnen. Sie ahnen es sicher schon: Mr. Wrong ist ein Mistkerl. Rebecca tut mir leid, ihr Stolz hat sicher einen ordentlichen Knacks bekommen. Und Mr. Wrongs Verhalten ist durch nichts zu entschuldigen. Aber so sind Männer nun einmal, wenn sie gern Single sind und sich nicht binden wollen. Wahrscheinlich war das, was ihn und Rebecca verband, für ihn so unwichtig, dass er es nicht einmal für nötig hielt, darüber mit seinem besten Freund zu sprechen. Das soll keine Entschuldigung sein. Aber so sind manche Männer nun einmal. (Merke: Sämtliche Alarmglocken sollten schrillen, wenn Sie seit sechs Monaten mit einem Mann zusammen sind und nicht einmal seinen besten Freund kennengelernt haben.)

Aber wie fühlte sich Mr. Right, als er erfuhr, dass Mr. Wrong seine geliebte Rebecca auf eine Weise kannte, die ihm absolut nicht gefiel?

Er fühlte sich fürchterlich. Er musste nicht nur mit dem Bewusstsein fertigwerden, dass Rebecca mit seinem besten Freund geschlafen hatte (wohlgemerkt ohne ihn zu betrügen!), sondern auch damit, dass sie Mr. Wrong offenbar so wenig bedeutete, dass er ihm nicht einmal von ihr erzählt hatte. Für Mr. Right ist Rebecca die Frau, mit der er alt werden will. Für Mr. Wrong war sie ein flüchtiges Abenteuer. Das muss sich widerlich anfühlen, und in meiner Eigenschaft als Mann muss ich sagen, dass er mir unendlich leidtut.

Was wurde aus Rebecca und Mr. Right?

Jetzt kommt mein Lieblingsteil dieser Geschichte. Es stellte sich nämlich heraus, dass Mr. Right ein ganz besonderer Mann war. Er war stark, hatte Prinzipien und begriff sehr schnell, dass er mit Rebecca eine ganz tolle Frau gefunden hatte; daran änderte auch sein angeschlagenes Ego nichts. Im Gegenteil: Nachdem er darüber nachgedacht hatte, was sie beide verband, liebte er sie nur umso mehr. Er blieb nicht nur bei ihr, sondern er tat auch alles dafür, ihre Beziehung zu festigen. Das, was seinerzeit mit Mr. Wrong geschehen war, hatte nicht die geringste Bedeutung.

Eine Geschichte, die mich auch heute noch verblüfft

Ich bin der Meinung, dass man niemandem für seine Vergangenheit vergeben muss, für Erlebnisse aus einer Zeit vor der gemeinsamen Geschichte. Würde ich jedoch von dem Menschen betrogen, den ich liebe, könnte ich wahrscheinlich, wie die meisten Leute, nur sehr schwer darüber hinwegkommen. Genau aus diesem Grund hat mich die folgende Geschichte ungeheuer verblüfft und tut es noch heute. Sie ist so gut und so unglaublich, dass ich sie hier unbedingt loswerden muss. Es geht um die Vergangenheit einer Person, um Untreue und um Vergebung unter den unwahrscheinlichsten Umständen.

Genug der Vorrede, hier ist die Geschichte.

Die Geschichte

Sharon und Shaun wurden im Alter von 27 Jahren ein Paar. Zwei Jahre verdächtigte Sharon Shaun, sie zu betrügen. Sie sprach ihn darauf an und er gestand, fremdgegangen zu sein. Und zwar mehr als einmal. Es stellte sich sogar heraus, dass er während ihrer Beziehung in regelmäßigen Abständen mit sechs anderen Frauen geschlafen hatte. Sharon war verständlicherweise völlig verstört.

Bedeutete das jetzt das Ende für dieses Paar?

Beinahe.

Aus Gründen, die für mich nicht den geringsten Sinn machen, ließ Sharon Shaun zwischen zwei Optionen wählen. Entweder, sie würden sich hier und jetzt und sofort trennen, oder Shaun sollte zu Sharons Vater gehen und ihm genau das erzählen, was er Sharon gebeichtet hatte – er sollte seine Untreue also dem Vater der Frau gestehen, die er betrogen hatte.

Sehr kreativ, dachte ich. Und eine ziemlich gute Strafe. Ich war beeindruckt. Aber Shaun würde so etwas doch nie tun, oder? Wie viel Erniedrigung würde er für eine Frau ertragen, die er so wenig liebte, dass er sie mit sechs anderen betrogen hatte? Keine, so dachte ich.

Aber ich sollte mich täuschen.

Shaun tat es.

Er rief Sharons Vater an, bat ihn um ein Treffen, fuhr zum Haus seiner Schwiegereltern, setzte sich in einen Sessel und erzählte ihm alles. Wäre ich Sharons Vater gewesen, so hätte ich vermutlich etwas ganz anderes erwartet, wenn der Mann, mit dem meine Tochter seit zwei Jahren zusammen ist, mich um eine Unterredung unter vier Augen bittet. Dass er nämlich um die Hand meiner Tochter anhält, um genau zu sein. Nie im Leben würde ich damit rechnen, dass eben jener junge Mann mir gesteht, was er meiner Tochter angetan hat. Und zwar gleich mehrfach. Eigentlich überrascht es mich fast, dass Sharons Vater nicht sofort zur Pistole griff.

Aber Sharons Vater hörte Shaun zu und brachte es fertig, ihn nicht windelweich zu prügeln (was mich beeindruckt). Sharon und Shaun sind inzwischen schon einige Jahre verheiratet, und soweit ich weiß, ist er ihr seither immer treu geblieben.

In Zeiten allgegenwärtiger Untreue ist das eine bemerkenswerte Sache. Ich habe keine Ahnung, wie Sharon über Shauns Seitensprünge hinweggekommen ist. Ich weiß auch nicht, ob einem Mann das überhaupt gelungen wäre. Ich kann mir einfach nicht vorstellen, dass ich je wieder das Gleiche für meine Freundin empfinden würde wie vorher, wenn sie mir eröffnen würde, dass sie während der vergangenen zwei Jahre mit sechs anderen Männern geschlafen hätte. Und ich glaube, damit stünde ich nicht allein. Ich nehme an, Sharon ist die eine unter Tausend, die da anders denkt.

Ehrlich gesagt kann ich weder seine noch ihre Handlungsweise wirklich verstehen. Warum haben sie nicht einfach Schluss gemacht? Glücklicherweise war ich nie in einer solchen Situation und werde es auch hoffentlich nie sein.

Die Eifersucht und ich – oder: wie man eifersüchtig auf eifersüchtige Menschen werden kann (sie können wenigstens eifersüchtig sein)

Nach etwa zwei Jahren Single-Dasein kam mir am Silvesterabend plötzlich in den Sinn, dass es schön wäre, jemanden zu haben, auf den ich eifersüchtig sein könnte. Das Schlimmste war, dass das Single-Dasein dank seiner öffentlichen Ausbreitung in meiner Kolumne offenbar zu meinem Markenzeichen geworden war.

Ich war schon fast zwei Jahre lang solo und verlor allmählich die Lust daran. (Sie erinnern sich vielleicht – geplant war ein Jahr!) Ich fühlte mich einsam. Fast alle meine Freunde lebten in festen Partnerschaften, und ich war es leid, ständig nach den Neuentwicklungen meines Liebeslebens gefragt zu werden. Ich weiß, das klingt undankbar (die Leute fragten ja nur, weil ihnen an mir lag und sie mich glücklich wissen wollten – ich hatte ein Riesenglück, dass es die Kolumne gab), aber manchmal kam es mir vor, als gäbe es für mich nichts anderes mehr. Ich war Humfrey, der Single.

Aber dann musste ich mir eingestehen, dass ich nicht nur freiwillig Single war, sondern außerdem eine Kolumne schrieb, in der ich mein Single-Dasein feierte – ich konnte also wirklich niemandem die Schuld in die Schuhe schieben. Es war einzig und allein mein Fehler.

Und damit zurück zum Single-Dasein. Und zum Spaß.

Neues Jahr, neue innere Einstellung

An jenem Silvesterabend beschloss ich, positiv zu denken. Ich würde zum Jahreswechsel ein neues Kapitel aufschlagen und mein Verhalten ändern. Der Schlüssel dazu hieß Optimismus, und ich nahm mir vor, felsenfest daran zu glauben, dass irgendwo da draußen die richtige Frau auf mich wartete und dass es nur eine Frage der Zeit war, sie zu finden.

Eine Sache allerdings wollte ich unbedingt vermeiden: voreilige Entscheidungen.

Single-Männer sind wie Taxis

Meine jüngere Schwester Sarah hat eine Theorie, der zufolge Single-Männer wie Taxis sind, deren Taxischild unzuverlässig ist. Eine Frau, der eines dieser Taxis gefällt, ist wie ein potenzieller Passagier, der am Straßenrand steht und die Droschke herbeiwinkt. Manchmal leuchtet das Taxischild auf dem Dach, dann ist der Wagen frei, und manchmal eben nicht, der Wagen ist dann entsprechend nicht frei. Aber – und das ist der springende Punkt – es muss nicht unbedingt jemand in diesem Taxi sitzen, manchmal hat es auch einfach so keine Lust anzuhalten.

Wenn also das Schild eines Single-Mannes leuchtet, muss er sich ernsthaft mit der nächsten Frau zusammentun, die er wirklich mag. Leuchtet das Schild jedoch nicht, kann eine Frau ihn durch nichts auf der Welt veranlassen, mit ihr eine Beziehung anzufangen. Er ist nicht zu haben. Punkt.

Sarah hat den Nagel damit ziemlich auf den Kopf getroffen. Ich war über die Phase der ausgeschalteten Anzeige hinweg. Wenn ich jetzt Frauen kennenlernte, überlegte ich: »Kann ich mir mich mit ihr vorstellen?« Auch wenn die Antwort auf die Frage zu diesem Zeitpunkt noch jedes Mal Nein lautete, ließ ich Vorsicht walten, denn ich wollte keinesfalls einer dieser Männer werden, die sich aus lauter Frust voreilig entscheiden.

Silvester, weiter im Text

Um es Ihnen noch einmal ins Gedächtnis zu rufen: Es war Silvester, ich stand der Welt wieder positiv gegenüber und suchte nicht mehr nach kurzfristigen Techtelmechteln.

Allerdings hielten sich meine Hoffnungen in Grenzen, was diesen Abend betraf. In den vergangenen zehn Jahren hatte ich erst einmal Silvester als Single verbracht. Das war genau zwölf Monate her und ein absoluter Schuss in den Ofen gewesen. Die einzige Single-Frau auf der entsprechenden Party fing gegen neun Uhr abends aus unerfindlichen Gründen an zu heulen und verschwand eine Stunde später, immer noch mit Tränen in den Augen. Und nein, das lag nicht an mir! Wir hatten nicht ein einziges Wort gewechselt.

An meinem zweiten Single-Silvester ging ich nun also mit meinem Vetter Max und seiner Frau Mareike in einen Pub. Wir hatten einen Riesenspaß, tranken eine Menge und tanzten ein bisschen. Es waren sogar ein paar hübsche Frauen da, unter denen vor allem eine mit kurzem dunklem Haar und einem verführerischen violetten Kleid unter meinem alkoholvernebelten Blick ziemlich attraktiv erschien.

Max und Mareike besuchten diesen Pub häufiger und kannten entsprechend diverse Leute. Mareike fragte mich, ob sie mich jemandem vorstellen sollte, woraufhin ich ihr erklärte, dass mich nur die Frau im violetten Kleid interessiere. Ein koketter Tanz und häufiger Blickkontakt bestärkten mich zudem in meiner Ansicht, dass ich bei ihr zum Zug kommen könne. Keine Chance, meinte Mareike. Sie ist lesbisch. Das gefiel mir zwar weniger, aber da der Abend ansonsten wirklich lustig war, machte es mir nichts aus, ohne Frau zum Anbaggern auskommen zu müssen.

Die Nacht verbrachte ich bei Max und Mareike auf dem Sofa. Am nächsten Morgen erkundigte Mareike sich, warum ich nicht versucht hätte, bei der Frau im violetten Kleid zu landen. Ich musste lachen.

»Natürlich, weil sie lesbisch ist«, sagte ich.

»Was redest du denn da?«, fragte sie.

»Nun, du hast doch behauptet, sie sei lesbisch. Also habe ich sie in Ruhe gelassen.«

Mareike blickte mich verwirrt an.

»Aber das stimmt doch gar nicht. Ich habe gesagt: Ich glaube, sie mag dich.«

Und mir wurde schlagartig klar, was passiert war. Mein benebelter Kopf hatte mich die Chance verstreichen lassen, bei der Frau im violetten Kleid zu landen, weil ich statt: »Sie mag dich« verstanden hatte: »Sie ist lesbisch.« Ich fühlte mich wie ein ausgemachter Idiot, was meinen Kater noch verschlimmerte.

Später erzählte ich B die Geschichte. Er schimpfte mich einen Idioten, der vermutlich nicht einmal eine Nutte im Puff erfolgreich anbaggern könnte – ein Kommentar, der nur entfernt das widerspiegelte, was ich eigentlich zu hören gehofft hatte. Außerdem wettete B mit mir, dass ich es nicht wagen würde, die Story samt Pub-Name in meiner Kolumne zu veröffentlichen und zusätzlich, in einem letzten verzweifelten Versuch (oh ja, ich muss zugeben, ich war verzweifelt, aber ich hasse es auch, Wetten zu verlieren) die Situation zu retten und die Frau im violetten Kleid ausfindig zu machen und um ein Treffen zu bitten.

B verlor seine Wette. Ich setzte die ganze Geschichte in die Zeitung und lud die Frau im violetten Kleid in aller Öffentlichkeit ein, Kontakt mit mir aufzunehmen. Warum ich das tat? Vor allem, um B das Maul zu stopfen.

Ob ich irgendetwas von ihr gehört habe?

Nein.

Von der Zeitung mit meiner jämmerlichen Geschichte wurden 600.000 Exemplare gedruckt.

Ein frohes neues Jahr beginnt anders.

Zurück zur Eifersucht

Ein bisschen Eifersucht schadet meiner Meinung nach nicht unbedingt. Winzige Stiche hier und da sind einfach nur normal. Vielleicht hilft es sogar, den Partner oder die Partnerin nicht für selbstverständlich zu halten – zumindest, solange dem Stich immer gleich dieses angenehm warme Prickeln folgt, weil man seinem Partner blind vertraut und weiß, dass er ebenso empfindet. Dann ist man vielleicht sogar stolz darauf, mit jemandem glücklich zu sein, der auch von anderen begehrt wird. Und sofort kann man wieder lächeln. Eifersucht ist also nicht grundsätzlich schlecht.

Ein Wort zur Unsicherheit der Männer

Vor einigen Jahren hatte ein Sänger namens Jimmy Soul mit *If you wanna be happy* einen Hit, in dem er Männern Ratschläge für ein zufriedenes Leben gibt. Seine Weisheit gipfelt in den Zeilen *Never make a pretty woman your wife* (Nimm nie ein schönes Mädchen zur Frau) und *Get an ugly girl to marry you* (Bring ein hässliches Mädchen dazu, dich zu heiraten). Jimmy rät Männern zur Vermeidung von Stress, der seiner Meinung nach notgedrungen durch die Ehe mit einer hübschen Frau erfolgt – zum Beispiel die Aufmerksamkeit, die andere Männer ihr zollen.

Auch wenn er ein Mann ist und ich eigentlich aufseiten der Männer stehen sollte – wenn Jimmy Soul wirklich glaubt, was er da singt, dann spinnt er komplett. Man(n) soll eine Frau zurückweisen, weil sie zu hübsch ist? Ich kenne niemanden, der das tun würde oder je getan hat.

Der Song ist übrigens nett. Gute Mucke.

Eine letzte Bemerkung zur Eifersucht

Wenn ein Mann eine Frau liebt, und zwar wirklich liebt, wird er sie oft anschauen und dabei denken, wie wunderbar sie doch ist. Vielleicht fürchtet er dann, dass kein anderer Mann bei ihrem Anblick etwas anderes empfinden könnte. Es gibt also Zeiten – je nach Persönlichkeit unterschiedlich häufig –, in denen ein Mann sich gewissermaßen bedroht fühlt. Sie sollten das als Kompliment auffassen. Ärgern Sie sich nicht darüber, denn es ist ein Beweis für seine Hochachtung. Was soll daran schlecht sein? Gar nichts.

Rat eines Singles:

1. Eifersucht muss nicht immer schlecht sein.
2. Wenn ein Mann allzu eifersüchtig ist, obwohl Sie ihm Ihre Zuneigung wieder und wieder versichert und ihn weder betrogen noch verraten haben, dann können Sie nichts dafür. Es ist sein Problem.
3. Eine wilde Vergangenheit ist nichts, dessen man sich schämen muss.
4. Eine kreuzbrave, quasi klösterliche Vergangenheit ist ebenfalls nichts, dessen man sich schämen muss.
5. Ehrlichkeit ist grundsätzlich die beste Strategie.

Wenn aus einem Techtelmechtel eine Beziehung wird

- Wie Sie Ihre Chancen erhöhen, diejenige zu sein, mit der er letztendlich eine Beziehung eingeht
- Warum Sie ihn nicht zu früh und zu ungestüm drängen sollten
- Wie Sie einen Mann ganz einfach in die Flucht schlagen
- Geben Sie ruhig zu, dass Sie mit einem Mann den Rest Ihres Lebens verbringen möchten
- Warum er eine Ehe und nicht nur eine Trauung will

Wenn Sie dieses Kapitel erreicht haben, sollten Sie inzwischen, so hoffe ich, meinen Rat schon fast vorhersagen können. Sie sollten wissen, dass ich auf geradlinige Taktiken schwöre und darauf, dass man seinen Instinkt und seinen gesunden Menschenverstand nutzen sollte und dass ich dazu rate, sich nicht zu cool zu geben, sich aber auch nicht Hals über Kopf in eine Sache zu stürzen. Das alles klingt zwar einfach, funktioniert aber nur, wenn Sie sich selbst und Ihrem Verstand vertrauen.

Wo also stehen wir jetzt? Wenn es um das geht, was ich Ihnen zu sagen habe, nähern wir uns allmählich dem Ende. Stellen wir uns einmal vor, Sie sind mit einem Mann zusammen, den Sie sehr nett finden, und Sie möchten das Techtelmechtel der ersten Dates in eine echte Beziehung münden lassen. Wenn das, was Sie verbindet, gut ist, alles glattläuft und das Timing für ihn richtig ist, kann es relativ leicht klappen, weil er es vermutlich ebenfalls will. Vielleicht geht es langsamer, als Ihnen lieb ist (wenn er zum Beispiel ein wenig schüchtern ist), aber darüber sollten Sie sich keine Gedanken machen.

Die folgenden Beispiele zeigen, wie Sie dabei vorgehen können, nachdem eines Ihnen aufzeigt, wie Sie es besser nicht tun sollten.

Miss Wild-Drauflos

Ich kenne eine Frau, die mit ziemlich vielen Männern schläft. Meistens hat sie drei oder vier Typen gleichzeitig (das ist natürlich nicht wortwörtlich zu nehmen), allerdings geht sie die Sache nicht gelassen und fröhlich an, im Gegenteil: ihr breit gestreutes Interesse liegt in ihrem Bedürfnis nach einem Partner begründet, und sie sieht im Prinzip jeden einzelnen Mann, mit dem sie schläft, als denkbaren Dauerfreund.

Ihre Theorie läuft darauf hinaus, dass sie, je mehr Männer sie kennenlernt, desto schneller den Richtigen findet. Das geht jetzt schon viele Jahre so und bisher ist sie keineswegs fündig geworden. Sie ist hübsch, fröhlich, freundlich, intelligent und warmherzig und hat somit nicht das geringste Problem, Männer überhaupt kennenzulernen, aber etwas an ihr vertreibt die Herren der Schöpfung so schnell, dass aus ihren kleinen Techtelmechteln niemals mehr wird.

Dafür gibt es zwei Gründe.

Erstens sagt Miss Wild-Drauflos sofort, worauf sie hinauswill. Gleich beim ersten Date erklärt sie ihrem Gegenüber ihre Agenda, sprich, dass sie auf der Suche nach einem festen Freund ist. Dieses Verhalten hat zwei Folgen. Erstens fühlt sich der betreffende Mann, als würde er für eine bestimmte Rolle getestet, und so etwas mag einfach niemand. Außerdem hat er das Gefühl, zu etwas gezwungen zu werden, ganz so, als gäbe es einen Plan in Bezug auf ihn. Hier handelt es sich natürlich um ein extremes Beispiel, aber das entsprechende Lösungskonzept kann von jeder Frau ange-

267

wendet werden, die einen Mann dazu bringen möchte, eine Beziehung mit ihr anzufangen. Es funktioniert so: Während der ersten Kennenlernphase möchten Männer in aller Regel am liebsten in der Gegenwart, im Hier und Jetzt, glücklich sein. Wir Männer neigen nicht dazu, ständig über die Zukunft nachzudenken, zum Beispiel darüber, wohin uns unsere derzeitige Beziehung eines Tages führen wird. Das soll nicht bedeuten, dass wir nicht über die Zukunft nachdenken, aber eben in unserer eigenen Geschwindigkeit, auf unsere eigene Weise an einem von uns bestimmten Zeitpunkt. Natürlich können Sie unsere Entscheidungen bis zu einem gewissen Grad beeinflussen. Wenn der Mann, an dem Ihnen liegt, sich nicht festlegen will, bleiben Ihnen zwei Möglichkeiten: Machen Sie ihn im Hier und Jetzt glücklich, ohne Druck auszuüben, oder geben Sie sich unabhängig. Zeigen Sie ihm die kalte Schulter. Ziehen Sie sich zurück, allerdings nicht aggressiv und keinesfalls voller Konfrontationen. In beiden Fällen ist es wichtig, ihn nicht über Ihr Handeln in Kenntnis zu setzen. Sobald er weiß, was Sie vorhaben, merkt er, dass Sie ihn manipulieren wollen, und geht in die Defensive. Wenn Sie es aber richtig und ihn glücklich machen, wird er zwar vielleicht auch nicht sofort mit einem Antrag auf die Knie fallen, wie Sie es gern hätten, aber er wird zumindest nicht mehr ohne Sie leben wollen. Und genau das wollen Sie ja erreichen. Falls das wider Erwarten nicht funktioniert, müssen Sie sich sofort zurückziehen. Erklären Sie ihm, dass Sie mehr wollen als eine unverbindliche Freundschaft, streichen Sie ihn aus Ihrem Leben, und bleiben Sie sich treu.

Das zweite Problem bei Miss Wild-Drauflos besteht darin, dass sie durch ihre Unsicherheit zu schnell zu weit geht und damit die Männer vergrault. Sie versucht mit allen Mitteln, Vertrauen zu schaffen, und diese Bemühungen sind allzu offensichtlich. Erzwungenes Vertrauen aber ist ein Zeichen von Unsicherheit, und das mögen Männer nicht.

Miss Wild-Drauflos – das Urteil

Es wäre natürlich verführerisch zu sagen, dass Miss Wild-Drauflos nur den richtige Mann treffen muss, und alles ist geritzt. Und auch wenn darin ein Funken Wahrheit steckt, ist das Leben nun einmal nicht immer so einfach und so freundlich. Damit das Schicksal irgendwann überhaupt einmal zuschlagen kann, müsste Miss Wild-Drauflos dringend ihre Denk- und Verhaltensweisen ändern. Denn im Moment wird kaum ein junger Mann überhaupt bemerken, dass sie ein Rohdiamant ist (was sie wirklich ist!), geschweige denn beschließen, dass er derjenige sein will, der sie zum Strahlen bringt. So ticken Männer nun einmal nicht. Wir sind nicht wie Frauen, die davon träumen, einen Mann mit Potenzial zu entdecken – und ihn zur Vollendung zu leiten. Wir wollen niemanden verändern. Wir wollen eine Frau so nehmen, wie sie ist. Wir sehen sie an und denken: »Sie ist perfekt« – nicht etwa: »Sie könnte perfekt werden«.

Das ist auch der Grund, warum Männer manchmal panisch reagieren, wenn ihre Freundin ihnen erklärt, sie möchte ihre Frisur verändern, und infolgedessen zu ihr sagen: »Tu es nicht, ich mag es, wie es ist.« Dinge, die wir lieben, sollen sich möglichst nicht verändern. Allerdings gefällt 99 Prozent aller Männer die neue Frisur ihrer Freundin dann doch. Oder sie bemerken sie nicht einmal. Wir sind schon seltsame Kreaturen!

Und auch darüber sollte die Wild-Drauflos-Dame nachdenken: Sie fällt auf Spieler und Mistkerle herein. Und dieses Verhalten führt, gepaart mit ihrem mangelnden Selbstbewusstsein, leider in den meisten Fällen nicht zu einer glücklichen Beziehung.

Zu den Auffälligkeiten im Verhalten der Wild-Drauflos-Dame, die Sie unbedingt vermeiden sollten, gehört zum Beispiel auch, dass sie simst, ohne dass ein Mann ihr geschrieben hätte. Sie versucht, Dates zu arrangieren, wenn Männer sich nicht von selbst melden; sie schickt spät in der Nacht von unterwegs noch SMS und rechtfertigt sie damit – das ist ein wichtiges Warnsignal –, dass sie »keine Spielchen spielen« will. Dem Mann aber die Arbeit zu überlassen, hat nichts mit »Spielchen« zu tun, sondern ist klug und vernünftig. Hingegen ist das Befolgen der Tipps aus *Die Kunst, den Mann fürs Leben zu finden* definitiv ein »Spielchen« – und Sie wissen, was ich davon halte.

SMS am späten Abend: Die ultimative Wahrheit

Wenn ein Single-Mann, mit dem Sie keine regelmäßigen Dates haben (damit meine ich entweder, dass Sie seltener als drei- bis viermal kurz hintereinander mit ihm aus waren oder dass Sie sich zwar häufiger, aber dafür in sehr großen Abständen getroffen haben), Ihnen zu sehr später Stunde eine SMS schickt, kann ich Ihnen nahezu garantieren, dass er Sie nicht zur festen Freundin haben möchte. Vielleicht wünscht er sich, Sie zu sehen und nackt mit Ihnen zu turteln, vielleicht interessiert er sich auch nur für Ihre Reaktion – es geht jedenfalls lediglich darum, seine Langeweile zu vertreiben. Wenn Sie nichts gegen einen ordentlich lasziven Anruf oder ein paar lüsterne SMS haben, dann gehen Sie ruhig darauf ein. Sie dürfen dann allerdings nicht hoffen, dass daraus das Vorspiel zu mehr als einer unverbindlichen Affäre wird.

Das ist natürlich eine sehr grobe Verallgemeinerung. Aber es ist die Wahrheit. Und genau deswegen habe ich so weit ausgeholt, denn die Lektion, die dahintersteckt, ist eigentlich ganz einfach: Eine zu später Stunde erhaltene SMS muss nicht ausgiebig analysiert werden. Der Typ ist entweder einsam, gelangweilt oder spitz. Oder ein bisschen von allem. Aber eines ist er mit Sicherheit *nicht*: an einer engeren Beziehung mit Ihnen interessiert. Seien Sie also auf der Hut.

Wenn Sie allerdings selbst einsam, gelangweilt oder spitz sind, amüsieren Sie sich mit ihm.

Die Unterredung

Eine SMS am späten Abend bekommt jedoch einen komplett anderen Stellenwert, wenn zwischen ihnen bereits *Die Unterredung* stattgefunden hat: das Gespräch darüber, dass Sie – beide – ab sofort mit niemand anderem mehr ausgehen wollen.

Die Unterredung – Sallys Geschichte

Drei Wochen nachdem Sally und Steve ein Paar wurden, stöberte Sally in seinem Handy herum und stellte fest, dass er nur zwei Tage zuvor mit einer anderen Frau geschlafen hatte. Sie hat das Telefon übrigens nicht heimlich gescannt – er hatte sie gebeten, etwas für ihn herauszusuchen. Jedenfalls stolperte sie über die SMS, aus der hervorging, dass er zwischen ihrem letzten Date und dem an diesem Tag mit einer anderen im Bett gewesen war. Sie war darüber alles andere als glücklich und sagte es Steve auf den Kopf zu. Darauf erwiderte er, dass er das zwar durchaus verstehen könne, dass sie bisher allerdings ja *die Unterredung* über die Exklusivität ihrer Treffen noch gar nicht geführt hätten. Ob sie denn wünsche, dass er aufhöre, mit anderen Frauen auszugehen?

»Ja«, sagte Sally, die sich allmählich wieder beruhigte, »das möchte ich. Und da wäre noch etwas.«

»Aha«, entgegnete Steve, »und das wäre?«

Auch Sally hatte mit einem anderen Mann geschlafen, ebenfalls erst ein paar Tage zuvor. Nachdem sie ihn angehört hatte, hielt sie es für besser, gleich reinen Tisch zu machen, anstatt es für sich zu behalten. Ich persönlich finde das gut. Aber wie reagierte Steve?

Er lachte, sagte, sie wäre verrückt, ihm eine Szene zu machen und versprach, ab sofort nicht mehr mit anderen Frauen zu schlafen. Nun versprach auch Sally, nur noch mit Steve zu schlafen, und alles hatte seine Ordnung.

Das Interessante an dieser Geschichte ist, dass Sally und Steve sich völlig gleich verhielten. Als hätten sie sich vorgenommen, mit anderen Partnern zu schlafen, weil ihre Beziehung noch unverbindlich war und die entscheidende *Unterredung* noch ausstand. Diese Situation kann auf zwei verschiedene Arten enden (ich weiß nicht, welche das bei Steve und Sally ist – da sie jetzt, wo ich dies schreibe, erst seit zwei Monaten zusammen sind, ist der Ausgang noch ungewiss):

1. Sally und Steve lieben sich nicht genügend, und ihr Techtelmechtel schläft demnächst ein, oder
2. ihre Beziehung wird ausgesprochen gut funktionieren, weil sie den Beginn einer engen Freundschaft auf ähnliche Weise hantieren.

Wäre einer der beiden mir ähnlich gewesen – ich persönlich hätte nach der Begegnung mit einer wirklich netten Frau keine andere Frau mehr angerührt, selbst wenn die *Unterredung* noch nicht stattgefunden hätte. Aber damit wäre die Sache vielleicht kompliziert geworden. Da sich diese beiden aber genau gleich verhalten hatten, galten für sie auch die gleichen Voraussetzungen.

Damit ist eine Situation gegeben, in der zwei Fehler zufällig zu etwas Gutem führten. Gesund ist das nicht. Aber es kann klappen. Wäre ihnen das Gleiche zwei Jahre später in einer Partnerschaft passiert, hätten sie die Beziehung vermutlich beendet. Aber in dieser Phase, so kurz nach dem Kennenlernen, waren beide noch in der Lage, die Sache rational zu betrachten, weil sie ihr eigenes Verhalten vom anderen reflektiert sahen. Ich wünsche ihnen alle Kraft der Welt und bin gespannt, wie es ausgeht.

Single-Geheimnis

Wenn Sie gerade zum ersten Mal mit Ihrem neuen Bekannten geschlafen haben (oder es vorhaben) und sich Sorgen um die entsprechende Exklusivität machen, ist es nicht verkehrt, etwas von sich zu geben im Stile von: »Ich will dir nicht die Pistole auf die Brust setzen, aber du sollst wissen, dass ich, ganz gleich, wie das mit uns weitergeht, erst einmal nicht mit anderen schlafe. Und ich hoffe, dass du es auch nicht tust«. Wenn der Mann Sie mag, denkt er wahrscheinlich: »Toll, sie will nur mich!« und ist sehr glücklich darüber. Wirklich glücklich. Wenn es ihm hingegen egal ist, wissen Sie wenigstens, woran Sie sind.

Und noch etwas: Verwenden Sie dabei nicht die Bezeichnung »Partner« – also etwa so: »Ich denke ja nicht, dass du mein Partner bist, aber …« Vorsicht! Die meisten Männer würden vermutlich nicht mit der Wimper zucken, einige aber eben doch. Und das ist das Risiko nicht wert.

Die Unterredung ohne Unterredung

Ich kenne ein Paar, das sich kennenlernte, miteinander ausging und schon neun Monate später zusammenlebte, ohne dass sie auch nur ein einziges Mal darüber sprachen, ob die beiden nun Partner waren, miteinander gingen, einander umwarben oder sogar schon verlobt waren. Nichts. Kein Wort.

Warum?

Nun, die Frau in dieser Beziehung war schlau. Sie hatte verstanden, dass sie den Mann zu nichts drängen konnte. Er war eigenwillig und ließ sich nicht gern etwas sagen. Also sagte die Frau nichts. Neun Monate lang sahen sie sich regelmäßig und immer öfter, und die Frau spielte ihre Trümpfe perfekt aus. Sie verbrachte viel Zeit mit dem Mann, wie es eine feste Partnerin tun würde, ohne jedoch ihre Beziehung je mit einem Etikett zu versehen. Immer gab sie sich entspannt. Nie übte sie Druck auf ihn aus. Aber sie traf sich, im Gegensatz zu Sally und Steve, auch nicht mit anderen.

Auswertung

Wenn zwei Menschen sich wirklich mögen, haben sie auch die gleichen Ziele – zum Beispiel eine exklusive Beziehung. Wenn sie dann auch noch offen und ehrlich über ihre Gefühle reden, gibt es nach meiner Theorie keinen Hinderungsgrund für ein gemeinsames Leben.

Ist es nicht toll, dass komplizierte Dinge so einfach sein können?

Die *endgültige* Bindung

Sie sollten keine Hemmungen haben, offen zuzugeben, dass es Ihr erklärtes Ziel ist, eines Tages den Rest Ihres Lebens mit einem Mann, den Sie lieben, zu verbringen. Das ist zum einen ein wichtiger Bestandteil Ihrer Entscheidung, sich selbst immer treu zu bleiben, andererseits aber empfinden die meisten Männer genauso. Sollten Sie also eines Tages mit jemandem ausgehen, der dieses Bedürfnis nicht hat oder sogar sagt, dass ihn solche Dinge nicht interessieren (vielleicht aufgrund falschen Timings oder weil Sie nicht die Richtige für ihn sind), verschwenden Sie Ihre Zeit mit ihm. Von Ihrer Liebe ganz zu schweigen.

Vertrauen Sie Männern. Doch, das geht!

Wir Männer reden selten über diese Dinge, aber wir alle wissen, dass Vertrauen in einer Beziehung das Wichtigste ist. Es ist Vertrauen, das zwei Menschen füreinander zu etwas Besonderem macht und das ihre Beziehung über die zu Freunden oder Familienmitgliedern stellt. Es ist Vertrauen, das einem Paar die Möglichkeit gibt, sich eine private Welt zu erschaffen, zu der niemand anders Zutritt hat und wo die Geheimnisse der Zweisamkeit gewahrt bleiben. Für mich persönlich ist Vertrauen fundamental für die Art und Weise, in der ein glückliches Paar miteinander umgeht und einander respektiert. Dabei geht es nicht nur um Treue – die selbstverständlich sein sollte –, sondern darum, dass man füreinander etwas ganz Besonderes ist und eine außergewöhnliche Bindung zum Partner hat.

Aber das wussten Sie doch schon längst, nicht wahr?

Und warum erzähle ich Ihnen das?

Dafür gibt es nur einen einzigen Grund: Weil Sie es möglicherweise noch nie aus dem Mund eines Mannes gehört haben – obwohl wir alle so denken.

Warum gehen Männer fremd?

Ich weiß, dass ich diese Frage an irgendeiner Stelle beantworten muss. Also will ich es einmal versuchen.

Es gibt viele Gründe dafür, warum Männer nicht treu sein können, aber da ich mir vorgenommen habe, komplizierte Fragen möglichst einfach zu beantworten, werde ich mich jetzt nicht damit verzetteln, jede Motivation einzeln zu erklären.

Die Grundregel lautet: Wenn eine Beziehung in Ordnung ist, das heißt, wenn die Partner einander Verständnis entgegenbringen und sich respektieren, gehen Männer nicht fremd. Wenn aber etwas nicht stimmt und die Beziehung wackelt, neigen Männer (wie Frauen übrigens auch) zur Untreue. Natürlich gibt es in allen Beziehungen Höhen und Tiefen. Die meisten Männer haben Verständnis dafür und verhalten sich entsprechend vernünftig und ohne fremdzugehen. Aber es gibt Männer, die das nicht tun.

Leider trifft diese Schlussfolgerung nicht generell zu. Manche Männer betrügen ihre Frauen auch dann, wenn sie in einer glücklichen Beziehung leben.

Aber welcher Typ Mann macht so was?

Alle Typen. Es ist keine spezielle Kategorie Mann, die so etwas tut, daher ist eine präzise Antwort auf diese Frage schwierig. Ein Mann, der in jungen Jahren mit vielen Frauen geschlafen hat, trifft vielleicht die eine, ganz besondere Frau und schaut nie mehr eine andere an. Andererseits kann es passieren, dass einem Mann, der bis Mitte zwanzig keusch gelebt und dann früh geheiratet hat, der vielleicht außerdem mittlerweile auch noch erfolgreich und wohlhabend ist, plötzlich auffällt, dass ihm die Frauen nur so zufliegen. Er beschließt, sich für die vergeudete Zeit schadlos zu halten, obwohl er verheiratet ist. Oder er beschließt, für immer treu zu bleiben. Es gibt kein allgemeingültiges Verhaltensmuster.

Im Grunde läuft es einfach darauf hinaus, dass manche Männer eben fremdgehen. Sie beschließen es so, andere hingegen nicht. Der beste Rat, den ich Ihnen an dieser Stelle geben kann, lautet, die Beziehung so lebendig wie möglich zu halten und Ihrem Instinkt zu vertrauen. Sie sollten grundsätzlich davon ausgehen, dass Ihr Mann Ihnen treu ist, bis Sie handfeste Gründe haben, ernsthaft daran zu zweifeln.

Ist Sex für Männer die einzige Triebfeder? Nein. Aber wenn wir zu wenig davon haben, wird unsere Wahrnehmung verzerrt und wir tun merkwürdige Dinge – wir betrügen zum Beispiel die Frau, die wir lieben. Wie ich bereits zu erklären versuchte: Sex ist für uns Männer nicht einfach nur Sex. Es ist der Zuckerguss auf dem Glückskuchen, wenn Sie verstehen, was ich meine.

Ich las in der *Daily Mail* einmal einen Artikel des Dramatikers Peadar De Burca, der 250 Männer interviewt hatte, die ihre Frauen betrogen. Seine Schlussfolgerungen waren faszinierend, eine davon möchte ich hier besonders hervorheben: »Ich stellte mir vor, dass sie ein aufregendes, glanzvolles Leben lebten. Doch das Gegenteil war der Fall. Eines ist sicher: Affären machen nicht glücklich. Nachdem ich an der Oberfläche von Prahlerei und Übertreibung gekratzt hatte, war ich verblüfft über die Unsicherheit dieser Betrüger in Liebesdingen. Die meisten gaben zu, dass es ihnen nicht einmal um Sex ging. Sie brauchten nur etwas, das ihrem leeren Leben Sinn geben sollte.«

Ich bin absolut der gleichen Meinung. Es sind die unglücklichen Menschen, die betrügen – und das Fremdgehen macht sie nur noch unglücklicher.

Auch die Reaktionen auf die Online-Version des Artikels waren interessant. Abgesehen von dem üblichen »Männer sind Schweine« und »Frauen betrügen ebenso oft« fand ich den Beitrag einer Frau, die versuchte, die Dinge zu vereinfachen:

»Männer gehen fremd, weil ihre Frauen ihnen keinen fantasievollen Sex mehr bieten. Nicht mehr und nicht weniger. Frauen glauben, sie könnten den Sex aufgeben, weil sie seit soundso vielen Jahren verheiratet sind, aber Männer haben nach wie vor das Verlangen danach. Sie halten aus, solange es eben geht, aber irgendwann geben sie auf und suchen sich eine andere Frau. So einfach ist das. Der Artikel jedoch unterschlägt diesen Sachverhalt. Er konzentriert sich ausschließlich auf die arme, abgelegte Frau, die es, nachdem sie ihren Mann, ihr Haus und ihren Lebensstandard bekommen hat, versäumt, das Interesse des Mannes lebendig zu halten. Oh ja, hier sind wir Frauen gefragt. Nicht die Männer. Im Vergleich zu uns sind Männer dumm. Sie werden von dem Gehirn zwischen ihren Beinen gesteuert. Also ist es an uns, die Verantwortung zu übernehmen.«

Diese Sicht der Dinge ist vielleicht ein wenig schematisch, aber nicht grundlegend falsch. Ein Mann in einer glücklichen Partnerschaft (die ihn sexuell befriedigt) wird in den seltensten Fällen fremdgehen. Sobald er nicht mehr glücklich ist, steigen die Chancen auf Untreue. Aber so einfach wie in dem alten Sprichwort, dass ein Mann nur so treu ist, wie die Gelegenheiten es zulassen, ist es dann doch nicht.

Wie also können Sie einen Mann vom Fremdgehen abhalten? Vor allem sollten Sie dafür sorgen, dass Ihre Beziehung glücklich ist. Mehr können Sie nicht tun. Das Gleiche gilt auch umgekehrt: Ein Mann kann seine Frau oder Freundin nur dadurch vom Fremdgehen abhalten, dass er ihr eine glückliche Beziehung bietet. Ich sagte ja bereits, dass ich es liebe, einfache Antworten auf komplizierte Fragen zu geben.

Wie aber kommen Sie darüber hinweg, betrogen worden zu sein? Das einzig Sinnvolle, was mir dazu einfällt ist, es nicht zu persönlich zu nehmen. Männer, die fremdgehen, werden es weiter tun – ganz gleich, mit wem sie zusammen sind. Ein Mann, der mit Anfang zwanzig nichts anbrennen lässt, wird vielleicht erwachsen werden und nicht mehr fremdgehen. Andere aber werden nie erwachsen. Sollten Sie das Pech haben, mit einem solchen zusammen zu sein, können Sie nichts weiter tun, als Ihre Beziehung so interessant wie möglich zu gestalten. Wenn er Sie dann trotzdem betrügt, liegt es zumindest nicht an Ihnen.

Für Frauen, die betrogen worden sind, mag das kein großer Trost sein. Aber ich fürchte, mehr kann ich nicht bieten.

Übertriebene Eifersucht ist tödlich

Irgendjemand hat einmal gesagt, dass Leute, die übermäßig eifersüchtig sind, häufig etwas zu verbergen haben – nämlich ihre eigenen romantischen Indiskretionen.

Ob ich das wirklich glaube? Nein.

Die eifersüchtigste Frau, die ich je kennengelernt habe, kontrollierte jeden Tag mein Telefon, las meine Arbeitsnotizen, um herauszufinden, mit wem ich gesprochen hatte, verlangte minutengetreue Rechenschaft über meinen Tagesablauf und beschuldigte mich, mit jeder Frau zu liebäugeln, die mir in irgendeiner Weise nahe kam – einschließlich ihrer eigenen Mutter. Ganz im Ernst: Sie beschuldigte mich, ihrer Mutter schöne Augen zu machen.

Ehrlich gesagt glaube ich nicht, dass sie zu diesem geradezu extremen Maß an Eifersucht dadurch getrieben wurde, dass sie mir einen anderen Freund verheimlichte. Manche Menschen sind einfach so. Sie schaffen es nicht, ihre Unsicherheit einzudämmen, und verfügen auch nicht über die emotionale Intelligenz zu begreifen, dass sie ihren Partner mit ihrem Verhalten nicht nur unglücklich machen, sondern vermutlich auch sehr bald vertreiben.

Eine kleine Geschichte über Vertrauen – Rita, Roger und Miss X

Ritas Freund Roger hat eine sehr gute Freundin – nennen wir sie Miss X – über die sich Rita oft ärgert (merke: Ich spreche von Ärger, nicht von Eifersucht). Rita vertraut Roger, glaubt aber, dass Miss X hinter ihm her ist. Miss X bemüht sich, mit Roger zusammen zu sein, sobald Rita nicht da ist, und flirtet auch in ihrer Anwesenheit mit ihm. Roger ermutigt Miss X nicht, hat keinen Kontakt zu ihr hinter Ritas Rücken, gibt nicht vor, sich mit jemand anderem zu treffen, wenn er sich mit Miss X verabredet (meist zu einem schnellen Essen in der Mittagspause), und versteht nicht recht, wo Ritas Problem liegt. Er liebt Rita, während Miss X einfach nur eine Freundin ist. Rita allerdings hat das Gefühl, dass Miss X versucht, sie auszubooten, um bei Roger ihren Platz einzunehmen.

Was soll Rita tun?

Eigentlich ist es ganz einfach. Rita vertraut Roger, und das ist gut so. Das aber bedeutet, dass sie keinen großen Wirbel um die Sache machen sollte, denn Roger hat sich immer richtig verhalten (Miss X war schon eine gute Freundin, ehe er Rita kennenlernte). Für ihn wird Miss X nie etwas anderes als eine Freundin sein, und selbst wenn es Rita nicht gäbe, würde er sich nicht in sie verlieben.

Hätte es in der Vergangenheit ein Techtelmechtel zwischen Roger und Miss X gegeben, wären gewisse Bedenken vielleicht angebracht (umso mehr, wenn es nur unverbindlich und nur von kurzer Dauer war, denn hier geht es um Sex), aber da dem nicht so ist, kann Rita es dabei bewenden lassen, zumal sie Roger vertraut. Sie hat seine Gefühle für sie und seine Ehrlichkeit nie infrage gestellt.

Anders wäre es, wenn sie eine gegenseitige Anziehung spüren würde. In einem solchen Fall müsste sie auf ihre Instinkte hören. Ich kenne eine Frau, deren Partner eine Freundin hatte, die er schon als Kind kannte. Obwohl die Frau und ihr Partner seit zwei Jahren zusammen waren, bekam sie die gute Bekannte so gut wie nie zu Gesicht. Sobald sie sich nach der anderen Frau erkundigte, erklärte der Partner, dass zwischen ihnen nichts sei und dass sie nie etwas anderes als einfach nur gute Freunde sein würden.

Nach zwei Jahren aber machte er ziemlich plötzlich Schluss und kam sehr bald mit seiner Freundin aus Kindertagen zusammen. Die jetzige Ex ist der Meinung, dass diese Frau ein Stadium erreicht hatte, wo sie bereit war, eine engere Beziehung zu ihrem Kindheitsfreund einzugehen, und dass beide Beteiligten im Grunde gewusst hatten, dass es eines Tages so weit kommen würde. Als es schließlich passierte, war meine Bekannte ganz schnell weg vom Fenster. Sie tut mir wirklich leid, denn genau genommen wurde sie zwei Jahre lang betrogen. Ihr Instinkt hatte sie gewarnt – und recht behalten.

Noch ein Wort zu Rita und Roger. Früher oder später wird sich eines der beiden folgenden Szenarien abspielen: Entweder wird Roger das Interesse an Miss X verlieren, sobald die Beziehung zu Rita richtig ernst wird, oder, so unwahrscheinlich es für Rita auch klingen mag, Miss X wird einen Partner finden. Beides bedeutet, dass Roger und Miss X sich seltener sehen. Rita dürfte sich darüber freuen. Und daher sollte Rita ruhig bleiben, Roger weiter vertrauen, Miss X nicht so wichtig nehmen und über diesen Dingen stehen. Roger wird sie dafür umso mehr lieben. Rita braucht sich nicht mit Miss X zu vergleichen, denn Roger hat sich ohnehin schon für sie entschieden.

Männer, die anderen Männern misstrauen

Ein Freund erzählte mir die folgende Geschichte:

»Meine Ex hatte einen sehr guten Freund, den sie schon seit Jahren kannte. Ich mochte ihn, weil er witzig war, aber vertrauen konnte ich ihm nicht. Ich wusste, dass er und meine damalige Freundin über Jahre hinweg immer wieder einmal kleinere Techtelmechtel miteinander hatten, das hatte sie mir erzählt. Ich wusste auch, dass sie ihn sehr mochte und eigentlich gern seine Freundin gewesen wäre, aber er rief sie immer nur an, wenn er betrunken und im weitesten Sinne ausgelassen war.

Ich weiß nicht, ob er ihr etwas vorgaukelte oder ihr in Aussicht stellte, dass aus ihnen eines Tages ein Paar würde, aber das ist auch egal. Aber wenn es so offensichtlich ist, dass eine Frau einen Mann mag, finde ich es nicht richtig, sie fünf Jahre lang auszunutzen, vor allem, wenn sie angeblich eine enge Freundin ist. Um ganz ehrlich zu sein: Wir alle sind schon einmal mit Frauen gegangen, die uns nicht sonderlich viel bedeuteten, einfach nur, weil die Frauen es unbedingt wollten. Aber ich kenne niemanden, der eine solche Beziehung fünf Jahre lang aufrechterhalten hätte. Und obendrein noch mit einer angeblichen Freundin! Das war wirklich gemein.

Als wir uns ineinander verliebten, nahm sie ihn ständig in Schutz und begehrte sofort auf, wenn ich einmal weniger positiv über ihn sprach. Am schlimmsten aber war, dass sie mich in seiner Anwesenheit behandelte, als wäre ich unsichtbar. Ich habe sie nie daran gehindert, sich mit ihm zu treffen, weil ich nicht als eifersüchtiger Kerl dastehen wollte, aber rückblickend wünschte ich, ich hätte es getan. Es war scheußlich. Und ich hätte mit ihr darüber reden sollen, denn die Situation fraß mich im Lauf der Zeit innerlich auf.

Ob Sie es glauben, oder nicht – ich habe mich zunächst wirklich bemüht, ihn zu mögen. Aber das legte sich bald. Bei einem blöden Saufspiel fragte er mich einmal, mit wem ich den besten Sex meines Lebens gehabt hätte, und das, obwohl meine damalige Freundin unmittelbar neben mir saß und mitspielte. Er grinste mich an und zwinkerte wissend. In diesem Augenblick hätte ich ihm am liebsten eine reingehauen.

Wie du siehst, sind Männer durchaus in der Lage, das schlechte Benehmen anderer Männer einzuschätzen. Im Grunde sind wir uns alle ähnlich, aber manche erkennen zumindest die Grenzen und bremsen sich. Natürlich ist uns klar, wie sehr wir eine Frau durch unser Verhalten verletzen können. Was nun mich anging, so hatte der Kerl seit diesem Tag bei mir verschissen. Er saß da und erinnerte mich ganz bewusst daran, dass er mit meiner Freundin geschlafen hatte. Außerdem konnte ich nicht umhin zu denken, dass sie ihn immer noch begehrte.

Mittlerweile bin ich schon viele Jahre von meiner Ex getrennt. Es lag nicht an ihm, dass wir Schluss machten, obwohl ich der Meinung bin, dass ihr Verhalten ihm gegenüber unsere Beziehung nicht gerade verbesserte. Ich glaube nicht, dass sie mich mit ihm betrogen hat (eigentlich bin ich so gut wie sicher), allerdings war ich immer der Meinung, dass er eiskalt mit ihr auch während unserer Beziehung geschlafen hätte, wenn er die Möglichkeit dazu gehabt hätte – und wenn auch nur, um sich zu beweisen, dass er sie haben konnte, wann immer er wollte.

Sie ist eine tolle Frau und ich hoffe für sie, dass sie ihn inzwischen los ist. Der Kerl war furchtbar. Eigentlich schade, dass ich es ihm nie direkt ins Gesicht gesagt habe. Es hätte mir sicher Spaß gemacht.«

Mein Freund ist später übrigens sehr glücklich geworden. Allerdings mit einer anderen Frau.

Männer mit anderen Männern (Nein, nicht das, was Sie denken!)

Wenn ein Mann, der Grenzen respektiert (siehe oben) einen Mann kennt, der dies nicht tut, wird er ihm vermutlich nicht vertrauen. Ein anderer Freund von mir kennt einen Mann, mit dem er seine Freundin nie und nimmer alleinlassen würde. Nicht etwa, weil er kein Vertrauen zu seiner Freundin hat, sondern weil er seinem Bekannten einfach nicht trauen kann – noch nicht einmal, wenn es um die Partnerin eines Freundes geht. Seine Freunde wissen das schon seit Jahren.

Was für ein Idiot mag dieser Kerl sein? Und warum geben seine Freunde sich noch immer mit ihm ab? Ich kann nicht behaupten, dass ich es verstehe. Allerdings weiß ich, dass Männer, die sich seit Jahren kennen, einander gegenüber immer sehr loyal sind.

Warum Männer sich Sorgen um andere Männer machen

Wenn ein Mann eine Frau wirklich liebt – so richtig von Herzen –, wird er bei ihrem Anblick ständig daran denken, wie wunderbar sie ist und dass er sein Glück kaum fassen kann. (Ist Ihnen schon einmal aufgefallen, wie David Cameron seine Frau Samantha anschaut? Er scheint wirklich immer vor Augen zu haben, dass er sich glücklich schätzen kann!) Manchmal beschleicht ihn allerdings auch der Gedanke, andere Männer könnten ebenso empfinden. Wenn dem aber so wäre, würden diese Männer vielleicht versuchen, ihm die Frau wegzunehmen. Je mehr Männer dies jedoch probieren, desto wahrscheinlicher ist es, dass sie früher oder später einem von ihnen erliegt. So oder so ähnlich sehen die Gedankengänge eines verliebten, aber unsicheren Mannes aus.

Denken verliebte Frauen ähnlich über die betreffenden Männer? Ich glaube schon.

Rat eines Singles:

1. Nicht alle Männer sind schlecht.
2. Manchen Männern missfällt das Verhalten anderer Männer zutiefst.
3. Männerfreundschaften sind eine merkwürdige Sache. Sie werden sie nicht immer verstehen.
4. Manche Männer betrügen ständig. Es liegt nicht an Ihnen.
5. Denken Sie so selten wie möglich schlecht von anderen Menschen – aber bleiben Sie auf der Hut.

Zusammenfassung

Als ich an meinem Schreibtisch Platz nahm, um meine letzte Kolumne zu schreiben, reagierte ich ungewöhnlich emotional. Mir wurde klar, wie sehr ich das Drumherum vermissen würde – das Schreiben, den Spaß dabei (oder den meiner Freunde, die mich auslachten), die Tatsache, dass viele Leute die Artikel lasen und, das gebe ich gern zu, die Streicheleinheiten für mein Selbstbewusstsein, wenn ich Woche für Woche mein Konterfei in dieser Zeitung bewundern durfte (obwohl das Foto ganz schrecklich war). Und während die Tränen auf meine Tastatur tropften (das stimmt zwar nicht ganz, aber Sie verstehen sicher, was ich meine), beschloss ich, die im Lauf der beiden vergangenen Jahre erworbene Weisheit mit Ihnen zu teilen. Ich befand mich im sechsundzwanzigsten Monat meines Single-Daseins und schrieb Folgendes:

»Es ist völlig egal, wie Sie jemanden kennenlernen, den Sie mögen. Sie müssen sich nur die größtmögliche Chance einräumen, dass es überhaupt geschieht, und das gelingt Ihnen am besten, wenn Sie aufhören, sich vor Zurückweisung zu fürchten. Dies ist die wichtigste Lektion, die ich aus meiner Arbeit gelernt habe. Fast jeder – und das gilt sowohl für Männer als auch für Frauen – hat viel zu viel Angst vor Zurückweisung. Männer, denkt immer daran, dass es keine Regel dafür gibt, wo, wann und wie ihr eine Frau fragt, ob sie mit euch ausgeht. Wenn ihr Lust habt, es zu tun, tut es einfach. Und wenn sie Nein sagt, ist das auch kein Beinbruch. Lieber ein vergeblicher Versuch als überhaupt keiner – außerdem macht es einen Riesenspaß. Frauen müssen lernen zu verstehen, dass sie manchmal absolut nichts gegen die Denkweise eines

Mannes machen können. Es klingt vielleicht langweilig, aber wenn Ihr Traummann Ihnen die kalte Schulter zeigt, liegt es fast immer am Timing und nicht an Ihnen – also Schluss mit den Selbstvorwürfen, das ist die Sache nicht wert! Gönnen Sie sich Ihren Spaß, seien Sie nett zu den Menschen, dann werden Sie zu guter Letzt als Sieger vom Platz gehen. Und das gilt für alle: Seien Sie immer ehrlich, lügen Sie nicht und seien Sie nicht untreu. Auch das ist es nicht wert.

Das Ende vom Anfang

Während dieser sechsundzwanzig Monate führte die wöchentliche Arbeit an dieser Kolumne zu unendlich vielen Überlegungen bezüglich des Single-Daseins. Ich dachte darüber nach, wie man Frauen kennenlernt, warum man Frauen kennenlernt, wie man die falschen Frauen kennenlernt, wie man die richtigen Frauen kennenlernt, wo man versuchen sollte, Frauen kennenzulernen, warum es mir nicht gelang, sie dort kennenzulernen, und schließlich, warum ich aufhören sollte zu versuchen, eine Frau kennenzulernen.

Die letzte Frage tauchte kurz nach dem Aus der Kolumne auf. Ich war damals immer noch Single (ich bitte alle um Entschuldigung, die den Schluss damals gelesen haben und dachten, es wäre anders, aber ich habe ein wenig geflunkert, um den Dating-Geschichten einen würdigen Abschluss zu geben) und hatte einen Tiefpunkt, als mir klar wurde, dass ich allen Schreibens, Redens und Ausgehens usw. zum Trotz immer noch nicht die richtige Frau kennengelernt hatte. Ob ich sie je finden würde? Was konnte ich noch unternehmen? Wo sollte ich suchen? Ich hatte keine Ahnung.

Eigentlich neige ich weder zu Selbstmitleid noch zu Pathos. Ich hatte einfach nur wirklich keinen Schimmer, wo oder wie ich die Frau kennenlernen sollte, mit der ich den Rest meines Lebens verbringen wollte. Wo hätte sie denn herkommen sollen? Und im Endeffekt hörte ich schließlich bewusst auf zu suchen. Okay, dachte ich, aus allem, was du bisher unternommen hast, ist nichts geworden, also hör einfach auf mit dem Brimborium, entspann dich und vertraue auf Gottes Hand. Akzeptier, dass es nicht in deiner Macht steht. Ich zuckte also die Schultern und beschloss, einfach weiterzuleben und mich meines Daseins zu erfreuen. Glücklicherweise fiel mir dieser Entschluss nicht schwer, denn mit meiner Arbeit ging es gut vorwärts, ich hatte einen Haufen Freunde, es war Sommer, und ich wollte jede Menge tolle Sachen machen. Das Leben machte mir Spaß.

Und genau in dieser Zeit geschah etwas Unerwartetes.

Ende August, etwa zwei Monate nach dem letzten Artikel für die Kolumne, fuhr ich zu einer Hochzeit. Viele meiner alten Freunde waren ebenfalls eingeladen, Leute, die ich seit Ewigkeiten nicht gesehen hatte; es versprach also, ein tolles Wochenende zu werden. Ich freute mich sehr darauf, und der Umstand, dass ich einer der wenigen Singles sein würde, störte mich nicht im Geringsten.

Als ich am Freitagabend aufgeregt und fröhlich lächelnd die Kneipe betrat, wo der Polterabend stattfinden sollte, sah ich eine Frau, die mir völlig unbekannt war. Sofort, noch bevor wir überhaupt ein Wort miteinander gewechselt hatten, spürte ich dieses gewisse Etwas. Um es kurz zu machen: Da war sie. Wenn Sie allerdings Charlotte fragen (sie kommt später noch zu Wort), wird sie Ihnen erklären, dass ich erst am späten Samstagabend das Wort an sie richtete, und dann auch nur zufällig, weil wir uns auf der Tanzfläche anrempelten. Aber damit war das Eis gebrochen. Im Prinzip stimmt das auch. Ich möchte aber vorausschicken, dass die Kollision auf der Tanzfläche keinesfalls zufällig war – ein so schlechter Tänzer bin ich nun auch wieder nicht –, und da niemand uns einander vorstellte, wusste ich, dass ich sie irgendwann an diesem Tag einfach ansprechen musste. Ich nahm mir lediglich Zeit und wartete den richtigen Moment ab.

Danach kamen wir uns sehr schnell sehr nah, und ich fand etwas, woran ich so wenig geglaubt hatte, dass ich die Suche schon aufgegeben hatte.

Diese Erfahrung hat mein Buch hier grundlegend beeinflusst, und zwar auf eine Weise, die – so hoffe ich – klar ersichtlich ist. Nachdem ich Charlotte kennengelernt hatte, verstand ich plötzlich, was in den letzten zweieinhalb Jahren in meinem Kopf vorgegangen war, wie ich mich verändert hatte, erwachsen geworden war und viel über mich und meine Umwelt gelernt hatte. Die lange Reise vom Bruch mit Freundin Y bis hin zu Charlotte erhielt plötzlich einen Sinn. Ich verstand, was mit mir geschehen war und vor allem, warum es geschehen war. Und ich mutierte zum Optimisten. Heute glaube ich an Happy Ends.

Die wichtigste Erkenntnis ist die folgende: Wenn Sie eine Zeit lang Single sind (zumindest länger, als Sie wollten), können Sie diese Zeit am besten beenden, indem Sie aufhören, sich Sorgen zu machen, und sich stattdessen um andere Dinge kümmern, zum Beispiel darum, Ihr Leben zu genießen. Und dann, sobald Sie sich allein wirklich glücklich fühlen, können endlich vollkommen unerwartete Dinge passieren. Große Dinge, geschmückt mit Herzchen und Glöckchen.

Ohne dass es mir selbst klar war, geschah mir genau das. Als ich Charlotte kennenlernte, war die richtige Zeit gekommen (ich war lange genug Single gewesen), und ich arbeitete zudem nicht mehr an meiner Kolumne. Damit war auch ein gewisser Druck von mir genommen, denn ich musste nicht mehr Woche für Woche darüber nachdenken, dass und warum ich Single war (die Kolumne hat mir zwar Spaß gemacht, aber nach einer Weile ging sie schwer an die Substanz, das können Sie mir glauben).

Und so fügte sich eins zum anderen und ich war bereit, jemanden kennenzulernen. Ich fühlte mich zufrieden, hatte keinen Druck mehr und so weiter. Aber es gibt noch einen weiteren Faktor, der sich weder durch Wissen noch durch eine sorgfältige Vorbereitung beeinflussen lässt. Dieser Faktor heißt Glück. Das Lächeln Fortunas. Tatsache ist, dass ich unendliches Glück hatte, dass Charlotte meinen Weg kreuzte, ganz zu schweigen davon, dass es zum richtigen Zeitpunkt geschah. Ich habe nicht das Geringste dazu beigetragen. Es ist einfach passiert, aus Gründen, die ich weder vorhersagen noch kontrollieren konnte und die ich bis heute nicht verstehe.

Das bedeutet natürlich auch, dass ich das Geheimnis erfolgreichen Datings nicht wirklich lüften konnte, weil ich leider nicht dafür garantieren kann, dass es jemandem, der meine Ratschläge befolgt, so ergeht wie mir. Nichts von dem, was ich geschrieben habe, führt mit Sicherheit dazu, dass eines Tages der oder die Richtige vor Ihnen steht. Zufälle sind nicht kontrollierbar – wir alle brauchen auch das gewisse Quäntchen Glück. Das Einzige, was ich selbst zu meinem Happy End beigetragen habe, war, mich am richtigen Platz zu positionieren und bereit für sie zu sein, als meine Traumfrau schließlich kam.

Und genau das ist meiner Meinung nach alles, was ein Single tun kann: sich auf den richtigen Platz zu begeben und zu hoffen, dass der Traumpartner zum richtigen Zeitpunkt auftaucht – immer getreu dem Grundsatz, dass Glück das perfekte Zusammenspiel von Vorbereitung und Gelegenheit ist. Ich hoffe, dass dieses Buch Ihnen dabei helfen kann, Ihren richtigen Ort zu finden, sowohl emotional (den Ort, an dem Sie selbstbewusst, klug und ganz Sie selbst sein können und an dem Sie sich glücklich fühlen) als auch ganz konkret (Sie gehen aus, amüsieren sich und lernen nette Leute kennen, anstatt zu Hause herumzusitzen und Trübsal zu blasen) – und Sie dann auch bereit sind, wenn Ihre Gelegenheit kommt. Genau wie ich.

B

Sie wollen sicher wissen, was aus B geworden ist. Nun, während meiner Single-Zeit baggerte er eine Frau nach der anderen an – wie üblich. Und in den ersten Monaten meiner Beziehung mit Charlotte (jetzt, wo ich dies hier schreibe, sind wir etwas über ein Jahr zusammen) war es nicht anders.

Aber dann hörte er plötzlich damit auf. Es gab keinen besonderen Grund für diese Veränderung, nicht einmal eine Frau. Er hatte einfach keine Lust mehr. Und auch wenn er die Frau seiner Träume noch nicht gefunden hat, scheint er bald bereit dazu zu sein. Ich habe ihn gefragt, ob es ihm etwas ausmachen würde, mir zu erklären, was gerade in ihm vorgeht, aber er meint, das könne er nicht, weil er es selbst nicht begreift. Es scheint ihm ähnlich zu gehen wie mir, als ich zwar meine Kolumne beendet, aber Charlotte noch nicht kennengelernt hatte. Es ist ein Prozess, den man erst begreift, wenn man ihn endgültig durchlaufen hat.

Ich bin sicher, dass B bald so weit ist.

Denkanstöße für Single-Frauen, die nicht mehr allein sein wollen

Wenn Sie schon seit einiger Zeit Single sind und immer noch nicht den Richtigen gefunden haben, sind Sie vielleicht einfach noch nicht bereit dazu. Und wenn Sie Ihr Leben betrachten und zu dem Schluss kommen, dass Ihnen zum vollkommenen Glück eigentlich nur noch der entsprechende Mann fehlt, sind Sie definitiv nicht bereit. Sie müssen in sich selbst ruhen, erst dann können Sie auch die richtige Beziehung finden.

Man muss gelernt haben, sich selbst zu lieben, ehe man von jemandem geliebt werden kann – so einfach ist es. Das mag kitschig klingen, gilt aber Wort für Wort gleichermaßen für Männer und Frauen. Das kann kein Buch der Welt für Sie übernehmen, aber ich kann versuchen, Sie in die richtige Richtung zu stoßen. Sich selbst kann man nämlich nur lieben, wenn man sich akzeptiert. Sie sind, wie Sie sind, und je eher Sie das verstehen, desto besser. In diesem Fall gibt es keine Alternative oder gar eine zweite Chance.

Wenn Ihnen jetzt etwas an Ihnen nicht gefällt, das veränderbar ist, dann können Sie es selbstverständlich ändern. Ich denke zum Beispiel an die Bereiche Job, Haarfarbe oder Gewicht. Wenn Ihnen aber etwas nicht gefällt, das *nicht* verändert werden kann, dann hören Sie auf, sich Gedanken darüber zu machen. Sie können ohnehin nichts dagegen tun, und je länger Sie zulassen, dass es Sie unglücklich macht, desto länger sind Sie auch unglücklich. Kurz: Akzeptieren Sie es, und akzeptieren Sie sich selbst. Übernehmen Sie die Kontrolle. Weitere mögliche Konsequenzen des Sich-selbst-nicht-Liebens zeigen sich zum Beispiel, wenn jemand Sie liebt, Sie sich selbst aber nicht. Dann wird der Mangel an Selbstvertrauen zwangsläufig dazu führen, dass Sie ihm nicht trauen oder gar nicht glauben, wenn er Ihnen seine Gefühle gesteht – und das ist eine sehr gefährliche Basis für eine Beziehung. Sie müssen lernen, sich zu respektieren und zu lieben, denn es ist schwierig für andere Menschen, Sie so zu lieben, wie Sie geliebt werden wollen, wenn Sie sich nicht selbst lieben.

Selbstvertrauen macht attraktiv und ist selbsterfüllend, behalten Sie das im Hinterkopf. Wenn Sie selbstbewusst wirken, werden Sie auch selbstbewusst. Und wenn es unbedingt nötig ist, tun Sie einfach so. Dann kommt es wie von allein.

Wenn Sie immer nur die falschen Männer kennenlernen, ganz gleich, ob es immer der gleiche Typ falscher Mann ist oder Kerle, die aus den unterschiedlichsten Gründen untragbar sind, dann sind Sie diejenige, die sich ändern muss. Gehen Sie in sich, und stellen Sie sich einige Fragen, wie zum Beispiel die, was Sie von einem Mann erwarten. Wo lernen Sie die falschen Männer kennen? Sollte das zum Beispiel in einem

Club passieren, was tragen Sie in diesen Clubs? In welche Art von Club gehen Sie? Sind Sie betrunken, wenn Sie diese Clubs besuchen? Sollte das der Fall sein, überlegen Sie mal: Wenn Sie eine wichtige Entscheidung in Ihrem Leben zu treffen hätten, sei es, ein neues Auto oder ein Haus zu kaufen, einen Job zu kündigen oder auszuwandern – würden Sie diese Entscheidung mit einer Flasche Wein und ein paar Wodka intus treffen? Natürlich nicht. Wieso also glauben Sie, in diesem Zustand eine vernünftige Entscheidung treffen zu können, wenn Sie in einem Club nach dem richtigen Mann für sich suchen?

Richtig – es ist vollkommen sinnfrei.

Die meisten Leute, die schon einmal schlechte Erfahrungen mit dem falschen Partner gemacht haben – und das hat vermutlich jeder von uns –, waren zu betrunken, um es zu bemerken und wachten irgendwann voller Reue auf. Kein Wunder, dass Frauen, die sich so verhalten, keinen Partner finden. Sie sollten im Hinterkopf behalten, dass es vielleicht keine so gute Idee ist, in Clubs zu suchen, dass es aber eine fantastische Idee ist, auszugehen und sich zu amüsieren. Hören Sie einfach nur auf, nach Männern zu suchen. Konzentrieren Sie sich auf den Spaß und darauf, sich wohlzufühlen. Erfreuen Sie sich an dem Abend, ohne auf die Jagd zu gehen. Und nur zu Ihrer Info: Betrunkene Frauen wirken ohnehin nicht besonders attraktiv.

Je mehr dieser Fragen Sie sich stellen, desto mehr lernen Sie über sich und desto mehr Gelegenheit haben Sie, sich zu Ihrem Vorteil zu verändern. Aber auch daran sollten Sie denken: Die Zeit, die Sie mit dem falschen Mann verbringen, ist niemals verloren, solange Sie daraus lernen. Wenn Sie nämlich keine Lehren aus Ihren Erfahrungen ziehen, werden Sie die gleichen Fehler immer wieder machen und nie wirklich glücklich werden.

Viele Single-Frauen haben mir erzählt, dass sie eigentlich nicht wissen, was sie von einem Mann wollen, aber sehr gut wissen, was sie keinesfalls wollen. Wenn Sie zu diesen Frauen gehören (wenn nicht, kann der Vorschlag trotzdem nützlich sein), listen Sie auf einer Seite eines Papiers einmal alle Dinge, die Sie nicht wollen, auf. Und auf die andere Seite schreiben Sie das, was Sie wollen. Zum Beispiel wollen Sie vielleicht nicht unbedingt einen Freund, der sich fünfmal in der Woche betrinkt. Auf der anderen Seite notieren Sie dann, dass Ihnen ein Mann mit moderatem Alkoholkonsum angenehm wäre. Oder wenn Sie mit leichtfertigen Männern nichts anfangen können, schreiben Sie auf die andere Seite, dass Sie einen Mann suchen, der besonnen und freundlich ist. Verstehen Sie, worauf ich hinauswill?

Wenn Sie über den Mann Ihrer Träume nachdenken, konzentrieren Sie sich nicht auf das Negative, sondern auf das Positive. Mithilfe dieser Einstellung werden Sie Fortschritte erzielen. Wenn Sie herausgefunden haben, was Sie wollen, schreiben Sie es auf und schließen das Blatt anschließend weg. Ihre Gedanken sind jetzt frei, Ihr Kopf ist klar. Wenn jetzt der Richtige kommt, sind Sie bereit.

Ändern Sie sich nicht für einen Mann und erwarten Sie nicht von ihm, dass er sich ändert. Ich rede hier nicht von Dingen wie Frisur, Klamotten oder einer gewissen Ordnung (die meisten Männer profitieren in diesen Bereichen von Frauen, zumindest geht es mir so). Ich rede von Dingen wie Verhalten, Freunden und anderen grundlegenden Pfeilern Ihrer Persönlichkeit. Wenn Sie sich dabei ertappen, einen Mann hinsichtlich dieser grundlegenden Dinge verändern zu wollen, oder einen Mann kennenlernen, der Sie in diesen Bereichen verändern will, geben Sie ihm den Laufpass.

Lassen Sie nicht zu, dass ein Mann Sie schlecht behandelt. Wenn jemand fies zu Ihnen ist, überlegen Sie, wie Sie sich verhalten würden, wenn er dasselbe Ihrer Tochter, Ihrer Schwester oder Ihrer besten Freundin antäte. Stellen Sie sich vor, Sie seien Ihre eigene Mutter und wüssten, wie unfreundlich der Kerl Sie behandelt. Wie würden Sie sich fühlen?

Formulieren Sie Regeln, die Sie für sich aufstellen, positiv. Anstatt »Schlafe nicht beim ersten Date mit ihm« sollten Sie formulieren: »Schlafe frühestens beim vierten Date mit ihm, und auch nur, wenn es sich richtig anfühlt.« Die Formulierungen »tu nicht«, »kann nicht« und »darf nicht« sollten Sie aus Ihrem Wortschatz verbannen. Halten Sie immer an einer positiven Einstellung fest.

Zu guter Letzt möchte ich noch eine Geschichte loswerden: Einer meiner Freunde war Single und verabredete mindestens zwei Jahre lang keine Dates. Er unternahm nicht die geringste Anstrengung, Frauen kennenzulernen, was daran lag, dass er mit seinem Leben unglücklich und daher nicht für eine Beziehung bereit war. Nach zwei Jahren aber platzte bei ihm endlich der Knoten und schließlich war er wieder zufrieden. Er beschloss, eine Frau kennenzulernen, meldete sich bei einer Online-Partnervermittlung an und hatte an einem einzigen Wochenende gleich vier Dates (Freitagabend, Samstag zum Mittagessen, Samstagabend und Sonntag zum Mittagessen, wenn Sie es genau wissen wollen). Keine der Frauen gefiel ihm. Am Montag fing in seinem Büro eine neue Mitarbeiterin an, und dreimal dürfen Sie raten! Das ist jetzt achtzehn Monate her. Sie haben gerade zusammen ein Haus gekauft.

Was ich Ihnen damit zu erklären versuche, ist Folgendes: Wenn Sie sich auf die Suche nach einem Partner machen, müssen Sie sich mental, physisch und vielleicht sogar technisch sozusagen an den richtigen Ort begeben, damit Sie überhaupt einen finden können. Mental, indem Sie sich selbst lieben lernen, physisch, indem Sie sich nicht zurückziehen, und technisch, weil Online-Vermittlungen die einfachste je erfundene Möglichkeit sind, Dates zu verabreden.

Greifen Sie dem Schicksal ein bisschen unter die Arme, dann können wunderbare Dinge geschehen.

Alle Geheimnisse auf einen Blick

Nun kennen Sie all die Geschichten über Dates, die ich im Lauf der Zeit gesammelt habe, und dazu noch meine diesbezüglichen Gedanken. Ich hoffe, dass die Anekdoten mit schlimmen Fehlern anderer Leute Sie über Ihre kleinen Missgriffe hinwegtrösten konnten und dass Ihnen nunmehr klar ist, dass es da draußen einen Haufen nette Männer gibt, von einigen Mistkerlen einmal abgesehen.

Und ich hoffe, Ihnen vermittelt zu haben, dass ein Dasein als Single großen Spaß machen kann. Single zu sein bedeutet nicht den Verlust der Fähigkeit, andere Leute zum Lachen zu bringen, und Ihre Freunde werden Sie auch dann noch lieben, wenn Sie keinen Mann an Ihrer Seite haben. Das Single-Leben sollte eigentlich immer grandios sein. Wann sonst haben Sie die Gelegenheit, beliebig viele Männer kennenzulernen und sich mit ihnen zu verabreden, sich zu amüsieren, Fehler zu machen, darüber zu lachen und aus ihnen zu lernen, bis Sie eines Tages wissen, was Sie wollen?

Als krönenden Abschluss will ich hier noch einmal die Punkte auflisten, die ich für die wichtigsten des ganzen Buches halte:

1. Seien Sie eigennützig. Stellen Sie das Glück anderer Leute nicht über Ihr eigenes, es sei denn, es handelt sich um Ihre Kinder.
2. Suchen Sie nicht nach Entschuldigungen für einen Mann, der Sie schlecht behandelt.
3. Beginnen Sie eine Beziehung nie unter falschen Voraussetzungen. Bleiben Sie von Anfang an Sie selbst.
4. Es gibt keine allgemeingültigen Regeln für Männer, Frauen oder für Dates. Menschen sind verschieden. Stellen Sie Ihre persönlichen Regeln auf.
5. Ein Teil des Vergnügens, Single zu sein und Dates zu verabreden, liegt darin, dass man Fehler machen darf. Lernen

Sie aus ihnen und schämen Sie sich ihrer nie. Und bleiben Sie am Ball – Rom wurde auch nicht an einem Tag erbaut.

6. Vertrauen Sie Ihrem gesunden Menschenverstand und Ihren Instinkten. Gemeinsam sind Sie stärker, als Sie vielleicht glauben.

Danke fürs Lesen und viel Glück!

Anhang A

Anmerkungen von Charlotte

Vor einigen Jahren lud mich Pip, meine ehemalige WG-Mitbewohnerin aus Universitätszeiten zu ihrer Verlobungsparty ein, obwohl sie genau wusste, dass ich dort niemanden kannte. Unter den Gästen würden auch viele Freunde ihres Verlobten Olly sein, zahlreiche von ihnen angeblich Single. Aber wie das Leben so spielt, sagte einer nach dem anderen ab. Natürlich bemühte sich das traute Paar nach Kräften, ein bisschen von seinem Glück an die einsame Single-Freundin weiterzugeben, und überlegte also verzweifelt, mit wem ich wohl verkuppelt werden könnte. »Eine nette, hübsche Single-Frau, die auf Mistkerle steht – wir verkuppeln sie am besten mit einem von Ollys Freunden! Wen gibt es denn überhaupt? John? Hm, besser nicht. Außerdem wohnt er nicht in London. Mark? Er ist ihr vermutlich zu klein. Oh, ich weiß. Wie wäre es mit Humfrey?

Ich war verblüfft. Humfrey?

Echt?

Gibt es überhaupt noch Menschen, die so heißen? Nicht, dass mir das Leben im Umfeld merkwürdiger Namen fremd wäre – meine Eltern heißen Peter und Piper, und unser Nachname lautet Cockey –, aber Humfrey? Sehr seltsam!

Sie rieten mir, einen Blick in die Dienstagsausgabe der *London Lite* zu werfen, dort fände ich sein Bild neben der Kolumne, die er schrieb. Und dann Bescheid zu sagen, ob sie uns miteinander bekannt machen sollten.

Zwei Tage vergaß ich, die Zeitung zu kaufen, aber nachdem

man mir den Kerl so angedient hatte, rief ich meine Mitbewohnerin auf der Arbeit an und sagte ihr, sie solle auf dem Heimweg ein Exemplar besorgen (ich befand mich bereits zu Hause und es regnete, und *gar so* wichtig war es mir nun auch wieder nicht). Irgendwann kreuzte Sunita mit einer ziemlich feuchten Zeitung auf. Wir blätterten sie durch, um die Kolumne von Humfrey Hunter zu finden – und da prangte auch schon sein Konterfei. »Der sieht aber nett aus«, schwärmte Sunita. Ich hingegen beschloss, die Zeitung wegzulegen und weiter fernzusehen. Meine Erwartungen waren zu hoch gewesen und ich war sehr enttäuscht. (Es war ein schreckliches Foto. Als das Shooting stattfand, hatte Humfrey ihnen untersagt, dieses *eine* Foto zu verwenden. Mistkerle!) Sunita meinte, ich sollte ihn trotzdem kennenlernen, aber ich wollte nicht noch mehr enttäuscht werden und entschied mich dagegen. Zu allem Übel schrieb er auch noch eine Kolumne über *Dates*! Wer macht den so was? Hielt er sich etwa für die männliche Carrie Bradshaw oder was? Ich hatte genügend Folgen von *Sex and the City* gesehen, um zu wissen, dass ich keines meiner intimen Details vor ganz London ausgebreitet sehen wollte. Wie beschämend das doch wäre! Und mit wie vielen anderen Frauen mochte er ausgehen? Er war mit Sicherheit nicht auf der Suche nach einer festen Freundin. Denn wo läge auch der Sinn einer Kolumne über Dates, wenn man in einer festen Partnerschaft lebt? Ich fasste also den Entschluss, lieber mit meinen Freunden auszugehen als zu einem Date mit diesem Mann.

Fünfzehn Monate und einige trostlose Dates meinerseits später heirateten Olly und Pip. Ich hatte noch ein paarmal über Humfrey Hunter und die Frage, ob ich zu diesem Date hätte gehen sollen, nachgedacht. Nun würde ich ihn also doch noch kennenlernen. Am Abend vor der Hochzeit stieg ich in den Zug, und Pip ließ mich von ihrem Fotografen zu dem Pub bringen, wo der Polterabend stattfand. Und dann kam Humfrey Hunter. Pip machte mich sofort auf ihn aufmerksam.

»Das ist Humfrey, mit dem wir dich verkuppeln wollten«, erklärte sie.

Oh, dachte ich. Und dann: Ups!

Nicht übel. Ich schaffte es, zum Abendessen an seinem Tisch platziert zu werden, aber er sprach nicht ein einziges Mal mit mir (obwohl nur eine Person zwischen uns saß). Trotzdem hatte ich das Gefühl, dass ein Knistern in der Luft lag.

Am nächsten Morgen traf ich mich mit Sunita. Sie war zwar nicht zur Hochzeit eingeladen, doch die Feier fand in ihrem Heimatort statt. Ich erzählte ihr von Humfrey Hunter und dem gefühlten Knistern. Und dass er überhaupt keine Ähnlichkeit mit dem Foto in der Zeitung hatte, im Gegenteil: Er war groß, hatte ein nettes Lächeln, schöne Augen und eine unglaublich tiefe Stimme. Ich hatte nicht einmal mit ihm gesprochen und musste trotzdem ständig an ihn denken! Ich merkte, dass Sunita eher zurückhaltend reagierte – sie hatte mehr als zwei Jahre miterlebt, wie ich Männer und insbesondere sogenannte Beziehungen sezierte, ohne dass am Ende etwas dabei herauskam – vor allem, weil ich mich tendenziell für Männer interessierte, die ich nicht bekommen konnte. Zwei Wochen vor Pips Hochzeit jedoch hatte ich mich entschieden, diese Dinge zu ändern. Ich beschloss, die Spielerei sein zu lassen, mich selbst nicht immer wieder Verletzungen auszusetzen und servierte all die Kerle ab, die mich nur benutzten, um sich selbst besser zu fühlen und Vorteile aus der Frau zu schlagen, die nicht wusste, was sie wollte. Ich hatte genug von alledem. Ich verdiente nicht, auf diese Weise behandelt zu werden. Mir war klar, dass es irgendwo jemanden gab, der mich so lieben würde, wie ich bin, und nicht versuchen würde, mich zu ändern. Mit allen anderen war ich durch, und ich wollte mich dieser anderen Sorte Männer entledigen. Was ich auch tat.

Und tatsächlich – sobald man seine Dämonen besiegt hat, herausfindet, was man wirklich will und sich selbst respektiert, wird man dafür belohnt. Manchmal dauert das eine Weile, aber es kann auch, wie bei mir, innerhalb von zwei Wochen passieren. Klar ist nur, dass es erst geschieht, wenn man bereit ist.

Während der gesamten Hochzeitszeremonie, in der Kirche, beim Umtrunk, beim Dinner und fast während des gesamten Tanzabends sprach Mr. Humfrey Hunter nicht mit mir (obwohl er genau wusste, dass ich ganz allein war und niemanden kannte). Einmal lächelte er mir zu, aber das war's auch schon. Vermutlich hatte ich die Zeichen am Vorabend falsch interpretiert. Er war offensichtlich nicht interessiert. Aber warum war er dann immer auf der Tanzfläche, wenn ich mich dort aufhielt? Warum blickte er immer wieder zu mir hinüber? Warum sagte er nicht einfach etwas?

Letztendlich bekam er mich auf eine ganz einfache Weise: Der Typ, mit dem ich tanzte, schwenkte mich ein bisschen zu oft ein bisschen zu heftig herum, und so landete ich schließlich in Humfrey Hunters Armen – und das war es. Funkensprühen, Schmetterlinge im Bauch und kitschige Sprüche, die ich damals für ausgesprochen romantisch hielt. Und als wir uns draußen küssten, kam der Bräutigam, pinkelte unmittelbar neben uns in die Landschaft und erklärte mit schwerer Zunge: »Ich habe schon vor sechs Wochen vorhergesagt, dass das passieren würde.«

Es kam, wie es kommen sollte. Heute ist Humfrey mein fester Partner und mein bester Freund. Wir respektieren uns, wir lieben uns, wir versuchen nicht, uns gegenseitig zu verändern, und vor allem haben wir viel Spaß miteinander. Zwei Wochen nach unserem ersten Treffen verbrachten wir einen zweiwöchigen gemeinsamen Urlaub in Antigua, vor dem wir beide eine Heidenangst hatten. Als wir die Reise buchten, war noch nichts »offiziell«. Ich befürchtete, ihn in die Flucht zu schlagen, als ich diesen Urlaub vorschlug, aber er war bereit und für mich war es ein Test. Abgesehen von Familienurlauben endeten nämlich Ferien mit Freunden für mich gewöhnlich in einem Desaster. Aber mit Humfrey war es geradezu vollkommen, obwohl ich mir gleich in den ersten Tagen eine Lebensmittelvergiftung zuzog. Und er ist immer noch hier.

Manchmal frage ich mich, ob wir auch zusammengekommen wären, wenn wir uns schon auf der Verlobungsparty kennengelernt hätten. Wahrscheinlich nicht. Damals war keiner von uns bereit für eine ernsthafte Beziehung, wir schleppten beide noch Ballast mit uns herum und mussten noch viel lernen. Aber es zeigt, dass zwei Menschen, sobald sie den Ballast abgeworfen und ihre Lektionen gelernt haben, vom Schicksal oder wie auch immer man es nennen will, einander zugeführt werden. Ich frage mich auch, was geschehen wäre, wenn ich mich davor gedrückt hätte, ganz allein zu dieser dreitägigen Hochzeit zu fahren. Hätten Humfrey Hunter und ich uns je getroffen? Vielleicht nicht. Aber das wiederum lehrt uns, dass wir als Single auch einmal Mut aufbringen und etwas wagen müssen. Kürzlich habe ich irgendwo gelesen, dass 90 Prozent dessen, was uns im Leben passiert, auf unsere eigenen Entscheidungen zurückzuführen ist. Vielleicht formen wir ja unser eigenes Schicksal. Man muss nur in sich gehen und herausfinden, was man wirklich braucht, um glücklich zu sein. Aber – und auch das habe ich gelernt – man muss auch bereit sein, die Vergangenheit loszulassen und in der Gegenwart zu leben, den Augenblick zu genießen und sich nicht mit Männern abzugeben, die einen nur benutzen und die einem nicht guttun. Respektieren Sie sich selbst – das ist wichtig.

Humfrey hat zwei Schwestern, die er sehr liebt. Ich weiß also, dass er Frauen respektiert. Und alles, was er in diesem Buch gesagt hat, ist wahr. Die männliche Perspektive ist überhaupt nicht so kompliziert, wie wir Frauen manchmal glauben. Manche der Geschichten wirken bei der Lektüre ziemlich hart, vielleicht auch, weil wir alle schon einmal etwas Ähnliches durchgemacht haben. Und es ist wichtig zu erfahren, wie andere damit fertiggeworden sind. Nur so können wir lernen, uns in Zukunft richtig zu verhalten.

Ehrlich gesagt finde ich es schade, dass dieses Buch erst jetzt erschienen ist. Ich habe es immer gehasst, zu Dates zu gehen. Ich mochte es nie, allein der Gedanke bereitete mir Unwohlsein. Und ich war auch nie sehr gut darin – ich ging immer mit Männern aus, die ich irgendwann in Clubs kennengelernt hatte, wo es dunkel war. Bei Tageslicht fand ich sie dann jedes Mal abstoßend. Ich hatte auch nie genügend Selbstbewusstsein, Dates mit Männern zu vereinbaren, die ich mochte. Ich fragte mich ständig, ob sie mich mochten oder nicht, und hasste es, warten zu müssen, bis sie mir eine SMS schickten und ein Date vorschlugen. Man lernt eine ganze Menge, wenn man sich mit unterschiedlichen Typen trifft. Mit einem Buch wie diesem hier hätte ich einiges früher erfahren, was sicher nützlich gewesen wäre.

Ich war immer der Meinung, dass man, je mehr Männer man trifft, desto besser weiß, was man will. Außerdem ist es ungeheuer wichtig, einmal eine Zeit lang Single zu sein. Jeder von uns muss sich erst selbst kennenlernen, ehe er weiß, was ihn glücklich macht. Ich kenne Frauen, die mit Erreichen des prägnanten fünfundzwanzigsten Geburtstags mit ihren Freunden Schluss machten, dann aber Panik bekamen, weil sie fürchteten, für immer allein zu bleiben. Und dann gingen sie sofort mit dem nächsten Mann aus, ohne darüber nachzudenken, was in der vorherigen Beziehung passiert war. Natürlich blieben sie dabei auf der Strecke und fragten sich, warum sie immer an die Falschen gerieten. Ich rate daher, die Dinge nicht übers Knie zu brechen und sich Zeit zu lassen, herauszufinden, was man wirklich will – auch wenn es eine Weile dauert, bis der Richtige kommt.

Ich glaube, dass Frauen manchmal ziemlich oberflächlich sind und ein ziemlich unrealistisches Ideal eines Mannes, mit dem sie ausgehen wollen, mit sich herumschleppen. Wir sollten den entsprechenden Mann erst einmal richtig kennenlernen, ehe wir uns ein Urteil über ihn erlauben. Wenn der Richtige vor uns steht, ist es egal, ob er uns Blumen schenkt

(Humfrey hat mir die ersten Blumen nach einem Jahr geschenkt, und es war ein billiger Strauß aus dem Supermarkt – mehr ist dazu nicht zu sagen), grüne Chinos oder zu Socken Sandalen trägt. Wichtig ist nur, wie Sie sich in seiner Gegenwart fühlen.

Und vor allem: Wenn Ihre Freunde Sie mit einem ihrer netten Bekannten verkuppeln wollen, ganz gleich, wie er heißen mag, recherchieren Sie nicht im Vorfeld, und urteilen Sie nicht aufgrund eines fragwürdigen Fotos. Lassen Sie es einfach zu!

Anhang B

Männer in Beziehungen

Bei den Recherchen zu diesem Buch stellte ich unzähligen Frauen die Frage »Was stört dich an Männern?«. Ich wollte wissen, welche männlichen Charakterzüge Frauen am häufigsten stören, ärgern oder verwirren. Die meisten der entsprechenden Antworten habe ich bereits im Text aufgeführt. Eine Kategorie allerdings habe ich bisher außen vor gelassen: Liierte Männer. Im Folgenden möchte ich Ihnen deshalb die fünfundzwanzig wichtigsten Antworten auf die Frage »Was stört dich an liierten Männern?« nicht vorenthalten.

Einige Punkte lassen sich auf alle Männer anwenden, mich eingeschlossen. Andere wiederum beziehen sich nicht auf Männer im Allgemeinen, sondern auf einen ganz bestimmten Mann – vielleicht den Ehemann oder den Partner der betreffenden Dame.

Zur Komplettierung Ihrer Bildung finden Sie im Folgenden also die fünfundzwanzig gewöhnlichsten Probleme mit liierten …

1. **Sie glauben, dass Heinzelmännchen (d. h. Frauen) das Geschirr spülen, die Wäsche waschen, den Müll wegbringen und den Kühlschrank auffüllen.** Die Frau, welche diese Antwort gegeben hat, muss ihre Haushaltsführung neu überdenken. Sie scheint nicht zu wissen, dass Männer durchaus bereit sind, ihren Teil zu leisten. Allerdings mögen sie es überhaupt nicht, wenn man ihnen ständig in den Ohren liegt, dass sie alles falsch machen.

Sei es die falsche Temperatur beim Nachspülen des Geschirrs, falsch gefaltete Kleidung oder die falsche Nudelsorte – wenn wir nur Kritik hören, haben wir bald keine Lust mehr, überhaupt etwas zu tun. Auf der einen Seite stehen die weiblichen Wesen, die nicht akzeptieren können, dass ihre Art, etwas zu tun, nicht die einzig richtige ist (und wenn Sie ehrlich sind, gibt es davon nicht gerade wenige), auf der anderen Seite stehen gestandene Männer, die es nicht mögen, wie Minderbemittelte behandelt zu werden, wenn es darum geht, wie man einen Haushalt führt (das kann niemand leiden – wir sind schließlich keine kleinen Kinder mehr). Im Übrigen leben wir im einundzwanzigsten Jahrhundert, was bedeutet, dass wir gern unseren Anteil und durchaus auch mehr übernehmen. Die Frau, die diesen Punkt formuliert hat, sollte mit ihrem Mann eine Abmachung treffen: Sie behandelt ihn nicht mehr wie einen inkompetenten Angestellten, und er strengt sich im Haushalt ein bisschen mehr an.

2. **Sie erwarten überschwängliches Lob für die Erledigung jeder noch so kleinen Aufgabe, obwohl sie Ewigkeiten dafür brauchen.** Das stimmt. Und das liegt daran, dass es drei Dinge gibt, die wir uns mehr als alles andere von unseren Partnerinnen wünschen: Essen, Lob und Sex. Wenn Sie sicherstellen, dass Ihr Mann genug von allen dreien bekommt, ist er der glücklichste Mann der Welt.

3. **Sie sind nicht in der Lage, ihre eigenen Körperausdünstungen, verschimmelte Mülleimer und verstopfte Abflüsse wahrzunehmen, haben aber bessere Nasen als jeder Rauschgifthund, wenn ein Braten im Ofen schmort.** Es gibt Gerüche, die Männer nicht sofort zu extremen Reaktionen verleiten. Wir bringen den Müll raus, wenn er stinkt, und wir reparieren den Abfluss, wenn ihr uns darum bittet. Solange uns der Gestank aber nicht die Nasen-

schleimhäute wegätzt, ignorieren wir ihn. Frauen müssen akzeptieren, dass der Grenzwert des gerade noch Erträglichen für männliche Nasen anders ist. Es handelt sich also um simple Biologie – mehr nicht.

Wenn wir aber etwas erschnuppern, was wir sehr mögen – zum Beispiel einen Braten –, sind wir sofort äußerst begeistert, was wiederum die Wahrheit des alten Sprichworts beweist, das so oft von so vielen Menschen über so viele Jahre zitiert worden ist: Liebe geht durch den Magen. Und wenn eine Frau etwas Tolles für uns kocht und wir darüber glücklich sind, dann sollten Sie es auch sein. Schließlich haben Sie das Essen zubereitet, und wenn wir Sie nicht schon längst ins Herz geschlossen hätten, wäre der Weg dahin sicher nicht mehr weit.

4. **Sie überrumpeln uns mit fertigen Lösungen, wenn wir eigentlich nur über ein Problem reden wollen – sie scheinen nicht zu verstehen, dass wir gern ein bisschen jammern.** Diese Beschwerde habe ich auch schon von Männern gehört – Männer scheinen also nicht die einzig Schuldigen zu sein. Mir ist das selbst in Gesprächen mit Frauen schon passiert, und ich weiß, wie frustrierend es ist, wenn man dauernd reden muss, obwohl man viel lieber gehört werden möchte. Alles, was man in dieser Situation tun kann, ist, seinem Gegenüber zu erklären, dass man nur Dampf ablassen und sich etwas von der Seele reden möchte. Sagen Sie Ihrem Mann, dass Sie keine Lösung brauchen, sondern Dinge nur loswerden möchten, und hoffen Sie darauf, dass er sich beim nächsten Mal daran erinnert.

Als Trost sei hier bemerkt, dass das Anbieten einer Lösung immerhin bedeutet, dass er Ihnen helfen will. Seien Sie froh, dass Sie ihm nicht gleichgültig sind.

5. Sie sind nicht in der Lage, weiter zu denken als bis zur nächsten Woche, und zum Beispiel einen Urlaub oder einen netten Ausflug zu planen. Quatsch! Männer denken zwar tatsächlich etwas kurzfristiger, aber wir lieben es, Dinge zu planen, auf die wir uns freuen können. Wer immer diese Beschwerde verfasst hat, muss sich an die eigene Nase fassen. Vielleicht sollte diese Frau aufhören, dem Mann die Pistole auf die Brust zu setzen und ihn aufzufordern, etwas Nettes zu planen. Männer mögen es überhaupt nicht, wenn man sie unter Zugzwang stellt. Wenn eine Frau so etwas tut, ist der Erfolg bescheiden. Planen Sie doch einfach gemeinsam. Besorgen Sie Prospekte, oder suchen Sie im Internet. Aber tun Sie es gemeinsam.

Und hören Sie auf zu klagen, denn Ihr Standpunkt ist falsch. Wenn Sie keine anderen Beschwerden haben als die, dass Ihr Partner Ihnen die Planung der Ferien überlässt – Ihnen also die Entscheidung überlässt –, dann sollten Sie aufhören, so negativ zu denken und sich auf die positiven Seiten Ihrer Beziehung konzentrieren. Betrügt er Sie? Nein. Ist er freundlich und ehrlich? Ja. Sieht er die Ferienplanung vielleicht ein bisschen zu entspannt? Ja. Heißt das, dass Sie genau dahin fahren, wohin Sie wollen? Ja. Ganz ehrlich – hören Sie auf zu stänkern! Und zwar ein bisschen plötzlich. Sie können sich doch wirklich glücklich schätzen!

6. Sie vergessen geplante Dinge oder scheren sich nicht darum und vergessen außerdem Geburts- und Jahrestage. Ehe meine Freunde sesshaft wurden und heirateten, wusste ich an meinen Geburtstagen immer, wer von ihnen eine Freundin hatte und wer gerade Single war. Wieso? Ganz einfach – die mit den Freundinnen brachten mir Glückwunschkarten und manchmal Geschenke mit, während die Singles immer mit leeren Händen aufkreuzten. Und machte es mir etwas aus? Nein, absolut nicht. Tatsache ist, dass Männer keine Geburtstagskarten füreinander kaufen. Wir erwarten auch keine. Aber wenn ein Mann eine Freundin hat, kommen Glückwunschkarten ins Spiel. Das ist nett und wir freuen uns. Wenn wir aber keine bekommen, ist es uns auch egal. Wir gehen an unseren Geburtstagen gern aus und hoffen, dass unsere Freunde mitkommen, aber abgesehen vielleicht davon, dass man uns ein oder zwei Drinks spendiert, erwarten wir nichts. So, nachdem das klar sein dürfte, möchte ich auf die Frau zurückkommen, die diese Beschwerde formuliert hat. Vielleicht zeigt ihr Partner durch seine Vergesslichkeit in Bezug auf gemeinsame Pläne oder ihren Geburtstag, wie es um seine Gefühle steht. Taten sagen oft mehr als Worte.

7. **Sie verwechseln die Namen der Kinder oder Partner unserer Freunde, selbst wenn wir sie erst kürzlich getroffen haben.** Manche Männer haben ein miserables Namensgedächtnis. Da müssen Sie durch. Viel wichtiger ist, was Ihre Freunde, deren Kinder und Partner von ihm halten und wie er sich mit ihnen versteht. Wenn sie ihn mögen und gut mit ihm klarkommen, wen interessiert dann, dass er nicht gerade ein Ass im Repetieren von Namen ist? Wäre es Ihnen lieber, er würde sich an jedes Detail erinnern, wäre stattdessen aber nicht sonderlich beliebt? Natürlich nicht. Hören Sie auf, immer nun das halb leere Glas zu sehen, und konzentrieren Sie sich auf seine positiven Seiten.

8. **Sie kommen nicht gern ins Bett, sondern finden immer noch etwas Interessantes im Fernsehen, Internet oder irgendwo anders.** Wenn es Sie wirklich stört, bieten Sie ihm einen Grund, ins Bett zu kommen. Sie wissen schon, was ich meine.

9. Sie machen den kleinsten Nieser zur Grippe und sind schamlose Hypochonder. Woher wollen Sie wissen, ob es sich um Hypochondrie handelt? Mal ehrlich, woher wollen Sie es sicher wissen? Das können Sie gar nicht. Und woher wollen Sie wissen, ob es sich bei dem Nieser nicht wirklich um den Beginn einer zutiefst ekelhaften Erkältung handelt, die fast so schlimm ist wie eine Grippe und auch Sie mindestens eine Woche ans Bett fesseln würde? Sie wissen es nicht. Sie können es nicht wissen, denn Sie sind nicht derjenige, der krank ist. Also halten Sie die Luft an und verhalten Sie sich clever. Pflegen Sie ihn, wenn er krank ist. Sollte er nichts wirklich Ernsthaftes haben, wird er es ohnehin bald leid sein, im Bett herumzuliegen. Aber erklären Sie ihm nicht, er wäre nicht krank und sollte lieber aufstehen. Darüber ärgert er sich, und dann ist er krank *und* brummig. Lassen Sie ihm seinen Willen. Oder behandeln Sie ihn einfach, wie Sie gern behandelt werden möchten, wenn Sie krank sind.

10. Sie geben das gemeinsame Ersparte für lächerliche, teure Apparate aus. Jawohl, wir lieben Apparate und finden es toll, immer das Beste und Neueste zu besitzen. Es fasziniert uns. Man braucht zur Erklärung dieses Verhaltens gar nicht in die Untiefen männlicher Psychologie vorzudringen. Diese Apparate sind eine Art Spielzeug für Erwachsene, und Männer lieben nun einmal Spielzeug. Mehr ist dazu nicht zu sagen. Und weil wir solches Zeug lieben, geben wir eben Geld dafür aus. Manchmal vielleicht auch ein bisschen zu viel. Aber ehe Sie ihn zur Rede stellen, versuchen Sie einmal, seine Ausgaben für diese Apparate mit dem Betrag zu vergleichen, den Sie im Jahr für Klamotten ausgeben. Was haben diese Schuhe gekostet? Ach, die waren im Schlussverkauf um die Hälfte heruntergesetzt? Und wie viele Paar haben Sie gekauft? Drei? Überlegen Sie mal kurz, wie oft im Jahr irgendwo ein Schlussverkauf stattfindet, und rechnen Sie noch mal nach.

11. **Sie rotzen unter der Dusche.** Haben Sie dafür jemals einen Beweis in der Dusche gefunden? Ich bezweifle es. Warum? Weil so, wie eine Dusche funktioniert, das Wasser oben aus dem Duschkopf kommt und alles durch den Abfluss hinunterspült. Welche Rolle also sollte es da spielen, wenn er dann und wann unter der Dusche rotzt? Gar keine!

12. **Sie hinterlassen in der ganzen Wohnung Münzansammlungen wie zu Studentenzeiten.** Im Gegensatz zu Frauen haben wir keine Handtaschen, in denen wir unsere Münzen verstauen können. Wir tragen sie also in der Tasche spazieren, und nichts ist so lästig, wie eine Tasche voller Münzen von geringem Wert. Sie sind schwer, unbequem, klimpern herum und ergeben in der Summe in aller Regel nicht einmal genug, um sich einen Kaffee davon zu kaufen. Versuchen wir doch einmal, eine Lösung für das Problem zu finden. Warum schenken Sie ihm nicht einfach ein Behältnis, in dem er das Kleingeld deponieren kann? Es kann sogar einigermaßen groß sein (vielleicht eine Flasche oder ähnliches), und wenn es voll ist, gehen Sie gemeinsam zur Bank (sind sie nicht toll, diese Münzzählmaschinen?), lassen sich Scheine dafür geben und erleben eine nette Überraschung. Hätten Sie gedacht, so reich zu sein?

13. **Sie haben beim Shoppen nicht einen Funken Geduld, es sei denn, sie shoppen für sich selbst. Dann agieren sie geradezu besessen.** Das stimmt so nicht. Wir shoppen dann und wann ganz gern, vorausgesetzt, wir dürfen aktiv am Vorgang teilnehmen. Das aber bedeutet, dass unsere Ansichten auch etwas wert sind. Sie sollten allerdings

bedenken, dass für uns Männer in Bezug auf Deko ein Kissen aussieht wie das andere. Das gilt im Prinzip auch für weibliche Oberbekleidung: Wenn wir die Frau lieben, finden wir fast alles schön, solange sie darin nicht aussieht wie eine Nutte oder eine Bibliothekarin (irgendwo dazwischen wäre nicht schlecht). Richtig gern kaufen wir Fernseher und ähnliches. Technischen Krimskrams eben. Und Sie sollten immer daran denken, wer den schweren Krempel hinterher nach Hause schleppt.

14. Sie verbringen Stunden auf dem Klo. Ist das wirklich so zeitraubend? Es ist nicht zeitraubend. Es ist entspannend. Ruhig dazusitzen und etwas zu lesen in einem Raum, wo einen niemand stört, ist eine sehr angenehme Art des Zeitvertreibs. Wir lieben die Ruhe und den Frieden. Das ist alles. Dahinter schlummert also kein großes Geheimnis. Und, das sollten Sie bedenken, diese wenigen Minuten Einsamkeit erscheinen uns wie ein Geschenk, denn Männertoiletten sind sehr viel öffentlicher als die weiblichen Pendants (Sie wissen vermutlich, wie ein Urinal aussieht). Halten Sie uns das zugute.

15. Sie verschicken kryptische SMS, weil sie nicht genug über den Text nachdenken. Für das Thema Kommunikation mit Männern gibt es eine einfache Lösung: Stellen Sie Fragen, die eine einfache Antwort wie »Ja« oder »Nein« erfordern. Wenn ein Mann nicht in der richtigen Stimmung ist oder von seiner Arbeit abgelenkt wird, kann er weder effektive Entscheidungen treffen noch Ihnen auf die Schnelle die Information geben, die Sie vielleicht brauchen. Er konzentriert sich gerade auf etwas anderes, also stellen Sie ihm einfache Fragen, oder lassen Sie ihn in Ruhe. Und wenn Sie nicht einmal ein »Ja« oder »Nein« als Antwort erhalten, dann interessiert ihn entweder das Thema der Frage nicht, oder er weiß keine Antwort.

16. **Sie scheinen sich beim Skilaufen immer das Genick brechen zu wollen.** Solange wir während gefährlicher Aktionen keinen schweren Unfall haben, halten wir Männer uns für unsterblich, was natürlich ebenfalls gefährlich ist. Wenn wir dann doch einmal einen Unfall haben und uns davon wieder erholen, glauben wir, jede Verletzung überstehen zu können. Auch das ist gefährlich. Ja, das ist ärgerlich und manchmal auch ziemlich stressig – aber ist es nicht auch eine gute Art zu leben? Immer wieder Neues auszuprobieren, Spaß dabei zu haben und zu akzeptieren, dass man manchmal auf die Nase fällt und sich wehtut? Bereit zu sein, sich wieder aufzurappeln und auch weiterzumachen, wenn es schmerzt? Doch, das ist eine gute Art zu leben. Also lassen Sie Ihren Mann einen Mann sein. Ich selbst bin ein gutes Beispiel: Bei einem Skiunfall habe ich mir das Knie zertrümmert. Drei Jahre und vier Operationen später gehe ich wieder auf die Piste und spiele auch wieder Rugby und Squash. Bin ich blöd? Gut möglich. Aber wenigstens bin ich glücklich.

17. **Sie brettern wie Formel-1-Piloten über die Autobahn, weil sie glauben, nie geblitzt zu werden.** Ein Führerscheinentzug oder ein paar gesalzene Knöllchen belehren uns meist eines Besseren. Wenn wir diese Lektion nicht lernen, ist es nur gerecht, dass wir den Lappen verlieren oder viel Geld zahlen müssen. Aber wir müssen diese Lektion ganz allein und für uns lernen. Wenn seine Fahrweise Ihnen Angst macht, sagen Sie es ihm. Wenn er nicht auf Sie hört, weigern Sie sich, neben ihm Platz zu nehmen, bis er sich ein wenig Mühe gibt. Wenn das auch nicht wirkt, tragen Sie eine Augenbinde. Aber stellen Sie sicher, dass er die vernünftig begründen kann, wenn Sie in eine Polizeikontrolle geraten.

18. Ihr »Auf ein Glas« führt zu einem abgeschalteten Handy und einer ziemlich schwankenden Heimkehr um 4 Uhr morgens. Das stimmt. Und passiert relativ häufig. Sie werden am besten damit fertig, indem Sie uns manchmal mit unseren Kumpels losziehen und einen hinter die Binde kippen lassen. Wenn das nicht zu oft passiert (und mit zu oft meine ich, dass es die Arbeit und das Familienleben beeinträchtigt), müssen Sie sich keine Sorgen machen. Einmal alle ein bis zwei Wochen ist okay. Sie müssen mit dieser Situation einfach fertigwerden und akzeptieren, dass er spät nach Hause kommt. Rufen Sie ihn nicht alle fünf Minuten an. Bevor er die Wohnung verlässt, können Sie ihm noch sagen, dass es nicht schlimm ist, wenn er nicht weiß, wann er heimkommt, und dass er Spaß haben soll. Vielleicht trinkt er ja wirklich nur ein Gläschen, aber es kann durchaus sein, dass Sie ihn erst um drei Uhr morgens wiedersehen. Männer wissen so etwas meistens nicht im Voraus. Unsere Abende führen gewissermaßen ein Eigenleben. Wenn ich mit meinen Freunden ausgehen und Spaß haben will, möchte ich nicht alle fünf Minuten auf die Uhr schauen, um den Zeitpunkt meiner Ausgangssperre nicht zu verpassen. Und machen Sie sich auch keine Gedanken darüber, was er vielleicht tut. Die mit Abstand größte Zahl aller Männer sitzt zusammen, redet Stuss und verarscht sich gegenseitig, wie sie es schon seit Jahren tun. Es ist nichts dabei – sie tun das, was Männer so tun. Lassen Sie uns Männer sein.

19. Sie hassen Konflikte und fressen alles in sich hinein. Wir sind nicht scharf darauf, Themen auf die lange Bank zu schieben. Da es uns jedoch nicht in die Wiege gelegt ist, über Gefühle zu reden, bevorzugen wir die Straußentaktik und stecken den Kopf in den Sand. Es ist der Weg des geringsten Widerstands, und wir stehen auf einfache Lösungen. Wenn Sie mit dieser einfachen Lösung nicht zufrieden sind, fragen Sie uns freundlich, was los ist. Fordern Sie keine Antwort ein, bleiben Sie sanft. Es ist nicht leicht, Gefühle aus Männern herauszukitzeln. Man muss vorsichtig vorgehen und braucht eine Menge Geduld.

20. **Sie rülpsen und furzen lautstark und sind auch noch stolz darauf.** Richtig. Aber Rülpsen und Furzen macht Spaß, und wenn Sie das nicht begreifen, liegt das Problem bei Ihnen. Ihr Sinn für Humor ist dann nämlich viel zu erwachsen. Denken Sie an das Kind in Ihnen, dann bietet Ihnen das Leben viel mehr Spaß. Rülpsen und furzen Frauen? Aber ja! Manche können es sogar richtig gut (ich nenne hier besser keine Namen).

21. **Sie machen nie das Bett unter dem Vorwand, es zu lüften.** Natürlich muss man Betten lüften. Jeder Mann, der das sagt, hat völlig recht. Wenn Sie wollen, dass er das Bett öfter macht, dürfen Sie ihn nicht dazu drängen. Machen Sie es einfach nicht mehr selbst, und warten Sie ab, was passiert, wenn er am Abend in ein ungemachtes Bett steigen soll. Ich gehe davon aus, dass er sich schon sehr bald etwas mehr anstrengt. Diese Taktik musste ich vor nicht allzu langer Zeit am eigenen Leib erfahren. Es dauerte ein paar Wochen, aber am Ende war sie erfolgreich, und inzwischen bin ich zum überzeugten Bettenmacher geworden. Mit dreiunddreißig.

22. **Sie lassen mich nie bestimmen, welche Fernsehsendungen wir gemeinsam schauen.** Ja, das stimmt auch. Männer haben den besseren Geschmack, was Fernsehsendungen angeht, und wir wollen das sehen, was uns interessiert – vor allem Sport LIVE. Das ist es, was Sport von Sendungen wie *Desperate Housewives* oder *Gossip Girl* unterscheidet (die ich übrigens beide mag), die man aber beide aufzeichnen und später ansehen kann. Wenn es Sie

aber wirklich abgrundtief ärgert, dass er Ihnen die Hoheit über die Fernbedienung verweigert, müssen Sie sich clever verhalten.

Schließen Sie einen Kompromiss. Benutzen Sie Ihre weibliche List und Ihren Charme. Wir können viel schneller um den kleinen Finger gewickelt werden, als Sie glauben. Ich werde Ihnen jetzt nicht erklären, wie, aber ich gebe Ihnen einen Tipp: Blättern Sie zurück zu Ziffer 2.

23. Sie verehren ihre Mutter. Natürlich verehren wir unsere Mutter. Sie hat uns zur Welt gebracht und auf uns aufgepasst, als wir noch klein waren. Und außerdem liebt sie uns immer, egal, was passiert. Warum also sollten wir sie nicht verehren? Was ist daran falsch? Frauen empfinden genauso für ihre Eltern, und das ist auch richtig so. Meiner Erfahrung nach macht es den meisten Frauen nichts aus, wenn ein Mann seiner Mutter nahesteht und große Stücke auf sie hält. Ich finde diese Einstellung vernünftig und gesund. Unvernünftig finde ich es hingegen, wenn eine Frau sich von der Mutter ihres Freundes bedroht fühlt. Und ganz abgesehen davon: Wollen Sie wirklich mit einem Mann zusammen sein, der seine Mutter nicht verehrt? Nein, sicher nicht.

24. Sie sind scharf auf alles, was nackte Beine und dicke Brüste hat. Zunächst einmal mag ich den Ausdruck »sie sind scharf« überhaupt nicht. Es hört sich an, als wären wir Tiere und unfähig, unsere Bedürfnisse zu kontrollieren. So sind wir nicht! Aber wir sehen uns gern hübsche Frauen an. Wir sind Männer, und deshalb ist das ganz natürlich. Vor allem im Sommer. Das ist unbestreitbar, aber wir können nichts dafür! Ganz ehrlich nicht. Es ist einfach genauso natürlich wie Hunger oder Müdigkeit. Es gibt allerdings Grenzen, deren Überschreitung Sie nicht tolerieren sollten. Sie sollten nicht hinnehmen, dass ein

Mann in ihrem Beisein anderen Frauen ganz offensichtlich hinterherstarrt, das ist respektlos. Und wenn es Sie stört, müssen Sie es ihm sagen. Sie können mit Fug und Recht von ihm erwarten, dass er Sie besser behandelt. Allerdings müssen Sie sich der Tatsache stellen, dass gesunde Männer attraktiven Menschen nun einmal nachschauen. Dagegen können wir nichts tun. Trotzdem: Es gibt einen Mittelweg zwischen respektvollem Verhalten seinerseits und Ihrer Akzeptanz der männlichen Natur. Wenn dabei Probleme auftauchen, sollten Sie gemeinsam herausfinden, wo Ihr Mittelweg liegt. Aber bitte kehren Sie nichts unter den Teppich – sagen Sie ihm offen, dass Ihnen sein Verhalten missfällt.

25. **Sie glauben, dass Promis und Models zu 100 Prozent der Wirklichkeit entsprechen.** Das stimmt nicht. Männer, die für berühmte Frauen schwärmen, wissen sehr wohl, dass sie eine Illusion betrachten. Uns ist klar, dass die Bilder retuschiert und die Frauen im wahren Leben vermutlich ganz normal sind – vielleicht sind sie zickig, verlangen ungeteilte Aufmerksamkeit oder warten mit anderen, unattraktiven Verhaltensweisen auf. Wir wissen, dass das, was wir in Zeitschriften oder im Fernsehen geboten bekommen, nicht der Wirklichkeit entspricht. Sie brauchen sich aber nicht bedroht zu fühlen, wir genießen einfach nur die Illusion. Und noch etwas: Ich glaube, Frauen wären überrascht, wie respektvoll und stolz Männer über ihre Frauen und Freundinnen sprechen, wenn diese nicht dabei sind. Klar, wir schauen uns liebend gern Bilder von hübschen Frauen an. Aber lieben wir diese Frauen etwa? Würden wir mit ihnen zusammenleben wollen? Natürlich nicht.

Die Gefühle, die ein Mann für seine Freundin oder Ehefrau empfindet, sind real. Die Gefühle, die er angesichts hübscher Frauen in Zeitschriften an den Tag legt, mitnichten.

Danksagung

Dank sei Carly Cook, Sam Eades und Jo Whitford und allen anderen bei Headline, dass sie mein Buch angenommen und so geschickt und voller Begeisterung damit umgegangen sind.

Dank auch an meine fantastische Agentin Rowan Lawton bei PFD. Und an Lucy-Anne Holmes (die tolle Bücher schreibt), weil sie mich ihr vorgestellt hat.

Jane Mulkerrins und Tracey Blake, Herausgeberinnen der inzwischen leider eingestampften Zeitschrift *London Lite*, danke ich dafür, dass ihr mich die Kolumne habt schreiben lassen, wodurch ja überhaupt erst alles ins Rollen kam. Es hat mir viel Spaß gemacht.

Ein Dank für all die Dinge, die ich hier nicht im Einzelnen auflisten kann, geht an meine Mutter Thea, meine Schwestern Rachel und Sarah und an meinen Schwager Dave.

Auch den nachfolgend Genannten danke ich für ihre Hilfe in den unterschiedlichsten Phasen dieses Buches: Sarah Emsley; Andreas Campomar; Celia Walden; Chrissie Manby; Olly und Pip Saxby; Clare Conville; Magnus Boyd; Martel Maxwell; Dominic Gill; Oli und Nicola; Dan und Claudine; Josh und Vanessa; Terence und Angela; Guy Dennis; Max und Mareike; Pally und Emily; Charlie und Sherradan; Roos, Lara, Noah und Kitty; Sean und Carla; Knighty und Vicky; Georgie und Nick; Matt Nixson; Debbie; Jon und Sophie; Charlotte und Hamish, sowie Nick und Astrid.

Ich möchte allen danken, die mir jemals entweder eine Dating-Geschichte erzählt, mir einen Rat gegeben, mich nach meiner Meinung über jemanden gefragt oder sonst irgendetwas getan haben, was in irgendeiner Weise zu diesem Buch beigetragen hat. Ich kann hier nicht jeden einzelnen Namen auflisten, dafür seid ihr zu viele (was manchen von euch auch sicher gar nicht recht wäre), aber ich bin euch allen wirklich dankbar. Und wenn ich jemanden verärgert oder beleidigt haben sollte, dann tut es mir ehrlich leid. Es war keine Absicht.

Und dir, Charlotte, möchte ich von ganzem Herzen für den letzten und besten Teil dieser Geschichte danken.

Eine Abenteuerreise in die italienische Männerwelt

Dana Phillips
AVANTI AMORE
Mein Sommer unter
Italienern
256 Seiten
ISBN 978-3-404-60672-6

Ciao bella! ist sein liebster Satz. Er hat schwarze Haare und frisiert sie meist mit ganz viel Gel. Er legt seiner Angebeteten die Welt zu Füßen, aber wenn *Mamma* ruft, lässt er alles stehen und liegen. Auf ihrer Grand Tour durch Italien muss sich die skeptische Dana der alles entscheidenden Frage stellen: Ist der italienische Mann nun tatsächlich ein Wunder der Natur oder einfach nur ein unerträglicher Macho? Vom Flirtverhalten bis zur Leidenschaft für schnelle Autos – alles wird getestet, bis Dana selbst den Charme des Südländers zu spüren bekommt und endlich versteht, was den Zauber der *amore all'italiana* ausmacht.

Bastei Lübbe Taschenbuch